NOではは足りない

NO IS NOT ENOUGH

RESISTING TRUMP'S SHOCK POLITICS AND WINNING THE WORLD WE NEED

NAOMI KLEIN

Noでは足りない

トランプ・ショックに対処する方法

ナオミ・クライン
幾島幸子・荒井雅子 訳

岩波書店

First published 2017 by Haymarket Books, Chicago.
This Japanese edition published 2018
by Iwanami Shoten, Publishers, Tokyo
by arrangement with Klein Lewis Productions
c/o Roam Agency, Brooklyn, New York,
through The English Agency (Japan) Ltd., Tokyo.

母ボニー・シェアー・クラインへ

ショックから立ち直る力について日々新たなことを
教えてくれることに感謝して

アメリカ政府を転覆させようとは思わない――すでに企業国家が転覆させているからだ。

――ジョン・トゥルーデル、サンティ・ダコタ族の活動家、ミュージシャン、詩人（一九四六―二〇一五）

目次

装丁＝町口　覚

序章

ショック。

二〇一六年一一月にドナルド・トランプがアメリカ大統領に選出されて以来、この言葉がいったい何度くり返されたことか。世論調査を裏切る選挙結果になったことについても、トランプの大統領就任を目の当たりにしたときの多くの国民の心情を表すにも、そして大統領就任後の彼の電撃的な政策決定のスタイルを表現するにも、この言葉が使われた。それどころか大統領顧問ケリーアン・コンウェイが、トランプ就任後の新時代について語るときにくり返し用いたのも、まさに「システムにショックを与える」という表現だった。

私はこれまで二〇年近くにわたって、社会に対する大規模なショックについて調べ、考察してきた。ショックはどのように起こるのか。政治家や企業はそれをどのように利用してきたのか。さらには、茫然自失となった人々につけ入るために、意図的にショックが激化させられもすることについて。一方、こうしたプロセスの裏にはポジティブな面もあること――すなわち共通の危機についての理解を通じて社会がひとつに結束すれば、より良い世の中を作るための契機となりうることについてもリポートしてきた。

ドナルド・トランプがアメリカ大統領にのし上がっていくのを見守りながら、私は奇妙な感覚に襲われた。ただ単にトランプが、ショックによる政治を地球上で最も強力かつ重武装した国に適用しようとしているというだけではない。それ以上の意味がそこにはある、と思えてきたのだ。本やドキュメンタリー映像、そしてさまざまな調査報道のなかで、私はある一連の動向を実証してきた――スーパーブランドの台頭、政治システムに対する私有財産の力の拡大、地球規模での新自由主義の発動、人種主義や「他者」への恐怖がしばしば有力なツールとして用いられること、企業中心の自由貿易がもたらす有害な影響、政治的スペクトルの右端に根深く定着した気候変動否認……。そしてトランプについてのリサーチを進めるうち、彼がまるでフランケンシュタインの怪物――これらの動向すべてと、その他の危険な動向をつなぎ合わせてでき上がった怪物のように思えてきたのだ。

私は一〇年前に出版した『ショック・ドクトリン――惨事便乗型資本主義の正体を暴く』(幾島幸子・村上由見子訳、岩波書店、二〇一一年)で、アウグスト・ピノチェト将軍によるチリのクーデターからソ連崩壊後のロシア、米軍による「衝撃と畏怖」作戦下のバグダッドからハリケーン・カトリーナ襲来後のニューオーリンズまで、四〇年間にわたる期間に起きたさまざまな出来事を検証した。「ショック・ドクトリン」とは、戦争やクーデター、テロ攻撃、市場の暴落あるいは自然災害といった大惨事に襲われた後、人々がショック状態に陥ったことにつけ込んで、大企業に有利な過激な経済改革――しばしば「ショック療法」と呼ばれる――を強行する手法のことである。

トランプはある意味では型破りであるものの、彼が用いているショック戦術は、これまで他国が危機を口実に急激な変革を押しつけられた際に見受けられたシナリオに沿ったものだ。大統領就任後の最初の一週間にトランプが矢継ぎ早に大統領令を発令し、国民がいったい何が起きているのかと浮足立つなかで、私はかつて共産主義崩壊のただなかにあったポーランドにアメリカが押しつけた経済的ショック療法の影響を、人権活動家のハリーナ・ボルノスカがどのように表現していたかを思い出していた。彼女によれば、当時ポーランドで次々に行われた「改革」のスピードは、「人間の年から見たドッグイヤーほどの速さ」だったと書き、こう続けている。「次第に半精神病的な反応を示す人が次々と現れてきた。あまりにも混乱して何が自分の利益なのかがわからなく――あるいは、気にかけなく――なり、もはや自分の最大利益を考えて行動することができなくなってしまうのだ」

これまで確認できた事実を見るかぎり、トランプと彼を取り巻く最高顧問たちがまさにボルノスカが書いているような反応を期待し、国内版ショック・ドクトリンを実行しようとしているのは明らかだ。めざすところは、環境保護規制にせよ、貧困層の援助プログラムにせよ、公的領域と公益に対する全面戦争を展開すること、そしてその代わりに企業に歯止めのない権力と自由を与えることにある。この挑戦的なまでに不公正で、明白に腐敗した計画をやってのけるには、人種と性にもとづく分割統治と、国民の目をそらすノンストップの派手なメディア操作の助けがなければならない。そしてそれを、軍事費の大規模な増額や、シリアから北朝鮮に至る世界各地における軍事的対立の激化、さらには「拷問が効果的」だとする大統領自身の発言が支えているのは言うまでもない。

トランプ政権を構成する億万長者たちの顔ぶれは、この政権が根底では何をめざしているのかを雄弁に物語っている。国務長官はエクソンモービルから。国防総省トップはゼネラル・ダイナミクスとボーイングから。そして残りの多くを占めるのが、ゴールドマンサックス出身者だ。政治家としてのキャリアをもつ者も何人かはいるが、彼らが政府機関の責任者に選ばれたのは、その機関の基本的使命を信じていないか、その機関の存在意義そのものを信じていないかのどちらかによる。トランプの首席戦略官で、第一線から外されたと見られるスティーヴ・バノンは、二〇一七年二月に保守派の聴衆を前にして、このことをあからさまに語った。トランプ政権がめざすのは「行政国家（国民とその権利を守ることを使命とする政府規制や政府機関、という意味でバノンは使っている）を解体すること」であると言い、こう続けた。「閣僚に指名された面々を見れば、彼らが選ばれたのには理由があることがわかる。それこそが解体だ」

キリスト教を中心としたナショナリズムを掲げるバノンと、国家の枠を超えたトランスナショナリズムの立場をとる既得権益層《エスタブリッシュメント》寄りの側近、とりわけ義理の息子ジャレッド・クシュナーとの対立については、これまで盛んに取り沙汰されてきた。近いうちにバノンはこの血みどろの〝リアリティ番組〟から完全に姿を消す可能性は十分にある（ひょっとすると読者がこれを読むときにはすでにそうなっているかもしれない）〔二〇一七年八月、バノンの解任が発表された〕。であればこそ、国家の解体と、政府の仕事を最大限、営利事業体である企業にアウトソース（外部委託）するという点では、バノンとクシュナーが対立どころか完璧に一致していることは強調しておく価値がある。

このことが次第に明らかになるにつれて、私はワシントンで今起きているのは通常の政党から政党へのバトンタッチではないということに気づいた。それはむき出しの企業による政府乗っ取りであり、それには何十年もの歳月がかかっているのだと。これまで長きにわたって、二大政党の両方に賄賂を使って思いどおりのことをさせてきた経済的利権が、これ以上ゲームを続けることにうんざりしたということらしい。選出議員を豪華な食事でもてなしたり、甘言でたぶらかしたり、合法的な賄賂を使ったりしたことのすべてが、どうやら神から与えられた彼らの権利意識を傷つけてしまったようなのだ。そこで彼らは今、間に仲介者——公益を守ることを本来の任務とする物欲しげな政治家たち——

をはさむのをやめ、あらゆる最高権力者が望ましい形で事を成そうというときの常で、他人に頼まずに自分でやることにしたというわけだ。

大統領職と大統領自身のビジネスとの利益相反や、倫理違反をめぐる重大な問題に、ほとんど対応らしい対応がされていない理由はまさにここにある。トランプは納税申告書の開示を拒みつづけるとともに、自身のビジネス帝国を売却することも、そこからの利益享受をやめることも完全に拒否している。トランプ・オーガニゼーション(トランプが大統領就任まで経営していた不動産会社)が事業に欠かせない商標の許認可を与えるにあたって外国政府に依存していることを考えると、その決定は大統領が外国政府から金銭や「報酬」を受け取ることを禁じたアメリカ合衆国憲法の規定に違反している可能性がある。実際、すでにそう主張する訴訟がワシントンで起こされている。

だがトランプ自身はいっこうに気にする様子も見せていない。自分は通常の規則や法律を超越した存在であり、いっさいの刑罰を適用されないという確固たる意識は、この政権の明白な特徴のひとつである。この免責意識を脅かす者があれば、即座に首を切られる——ジェームズ・コミー前連邦捜査局(FBI)長官がそのいい例だ。これまでのアメリカ政治においては、企業国家のホワイトハウスにおける代理人は何らかの仮面を着けていた。笑みを浮かべた俳優の顔をしたロナルド・レーガンしかり、似非カウボーイの顔をしたジョージ・W・ブッシュしかり(その後ろにしかめ面をして控えていたのはディック・チェイニー/ハリバートンだ)。だが、その仮面はもうない。それどころか誰も仮面を着けているフリすらしない。

この状況をいっそう浅ましいものにするのは、トランプが伝統的な意味での会社経営者ではないという事実だ。トランプは長年、彼の個人ブランドを中心にして築かれた帝国のいわば看板のような存在だった。そしてこのブランドは、娘イヴァンカのブランドとともに、アメリカ大統領職と数え切れない形で融合することによって、すでに利益を得てきた。このトランプ一家のビジネスモデルは、ブランドを基本にした多くの多国籍企業で起きている、より幅広い企業構造の変化の一環であり、それは文化や労働市場の様相を変えてしまうほどの影響を及ぼしている。こうした潮流について書いたのが、私の最初の著書『ブランドなんか、いらない』〔大月書店、二〇〇九年〕である。このモデルが教えてくれるのは、トランプ・ブランドとトランプ大統領との間に何らかの区別が存在しうる――あるいは存在すべきだ――というのは、現在のホワイトハウスの住人にとってはまったく理解不能な考え方だということだ。それどころか、大統領であることはトランプ・ブランドの延長の最高形態にほかならないのである。

トランプと彼の商業ブランドとの切っても切れない関係について、そしてそれが今後の政治にどんな影響を与えるかを探るうちに徐々にわかってきたのは、あまりにも多くのトランプ批判が、なぜその場限りで終わってしまったのかということだった。そしてもっと効果的な形でトランプに抵抗するにはどうすべきかも、見えてきたのだった。

ここまでふてぶてしく、あからさまな公職からの不当利益行為を見せつけられるだけでも、十分に不快なことだ。大統領就任から数カ月間に彼がとった行動の多くもまたしかり。だが歴史を振り返れば、現在の状況がどんなに混沌としていようと、ショック・ドクトリンであるからには事態はもっとずっとひどくなる可能性があることは明らかだ。

トランプの政治的・経済的もくろみの主要な柱は次のとおりである。規制国家の解体、福祉国家と社会福祉事業に対する徹底的な攻撃（人種主義的な敵意に満ちた恐怖の利用と、女性が権利を主張することへの非難によって部分的に正当化される）、国内に化石燃料ブームを起こすこと（気候科学を脇に追いやり、政府官僚の大部分の発言を封じることを必要とする）、そして移民と「イスラム過激派によるテロ」に対する文明的な戦い（その戦域は国内外で拡大しつづけている）。

このもくろみは、すでに最も弱い立場にある人々への明白な脅威であることに加えて、次から次へと危機やショックの波を生じさせることが必至の構想でもある。市場バブル——規制緩和のおかげで膨張している——がはじければ経済的ショックが起き、反イスラム政策や対外攻撃がブローバック（逆流）となれば安全保障ショックが起き、気候がこれ以上不安定化すれば気候ショックが起き、パイプラインから原油が漏れたり、石油掘削装置が崩壊すれば（安全規制や環境規制が大幅に緩和されれば、その可能性は高くなる）、産業ショックが起きる。

すべて危険なことばかりだ。トランプ政権がこれらのショックに乗じて過激な政策を強行するのが確実であることを考えればなおさらである。

テロ攻撃であれ、金融市場の暴落であれ、大規模な危機が起きれば、それを口実に何らかの例外状況や緊急事態を宣言することが予想され、そうなれば通常のルールは適用されなくなる。つまり、トランプが実行したいともくろむ政策課題のなかで、主要な民主的規範のさらなる一時停止を必要とするもの——たとえばすべてのイスラム教徒（特定の国の出身者に限らない）の入国を禁止するという公約や、シカゴの銃犯罪対策に「連邦捜査官」を投入するというツイッターの書き込み、彼の明らかな願望であるメディアに対する規制など——を強行するのに格好の口実を提供することになるのだ。もしある程度以上の規模の経済危機が起きれば、社会保障制度のようなプログラムを解体する理由づけになる可能性がある。トランプは社会保障制度を守ると約束しているが、彼の周囲には何十年も前からそんなものは廃止すべきだと主張している人間が数多くいる。

トランプが危機レベルの上昇を望む理由はほかにもありそうだ。アルゼンチンの作家セサル・アイラは二〇〇一年、「変化とは、話題を変えることだ」と書いている。トランプが目まぐるしいほどの速さで——猛然とくり出すツイートからトマホークミサイルに至る、ありとあらゆるものを駆使して——話題を変える達人であることは、すでに明らかだ。実際、シリアが化学兵器による攻撃を行ったことへの対応としてトランプが空爆を開始したときには、メディアは彼が大統領に就任して以来、最高の称賛記事を書き立てた（一部ではこれを境に、それまでよりトランプに敬意を払う論調へと変わり、それが今も続いている）。ロシア疑惑についてのさらなる新事実発覚にせよ、複雑に入り組んだ国際ビジネス交渉に関連するスキャンダルにせよ、今後もこのような話題の切り替えを数多く目にすることになるだろう。そして話題を変える力という点では、大規模なショックにまさるものはない。

人々がショック状態に陥るのは、ただ大きな悪い出来事が起きたときではない。それは、誰にも理解できない大きな悪い出来事でなければならない。ショック状態とは、出来事とそれを説明する私たちの能力との間にギャップが生じたとき、その結果として起こるものなのだ。そういう状態に陥り、何の説明もなく、精神的よりどころもなければ、大多数の人たちは権威ある人間が互いに対する恐怖心を煽ったり、大義のために個人の権利を放棄せよと言ったりすると、簡単に左右されてしまう。

これは今日ではアメリカ合衆国に限らず、世界中で見られる現象である。二〇一五年一一月、パリで同時多発テロが発生した際、フランス政府は緊急事態を宣言して五人以上の集会を禁止し、その後公道でのデモを制限する権限とともに、これを数カ月間延長した。イギリスでは二〇一六年六月の国民投票でEU離脱(ブレグジット)が決定したショックを受け、多くのイギリス国民は一夜明けたら、まるで見知らぬ国にいるような錯覚に襲われたという。まさにそうした状況のなか、保守政権は時代に逆行するような一連の改革案を出しはじめた。そこには、イギリスが競争力を回復する唯一の道は規制緩和と、富裕層の大幅減税によってイギリスをヨーロッパ全域にとって事実上の租税回避地《タックスヘイブン》にすることだという構想も含まれていた。さらにテリーザ・メイ首相は、高い支持率を背景に解散総選挙の前倒しを決めた。その背後には、国民の間に新たな緊縮財政――そもそもブレグジットのメリットとして有権者に説明されたこととは正反対のもの――への反対が高まる前に、続投を確実にしたいとの思惑があるのは明らかだった。

私はこれまで、著書を執筆する際には毎回六年の年月をかけてテーマについてじっくりリサーチを行い、さまざまな角度から検証し、大きな影響を受けた地域には出かけて行って取材した。その結果でき上がったのは、巻末に何十ページもの注がついた分厚い本だった。ところが今回は、この本をたった数カ月で書き上げた。できるだけ簡潔で、話し言葉に近い文体で書くことを心がけた。今日び、大冊をゆっくり読む時間のある人はほとんどいないし、この複雑に絡まり合った物語については、私よりずっと深く研究を重ね、部分的にではあるにしろ、すでにそれについて書いている人たちもいる。けれども私が気づいたのは、これまで自分が長年行ってきたリサーチが、トランプ主義のきわめて重要な側面を明らかにするのに役立つということだった。彼のビジネスモデルや経済政策のルーツをたどり、同じように社会が不安定化した歴史上の時期について考察し、ショック戦術に抵抗するための

有効な手段を見つけた人々から学ぶことによって、なぜ私たちがこの危険な道に入ってしまったのか、来るべきショックにどうすれば耐えられるのか、そしてさらに重要なのは、ここよりずっと安全な場所にできるだけ早く移るにはどうすべきか、その答えを得るうえで助けになるのではないかと考えたのだ。そしてそれが、ショックに抵抗するためのロードマップの始まりとなるはずだと。

ギリシャ債務危機のただなかのアテネであれ、ハリケーン・カトリーナ襲撃後のニューオーリンズであれ、アメリカ占領下のバグダッドであれ、何十カ所もの地域を取材するなかで学んだのは、この戦法に抵抗する道はあるということだ。それに必要なことは二つある。まず第一は、ショック戦術がどのように機能し、誰の利益に資するのかをしっかりと理解することである。それを理解することは、どうすればショックからすばやく抜け出し、反撃を始められるかの理解につながる。第二に、同じくらい重要なのは、ショック戦術を推進する側が広めようとしているのとは違う物語を語ること、言い換えれば、彼らの物語と一対一で対決できるだけの説得力のある世界観を提示することだ。この価値観を基盤にした世界観は、連続的なショックに見舞われることのない、異なる道筋を示すものでなければならない。それは、人種、民族、宗教、ジェンダーによる分断の深まりに甘んじるのではなく、それを超えてひとつに団結すること、地球を戦争や環境汚染によってこれ以上不安定化させるのではなく、この惑星を癒やすことに基づくものだ。そして何より、この世界観は傷ついた人々——職を失い、健康を害し、平和を奪われ、希望をなくした人々——に、実感できる形でより良い生活を提供するものでなければならない。

それが具体的にどんな世界観なのかわかっているなどと言うつもりはない。それがどんなものか模索するすべての人たちとともに、私も探っている最中であり、それは現在のシステムに最も過酷な仕打ちを受けている人々をリーダーとする、真に協調的なプロセスからしか生まれないと確信している。今や何十もの組織や個人が結集して、そうしたアジェンダ——台頭する軍国主義、ナショナリズム、そしてコーポラティズムと対決できるもの——を提示しようとしており、本書の最後のほうでは、大いに期待のもてる草の根レベルでの協調的な動きをいくつか紹介する。まだ初期の段階にあるとはいえ、私たちが望み、必要とする安全で思いやりある世界を作るための大胆な計画に根ざした、進歩的多数派の輪郭が見えてきつつあるのだ。

こうした活動はすべて、悪しき考えや、悪しき行為者にただノーと言うだけでは足りない、という認識から生まれたものである。断固とした「ノー」には、大胆で前向きの「イエス」が伴わなければならない。すなわちそれは、たとえ行く手にショックや脅し戦術が投入されようとも、大多数の人々が実現に向けて闘おうとするような、十分に信頼でき、魅力のある未来像にほかならない。トランプに対する「ノー」、フランスのマリーヌ・ルペンに対する「ノー」、そして世界中で台頭しつつある外国人排斥的で過度に国家主義的な政党に対する「ノー」は、何百万人もの人々をまず街頭に駆り出す原動力となるかもしれない。けれども私たちが闘いつづけるためには、「イエス」が必要なのだ。「イエス」は、来るべき嵐のなかで道を見失わないための指針なのである。

本書で私が言いたいことをひとことで言えば、トランプは極端な人物ではあっても、異常というより、ひとつの論理的帰結——過去半世紀間に見られたあらゆる最悪の動向の寄せ集め——にすぎないということだ。トランプは、人間の生を人種、宗教、ジェンダー、セクシャリティ、外見、身体能力といったものを基準にして序列化する強力な思考システムの産物にほかならない。そしてこの思考システムは、北米の植民地化と大西洋奴隷貿易の最も初期の時代から、人種を武器として組織的に利用し、残忍な経済政策を推進してきた。彼はまた、人間と企業との融合を象徴する存在でもある。トランプは一人の人間による単独メガブランドであり、妻や子どもたちはその派生ブランド、そこにはあらゆる病理と利益相反が内在している。彼は金と権力さえあれば、自分の意思を他人に押しつける権限——女性(の性器)をつかむことであれ、破滅的な温暖化の瀬戸際にある惑星から限りある資源をつかみ取ることであれ——を得られるという信念の化身であり、また、法律も規制基準も無視することによって財をなす「破壊的革新者《ディスラプター》」を崇め奉るビジネスカルチャーの落とし子である。そして何より、彼はいまだに強い影響力をもち、中道政党と保守政党の両方に支持されている自由市場イデオロギー・プロジェクトの権化なのだ。このイデオロギーは公的なものや人々が共同所有するものすべてに戦いを挑み、企業のCEO(最高経営責任者)こそが人類を救うスーパーヒーローだと見なす。二〇〇二年、当時のジョージ・W・ブッシュ大統領はホワイトハウスで、この公的領域に対する戦いの知的立案者である過激な自由市場主義経済学者、ミルトン・フリードマンの九〇歳の誕生日を祝うパーティを催した。その席上、ドナルド・ラムズフェルド国防長官(当時)はこう述べた。「ミルトンは思想が結果を伴うという真実の体現者だ」——まさにそのとおり。ドナルド・トランプこそ、そうした思想の直接的な結果にほかならない。

この点で、トランプがショッキングでは**ない**ということには重要な意味がある。彼は一〇〇パーセント予測可能な存在であり、それどころか、かつて至るところに蔓延し、ずっと以前に抑え込まれるべきだった思想や動向の、陳腐な結果以外の何ものでもない。だからこそ、もし仮にこの悪夢のような政権が明日終わったとしても、それを生み出した政治的状況、世界中にその複製を作り出しつつある状況は、立ち向かうべきものとして存在しつづける。マイク・ペンス副大統領やポール・ライアン下院議長がそれぞれの持ち場を固め、民主党の既成勢力が富裕層に絡めとられている間は、単にオーバルオフィスの現在の主人が入れ代わっただけでは、私たちが必要とする世界を勝ち取ることはできない。

ここで「私たち」という言葉についてひとこと。本書をお読みになればお気づきになると思うが、私は時に「私たち」を「アメリカ合衆国」という意味で、時に「カナダ」という意味で使っている。ひとつの理由はきわめてシンプルだ。私はアメリカとカナダ、両国の市民であり、両国と深い関係や結びつきがある。私の両親はアメリカ人で、親戚は全員アメリカに住んでいるが、私は子どもの頃からカナダで暮らし、カナダで生活することを選んでいる(大統領選の日の夜、父親から携帯にこんなメッセージが届いた――「カナダに移住していてよかっただろう?」)。だが私のジャーナリストとしての仕事の大部分、そして政治的活動の多くはアメリカで行っており、現時点で私たちが集団としての責任を果たすためにどのように立ち上がるべきかをめぐって、数え切れないほどの会議や討論に参加してきた。

もうひとつ、私が「私たち」を「アメリカ」の意味で使うことの理由は、パスポートとは関係ないところにある。アメリカ大統領とは、地球上のすべての人間に影響を及ぼす存在なのだ。世界最大の経済大国にして世界第二の温室効果ガス排出国であり、世界最強の軍事力を有するアメリカの行動から完全に守られている人間は、誰一人いない。トランプが発射するミサイルや忌まわしい爆弾の標的となる人々が、飛び抜けて大きい負担とリスクを負うのは言うまでもない。だが、その強大なパワーと無謀な政策を考えたとき、地球上のすべての人が爆撃の被害あるいは放射性降下物の被害を受ける可能性がある。そして誰もが温暖化の影響を受けるのは確実だ。

私たちがこのような岐路に立ち至るまでの経緯を、ひとつのストーリーですべて説明することはできないし、事態を改善するひとつのブループリントがあるわけでもない。そうであるには、私たちの世界はあまりにも入り組み、複雑に絡み合っている。したがって本書は、私たちがどうしてこのシュールな政治状況に至ってしまったのかを検証し、事態がこれよりはるかに悪化する可能性があることを具体的に見ていくとともに、私たちが冷静さを失わなければ、事態を逆転して今より大幅に改善させられることを示す、ひとつの試みにすぎない。

そのためにはまず、私たちが何に対して「ノー」と言っているのかを明確にする必要がある。というのもこの本の表紙に大きく書かれた「ノー」は、一個人だけに向けられたものでも、ある集団だけに（一定の集団に向けられたものでもあるのは確かだが）向けられたものでもないからだ。私たちはそうした人々をこれほどまでに高い地位へと引き上げたシステムに対しても、「ノー」と言っているのだ。そして次には、「イエス」へと移行しよう。社会に根源的な変化を起こし、今日のような企業による乗っ取りが単なる昔話、私たちの子ども世代への警告として記憶されるような社会を作ることだ。そしてドナルド・トランプとその仲間たちの正体が、私たちが力を合わせて治療する決意を固めている、根深い病理の一症状であることを明らかにすることである。

注——本書に書いたことの一部は、これまでの私のエッセイや著書、スピーチなどにすでに含まれているが、大部分は初めて発表するものである。本書で紹介したものをはじめとするさまざまな運動や理論家へのアクセスについては、ウェブサイト noisnotenough.org を参照していただきたい。

本書の引用や統計についての原典リストもすべて上記ウェブサイトに記載してある。

第一部　なぜこうなったのか

——スーパーブランドの台頭

私たちは、すみやかに物を中心とする社会から人間を中心とする社会への移行を始めなければならない。機械やコンピュータ、利益追求、所有権といったものが人間より重視されるようになれば、人種主義、物質主義、軍国主義という三大主義を克服することは不可能になる。

——マーティン・ルーサー・キングJr「ベトナムを越えて」（一九六七年）

第1章　なぜトランプは究極のブランドになることで勝利したのか

ドナルド・トランプが大統領選を制し、第四五代アメリカ合衆国大統領に就任することが確実になった二〇一六年一一月八日夜、私は混乱のさなかにあった。というのも、私がこの知らせを聞いたのは講演旅行先オーストラリアのシドニーで、夜どころかまだ日も高い一一月九日水曜日の昼前だったのだ。一方、友人知人のほぼ全員にとっては火曜日の夜。酒を片手に仲間と選挙経過を見守っていた友人たちから、次々と携帯に連絡が入ってきた。だが、オーストラリアでは普段どおりの平日が始まったところで、選挙速報が届きはじめると、私の混乱はますますひどくなっていった。

そのとき私は、オーストラリアの環境問題や労働問題、社会正義などの活動を行っている組織のトップ約一五人が集う会議に出席中で、そこでは重要なテーマをめぐる話し合いが行われていた。これまで、地球温暖化や人種差別、格差、先住民や移民、女性の権利侵害をめぐる闘いをはじめとする進歩的な運動は、多くの場合、バラバラに「タコツボ」化した形で行われ、互いの連携が欠落していた。私たちは長い間、これらの運動同士の接点はどこにあるのかを問いつづけてきたし、今日では多くの運動体が同じ問題意識を共有している。これらの運動はどのように交差するのか？　これらの運動を結びつける根本的要素は何か？　どうすればこれらの問題に、みなが協力して同時に取り組むことができるのか？　統一的な運動はどのような価値観のもとで行われるのか？　それを政治勢力に転換するにはどうすればいいのか？　私は仲間たちと、「リープ・マニフェスト」というプロジェクト（これについては第13章で詳述する）を通じて、北米にこうした運動横断的な「みんなの綱領《ピープルズ・プラットフォーム》」を構築するための活動に取り組んできた。そしてオーストラリアでも多くのグループが、同様のアプローチに関心を寄せていたのだ。

　会議の最初の一時間ほどは、何ができるかについて活発な意見が飛び交い、明るい雰囲気で話し合いが進んでいた。アメリカの選挙については、誰もがすっかり楽観していた。多くの進歩派やリベラル派、それに少なからぬ保守派の人たちと同様、私たちもトランプが負けると確信していたのだ。

　すると、全員の携帯電話が鳴りはじめた。明るい日差しでいっぱいの会議室は、みるみるうちに静まり返り、みなの顔がうろたえた表情に変化していく。突如、この会議を開いた理由――気候変動対策や人種間平等、まともな仕事の確保などにおいて、統合的な行動をとることで飛躍的な前進が図れるという考え――が、まったく馬鹿げたものに思えた。誰もひとことも発しないのに、今にも強い逆風に吹き飛ばされそうだと、その場にいる全員が即座に直感したかのようだった。できるのはただ、必死でふんばることだけだと。差し迫るさまざまな危機のいずれについても、前に進んで行けるという確信が目の前で霧散していくようだった。

　やがて誰が閉会と言うでもなく会議はお開きとなり、みな別れの挨拶もそこそこにその場を離れた。そしてＣＮＮという抗いがたい自動誘導装置に導かれるように、私たちは無言で大きなテレビスクリーンを探し求めた。

　アメリカの有権者の大半は、トランプに投票していない。ヒラリー・クリントンの得票数はトランプより二九〇万票近く上回っており、このことが大統領となったトランプを苦しめつづけている。そもそもトランプが勝てたのは、元はと言えば奴隷所有者の権力を守るために作られた選挙人制度のおかげだ。世界中で行われた世論調査によると、もしもこの重要な選挙に投票できたとしたら、クリントンに投票したと答えた人が圧倒的多数を占めた（唯一の例外がロシアで、ロシアだけはトランプ支持者が非常に多かった）。

このように反トランプ派が世界の趨勢を占めるなかでも、あの夜（あるいは昼）に人々が感じたことは一様ではなかった。多くの人が抱いた明確な感情は、まさかこんなことがアメリカで起こるとは、という衝撃だった。アメリカにおける人種差別や女性蔑視《ミソジニー》の根深さを前々からわかってはいたが、今回まざまざと見せつけられて悲嘆にくれる人も、きわめて多かった。アメリカ初の女性大統領が誕生し、子どもたちにとっての手本となる機会が失われたことに喪失感を覚えた人もいた。また、そもそもそれほど脆弱な候補者をトランプの対抗馬にしたことへの怒りでいっぱいの人もいた。だが、アメリカ国内外の数百万という人々が何より強く抱いた感情は、恐れだった——トランプの大統領就任をきっかけに、人種差別や暴力、弾圧などが極端な形で表出するのではないかという恐れを肌で感じとったのである。そして、これらを含めたいくつもの感情が心中で混じり合っていた人も多かった。

また、この選挙結果がただ一国の一人の男の話にとどまらないことを見抜いていた人も大勢いた。トランプは世界中に共通して見られる現象の一例にすぎないのだと。今日の世界には、独裁主義的で外国人排斥的な極右政治がまかりとおり、フランスのマリーヌ・ルペンやインドのナレンドラ・モディ、フィリピンのロドリゴ・ドゥテルテ、イギリス独立党、トルコのレジェップ・タイイップ・エルドアンをはじめとする人や組織（明白なネオファシストも含まれる）が、世界中で権力を手にしようとしているのだ。

大統領選の日に私がシドニーで経験したことをここで紹介するのは、トランプの勝利が会議を切り上げさせ、将来的な課題に向けての議論を中断させてしまったことに、何か学ぶべき重要な事柄が潜んでいるのではないかという思いを振り払えないからだ。あの日、誰もが挫折感を抱いたことは、まったくしかたのないことである。だがもし、今後の闘いは、時代に逆行するトランプ式の攻撃に対してひたすら防戦するだけだという前提を受け入れれば、私たちはきわめて危険な状況に陥ることになってしまう。なぜなら、トランプが当選する前に私たちがおかれていた状況——今回の一連の敗北がなくとも、多くの人々が社会的・生態学的危機をなしていると認識していた状況——こそが、トランプを生み出したからだ。

トランプや彼と同類の扇動政治家からの攻撃に、断固として対抗しなければならないのは言うまでもない。だが、今後四年間をただ防戦のみに費やすわけにはいかないのだ。危機はきわめて切迫しており、みすみす時間を無駄にはできない。私自身かなりの情報を有している気候変動問題に関して言えば、私たちが行動を起こすチャンスはきわめて限定的で、これを逃せばもはや安定した気候と呼べるものを守るのは絶対に不可能になる。第4章で述べるが、このチャンスの窓は急速に閉じつつあるのだ。

したがって、闘いは攻守両面から同時に進めなければならない。現在の攻撃に抵抗する一方で、私たちに必要な未来を築く余地を見出すこと。「ノー」と「イエス」を同時に叫ぶことである。

だがトランプと、トランプやその政権全体が代表するものの代わりに、私たちが望むものを手にするには、まず今私たちがいる場所がどこで、どうしてここまで来てしまったのかを明らかにし、この先短期間で事態がどこまで悪化しうるかについて直視する必要がある。さらに、後者については、破滅という未来にかなりの現実性があることを知っておくべきである。だからといって、ひるんでいるわけにはいかない。今いる場所を明確に描き出すのはたやすいことではない。だが過去の過ちをくり返さず、永続的な解決に達するには、それがただひとつの方法なのだ。

政権移行ではなく企業クーデター

億万長者で構成されたトランプ政権が表しているもの、それは単純な事実である。すなわち、全世界の富に鼻持ちならないほどの割合を占める財産を所有し、しかも年々それを増大させている人々――人道支援団体オックスファムの最新の報告では、世界の超富豪八人が世界中の富の約半分を所有しているという――が、さらなる富を手にしようとしているということだ。

二〇一六年一二月のNBCニュースの報道によると、トランプが任命した閣僚の総資産は、一四五億ドルという膨大な額に達するという（総資産一五〇億ドル以上の「特別顧問」カール・アイカーン〔二〇一七年八月に辞任〕は含まれていない）。そのうえ、主要な閣僚たちは単なる大富豪の代表サンプルというだけにとどまらない。トランプが任命した面々のなかには、地球上の最も脆弱な人々、あるいは地球そのものに――多くの場合、危機のさなかに――故意に害を及ぼすことで富を築いてきた人たちが驚くほど多く含まれている。あたかもそれが就任の条件であったかと思われるほどに。

トランプ政権の財務長官に就任した大手証券会社ゴールドマンサックス出身のスティーヴン・ムニューチンもその一人。ムニューチンは二〇〇八年の金融危機以降、数万人から住宅を奪った「差し押さえマシーン」の異名で知られるワンウェスト銀行の経営者で、主要投資家でもあった人物だ。国務長官には世界最大の石油会社エクソンモービルの前CEOレックス・ティラーソンが就任した（二〇一八年三月、解任）。同社は何十年にもわたって気候変動問題に関する似非科学に資金を出してその拡大を促し、国際的な気候変動対策に反対する激しいロビー活動を陰で行うと同時に、温暖化の進む世界でいかに利益を得るかを探ってきた。さらにトランプ政権の国防および国土安全保障に関するポジションの驚くほど多くは、軍事および監視請負企業やプロのロビイスト出身者によって占められている。

それまでは順調だった

つい忘れてしまいがちだが、トランプ当選の番狂わせが起こる前には、人々はまさにこうした企業や政治勢力の多くが象徴する不公正と闘うべく立ち上がり、勝利に向かって進んでいた。民主党のバーニー・サンダース候補が予想をはるかに上回る力強い闘いを展開し、最終的には敗退したものの、ウォール街に賞与の心配をさせ、民主党の綱領を大きく変えもした。「ブラック・ライブズ・マター」や「セイ・ハー・ネーム」といった運動の高まりによって、黒人に対する組織的な人種差別や警察の軍隊並みの重武装化をめぐる議論が全米に広がり、民間刑務所を段階的に縮小し受刑者数を減らす方針が出された。二〇一六年には、アカデミー賞授賞式からスーパーボウルまで、主要なスポーツや文化のイベントが行われるたびに、人種や国家暴力の語られ方に変化が感じられるようになっていた。女性運動の高まりによって、性暴力は一面で扱われる問題になり、この国の「レイプ文化」に光が当てられた。人気コメディアン、ビル・コズビーのように性犯罪で起訴された有名人についての人々の会話にも変化が見られ、フォックス・ニュースのCEOロジャー・アイルズは二〇人以上の女性に対するセクシャルハラスメント(本人は容疑を否定)を告発され、辞任に追い込まれた。

気候変動阻止運動も順調に進んでいた。石油パイプラインや水圧破砕《フラッキング》による天然ガス採掘、北極海での石油掘削などに対し、多くは再生した先住民コミュニティの主導によって、次々と勝利を収めていた。そして勝利はまだまだ続くはずだった。二〇一五年のパリ協定に盛り込まれた気温上昇の抑制は、何兆ドル規模の膨大な利益が見込める化石燃料資産を地中にとどめることを必要とするものだった。だがエクソンモービルのような企業にとって、こうした目標の実現は会社存続を脅かすものにほかならなかった。

そして私が出席したシドニーでの会議が示唆するように、アメリカ国内外で、喫緊の課題はこれらの運動の点と点を結んで共通のアジェンダを構築し、それとともに勝利へと向けた進歩的な連携——深い社会的包容力と、地球に対する配慮という倫理観に根ざした連携——を図っていくことだという理解が深まっていたのである。

トランプ政権についても、決して危険で理不尽な一人の男の物語ではなく、同じコンテクストで理解されるべき面がある。すなわち、より公正で安全な世界を希求する社会・政治運動の勢力の高まりに対する、猛烈な反発という意味合いにおいてだ。略奪的な金貸しや地球を攪乱する汚染者、戦争と「安全保障」によって暴利を貪る者たちから成るこの集団は、これ以上の進歩(つまりはさらなる利益損失)に甘んじるリスクを冒す代わりに、互いに手を組んで政府を乗っ取り、不正に得た富を守ろうとしている。公的領域を細かく切り分けて民営化してきた数十年を経て、トランプや彼に任命された閣僚たちは、今や政府そのものを掌握したのだ。乗っ取り完了、である。

企業の〝願いごとリスト〟に応えて

政治経験をまったくもたないトランプは、いくぶん斬新な二つの切り口で自身を有権者に売り込んだ。第一に、私は大金持ちだから買収される必要はない。第二に、現在の腐敗した制度を正すなら、内側から熟知している私にこそ任せるべきだ。私はビジネスマンとして制度の抜け穴を利用し、政治家を買収し、脱税し、生産をアウトソースしてきた。だから、私や私のように裕福な友人ほど、泥沼を浚ってきれいにするのに適した者はいない、というのである。

だが現実には――驚くことではないが――まったく別のことが起きている。トランプと企業幹部出身の閣僚たちは政府を、自分たちのビジネス（現在と過去を問わず）や、自分と同じ高額納税者全体の利益にかなうよう、驚異的な速度で作り変えている。トランプは就任からわずか数時間で、法人税率を（現行の三五％から）一五％に引き下げるという大幅減税を提案、七五％に上る規制を撤廃すると約束した。税制改革案にはそのほかにも、閣僚に名を連ねるような富豪たち（トランプもその一人）を利するさまざまな抜け道が用意されている。新たに撤廃すべき規制や民営化すべきプログラムを見つけ、アメリカ政府を「偉大なアメリカ企業のように運営する」方法を探ることを使命とする、企業幹部たちから成る「特殊部隊《スワット・チーム》」の統率役には、トランプの義理の息子ジャレッド・クシュナーが任命された（非営利団体パブリック・シチズンの調査によると、トランプは就任後三カ月足らずで、少なくとも一九〇人の企業幹部と面会し、その後、訪問者記録は公開しないと発表した）。行政管理予算局長ミック・マルバニーは、政権発足後数カ月間にどんな実質的な成果があったかを訊かれた際、トランプが連発する大統領令に言及し、こう強調した。「これらの大統領令の大部分は、他の法律を廃止するための法規制。規制を廃止するための規制だ」

まさにそのとおり。トランプ政権は、環境有害物質から子どもたちを守るプログラムを廃止する構えであり、天然ガス企業にはもう温室効果ガスの放出についてすべて報告する必要はないと通告し、それ以外にも同様の政策を多数進めている。ひとことで言えば、大いなる破壊である。トランプや閣僚たちが、利益相反に対して上げられるかすかな異議を笑い飛ばすのもこのためだ。あらゆるものが利益相反。それこそが重要なのだ。

そしてトランプほど、企業ブランドと完全に同化し、どこまでが自分で、どこからが所有する企業ブランドなのかわからなくなっている者はいない。これまでのところ、トランプの大統領就任以来最も注目すべきことのひとつは、フロリダ州パームビーチにあるトランプの高級別荘「マール・ア・ラーゴ」が、絢爛豪華な会員制「冬のホワイトハウス」として登場したことだ（一時期、国務省ウェブサイトでもそう告知された）。ある会員は『ニューヨーク・タイムズ』紙に対し、マール・ア・ラーゴに行くことは、「ディズニーランドに行って、そこに一日中ミッキーマウスがいることを知る」ようなものだと表現した。ただし、この場合の全面ブランド化の場はディズニーランドではなくアメリカランドであり、ミッキーマウスはアメリカ合衆国大統領その人なのだ。

究極のブランド野郎

この会員の言葉を読んだとき、私はトランプという大統領を理解するには、これまでずっとやらずに抑えてきたことをやらなければならないと悟った。二〇〇〇年に出した私の最初の著書『ブランドなんか、いらない』のテーマ、企業によるマーケティングとブランディングの世界を再び掘り下げることである。

『ブランドなんか……』では、企業の歴史における重要な局面――ナイキやアップルなどの巨大企業が、主として物理的商品を作る企業ではなく、自らを何よりもブランドを創造する企業と見なすようになったこと――に焦点を当てた。これらの企業は、特定の集団の一員としてのアイデンティティを生み出すブランディングこそが富を生むと考えた。工場のことは忘れろ、巨大な労働力を確保する必要性など忘れてしまえ、というのである。イメージの創造が最大の利益を生むことに気づいた、これら「中身のないブランド」は、誰が自社製品を作ろうと、その賃金がどんなに低かろうとどうでもいいとの結論に達し、これらいっさいを請負業者に任せた。これが国内外の労働者に深刻な影響を与え、企業に対する新たな抵抗運動のうねりを引き起こしたのだった。

私は『ブランドなんか、いらない』の執筆にあたって、丸四年間ブランド文化漬けの日々を過ごした。スーパーボウルの広告を幾度となく見直し、『アドバタイジング・エイジ』誌を読みあさっては企業のシナジー効果における最新イノベーションについて調べ、あなたのブランド価値を見つけるには、といったうんざりするほど退屈なビジネス書に目を通した。ナイキタウンにも、アジアの労働搾取工場にも、巨大モールやブランド化された街にも足を運び、広告撲滅やカルチャー・ジャミング〔反商業主義の視点から、広告をパロディ化して企業が意図したものと逆のメッセージを送ること〕の活動家とともに、夜陰に紛れて広告板襲撃にもくり出した。

なかには、おもしろいと思うものもあった。私にも秀逸なマーケティングの魅力に反応してしまう部分が少なからずあるからだ。それでも最後には許容範囲を越え、ブランドアレルギーのような状態に陥ってしまった。スターバックスが店舗から「ロゴをはずす」手法を考え出したり、ビクトリアズ・シークレットがモデルに先住民の頭飾りをつけてランウェイを歩かせたりしても、そのことを書こうという気にはならなかった。その強欲な世界に別れを告げ、次なるテーマへと進んだのだ。ところが厄介なことに、トランプを理解するにはトランプという存在を生み出した世界を理解する必要がある——そしてそれは大部分、ブランディングの世界なのだ。トランプは、『ブランドなんか……』で私が論じたあらゆる最悪の動向を体現している——多くの場合、虐待的な請負業者のネットワークを介して商品を作る労働者たちへの責任を巧みに逃れることから、可能なところにはどこでも自分の名前をつけようとする飽くなき植民地主義的欲望まで。私が、このきらびやかな世界を再度探究し、トランプが世界最大の権力者の地位まで上りつめた理由を読み解くためのヒントを得ようと考えた——そしてさらには、今日の政治状況についてより幅広い理解が得られるかもしれないと考えた——理由は、そこにある。

モノの世界を超える

トランプがその厚かましい人格を中心にして築き上げたようなスーパーブランドが、そもそも台頭したきっかけは、一九八〇年代半ばに経営理論家たちが作り出した一見無害な考え方にあった。すなわち、成功するには、企業は商品よりもまずブランドを生み出さなければならない、というものだ。

それまで、実業界においては広告によるブランド名の強化が重要であることは理解されていたとはいえ、堅実な製造業者がまず何よりも重視するのは商品の生産だった。一九三八年発行の『フォーチュン』誌の論説はこう述べている。「産業経済の基本的かつ不可逆的な機能は、モノ作りである……購買力の源泉は工場と、地面の上にあるものと下にあるものにある」

だが一九八〇年代に入る頃には、タイドやリーバイス、マールボロといった有名ブランド商品の売れ行きに陰りが見えはじめていた。市場は似たような商品であふれ返り、景気が低迷するなか、多くの人々がブランド名ではなく価格を購買基準にするようになったことに原因があると見られた。広告板やテレビ広告といった昔ながらの手法ではもう効果は期待できず、消費者がある種の抵抗力をつけたかのようだった（広告代理店幹部のデイヴィッド・ルバースはいみじくもこう言った――消費者は「ゴキブリみたいなものだ――殺虫剤をくり返し吹きかけるうちに、しばらくたつと免疫ができてしまう」）。

これとほぼ同じ頃、新しい種類の企業が典型的なアメリカの製造業者と市場シェア争いを始める。ナイキやアップルを先頭に、トミー・ヒルフィガーやスターバックスなどが後に続いた。これらパイオニア企業のビジネスモデルは、それまでとまったく異なった。まず自社をめぐって飛び抜けたアイデアやブランドを作り上げ、それを利用してその価値を認める消費者の心をつかむ。そうしたのちに、モノそのものの価値より、どこかに帰属してその一員になりたいという人間の根深い願望に重点をおいた商品に、大幅な付加価値をつけるのだ。

つまり、二五〇ドルもするナイキのスニーカーを手に入れるために夜通し行列に並ぶ若者が買おうとしたのは、スニーカーそのものではなく、「Just Do It（やるっきゃない）」というアイデアや、たった一人でスーパーブランドを築き上げたマイケル・ジョーダンという夢であり（「スーパーブランド」という語は、最初は拡大するジョーダン帝国を指すために用いられた）、子どもにアップルのコンピュータを買う親たちは、「Think Different（発想を変えよう）」のスローガンに込められた、きわめて楽観的な未来像を自宅に持ち帰ろうとしたのだ（ガンジーからマーティン・ルーサー・キング、ピカソ、マンデラ、ダライ・ラマまで、革命や芸術運動に身を投じた象徴的人物が次々にキャンペーンに起用されるたびに、その真正度は増していった）。通勤途上の男女が突然コーヒー一杯にかつての四倍の金額を支払うようになったのは、スターバックスが実はコーヒーではなく、自宅でも職場でもない「第三の場所」というアイデア（同社CEO）を売っていたからだ（かつては企業の手助けなしに人々が集う「第三の場所」があちこちに存在したが、そうした場所は急速に姿を消しつつあった）。

この時期に見られたもうひとつの重要な変化は、ブランドこそが真の商品なのだから、一見関連のないものを含め、あらゆるものをブランド化できるという考えが広まったことだ。こうしてラルフローレンはペンキを売り出し、ヴァージンはウェディングドレスやコーラ、スターバックスはジャズCDを売りはじめた。可能性は無限に思われた。

高度にブランド化したこれらの企業の多くは、（当時としては）大胆にこう公言した——商品生産は事業の付随的な部分にすぎないのだから、昨今の貿易自由化と労働法改正の恩恵のもと、請負業者や下請業者(多くは海外)を使って格安で商品の生産ができるようになったのだと。商品の真の価値はそれを作ることではなく、デザインや革新、そして当然ながらマーケティングにある。誰が肉体労働をするかなど、大した問題ではなかったのだ。

やがて企業経営者の間では、こうしたビジネスモデルを採用しない企業の多くは、過剰な所有と多過ぎる従業員を抱えた、肥大化した組織だという認識が共有されるようになった。自社工場で商品を生産し、フルタイムの正規従業員を何万人も雇うという昔ながらの生産工程は、もはや成功への道ではなく、経営にのしかかる重荷だと見なされた。目標は中身のないブランドになることだった。ひたすら所有物を減らし、あらゆるものをブランド化せよ、と。

ほどなくして多国籍企業は身軽さを競いはじめた。どこよりも所有物や従業員が少なく、モノではなく強力なイメージを生み出す企業が、競争に勝ったのである。

ブランド・アイデンティティがすべて

またたく間に台頭してきたこのビジネスモデルは、二つの直接的な影響を及ぼした。ひとつは、ブランドがビッグアイデアを伝え、標的市場に参入するための新たなスペースや「ブランド拡張」を模索するなか、社会ではマーケティングが隆盛をきわめていったこと。そしてその一方で、労働も労働者も著しく軽視され、どんどん消耗品のように扱われるようになっていったのである。

ナイキやアディダスなどのブランドは、マーケティング分野で熾烈な競争をくり広げていたが、生産に関して言えば、同じ工場で、同じ労働者が両社の靴の縫製を行うこともあった。それはそうだろう。モノを作ることは、もはや「コアコンピタンス（その企業の核となる能力）」とは見なされなくなったのだ。企業の「本社」（今日では多くの企業で「キャンパス」と呼ばれる）は、目の前にある本当の仕事――自社ブランドを貼りつけるだけでどんなものにも意味を与えることのできる、強力な企業神話を創造すること――に集中するための時間を最大限確保しようとしたのである。

メディアは多くの場合、こうした現象をX企業やY企業がより安価な労働力を求めてどこどこに工場を移転、と報じた。だが、GAPの衣類やIBMのコンピュータなど、ブランド商品を生産するインドネシアやフィリピンの搾取工場を訪れてみてわかったのは、現実はそれとはいささか異なるということだった。ほとんどの場合、こうした企業は北米やヨーロッパにあった工場を移転して、アジアで再開しているわけではなく、ただ工場を閉鎖し、ほかのどこでも再開はさせていなかった。この時期、きわめて複雑な供給網がどんどん増えて、ある商品をいったいどこで誰が生産しているのかを見きわめるのは至難の業になっていた。スキャンダルも頻繁に生じた。勇猛果敢な調査ジャーナリストや労働者グループが、たとえばナイキのマイケル・ジョーダンブランドの靴やディズニーブランドのTシャツが、ハイチやインドネシアの搾取工場で劣悪な環境下で製造されているなどとたびたび暴露した。ところがブランド企業側も責任を問われると、ほぼ決まってこう答えるのだ――「わが社もショックを受けている。だから、もうこの下請業者とは手を切ることにした」と。

こうしたビジネスモデルが急激に普及した理由は明らかだ。やるべきこと――魅力的なコマーシャルを制作し、デザインへの投資を惜しまず、多数のスポンサー契約やクロスプロモーションを通じて自社ブランドのアイデンティティの具体化を図ること――さえすれば、多くの消費者はどんな価格であろうと、その商品を購入してくれた。その結果、「ライフスタイルブランド」なるものの成功がある種の熱狂を生み出し、誰がブランド拡張の最も包括的なネットワークを構築し、消費者がお気に入りブランドと一体化したと感じられる機会——最も没入できる3D体験——を創出できるかをめぐって、ブランド同士がしのぎを削ったのである。

では、こうした一九九〇年代の出来事がトランプとどう関係するのか？　関係は大いにある。トランプはまさに、このやり方に忠実に従うことで自らの帝国を築いた。かつて、トランプの会社のような企業がとっくに見捨てた高賃金の製造業で潤っていた地域社会では、このやり方が残した怒りや絶望が渦巻いていた。トランプは大統領候補になると、今度はその怒りや絶望につけ込んで、自らを利する方法を考え出したのだ。とんでもない詐欺である。

トランプ・ショー

トランプの名前がアメリカ全土に知れ渡った一九八〇年代、彼はまだ基本的には昔ながらの不動産開発業者であり、たまたま自分の名前が印刷物やそれ以外の場所に載ることに底なしの願望を抱いていたにすぎなかった。ニューヨークやニュージャージー州アトランティックシティのあちこちのビルに自分の名前を冠し、マスコミにしつこく働きかけ、妻や愛人との間で実写版メロドラマさながらの関係をくり広げた結果、自らを可視化することに関しては能力以上の成果をあげた。『タイム』から『GQ』まで数多くの雑誌の表紙を飾り、ハリウッド映画やテレビ番組にカメオ出演を果たした。ブランディングの本質を早々に理解したトランプは、「これはトランプという名のショー。どこでも完売の大人気ショーなんだ」と『プレイボーイ』誌に語っている。それでも事業の中核は従来のまま、不動産の買収と、ホテルやタワーマンションカジノなどのビルの管理にとどまった。

ところが一九九〇年代になると、変化が見えはじめる。おもな要因は、トランプがアトランティックシティのカジノ経営に失敗し、九一年と九二年に破産を経験する前から事業が次々と銀行の手に渡ったことだった。とはいえ、トランプは不動産から完全に手を引くことにはならなかった。投資家たちは、砂上の楼閣を崩さずに維持するには、パーソナルブランドとしての「トランプ」という名前が必要だと確信していたと思われる。そしてこのことは、熱心に売り込んだ名前が、現実世界でいかに価値をもつかという重要な教訓となったのだ。

トランプは依然として不動産建設を事業の中心としつつも、ナイキのような企業が中身のないブランドで大儲けする方法に着目し、やがて徐々にこのやり方に倣うようになる。彼が最初に行った革新は、それまでブランド化されることのなかった分野、すなわち高級不動産のブランド化だった。もちろん、世界的ブランドのホテルやリゾートチェーンはすでに存在していた。だが、働く場所(オフィスタワー)や住む場所(分譲マンション)、遊ぶ場所(ゴルフクラブや休暇の滞在先)をすべてひとつの世界的高級ブランドのフランチャイズにするというトランプの発想は、かつてないものだった。ディズニーがフロリダ州につくった街「セレブレーション」と同様、トランプは人々が四六時中トランプ・ブランドのなかで過ごすチャンスを売っていたのだ。

突破口となったのは、テレビのリアリティ番組で一大帝国を築いたマーク・バーネットがトランプに、自ら企画した『アプレンティス』への出演をもちかけたことだった。それまでトランプは、破産の後始末と銀行からの催促に振り回されていた。そこへ突然、スーパーブランドの仲間入りを果たすチャンスが舞い込んできた。自社製品を作る――トランプの場合はビルを建設する――重荷から解放され、もっぱらブランドとしての価値を高め、あらゆるものをブランド化することで莫大な利益をあげる、選り抜きの企業となるチャンスがやってきたのだ。

トランプはそこにある可能性の大きさをただちに理解した。テレビ番組になれば、トランプの宮殿のような自宅と豪華なジェット機がいやというほど映し出され、贅をきわめたライフスタイルにこれ以上ないほどの華やかなスポットライトが当たる。トランプの名を物質的成功の代名詞にするという長年の目標を形にするには、またとないチャンスだった。二〇〇四年に初回が放映される前から、トランプはすでに男性衣料品に彼の名前を使うライセンス契約の準備を進めていた。トランプはNBCの広報担当者に、たとえ『アプレンティス』が「視聴率を取れなくても、私のブランドにとっては大いにいいことだ」と語っている。

蓋を開けてみると、番組はかなりの高視聴率を獲得した。その後短期間のうちに、トランプはコロンから水、眼鏡、マットレス、はては大学に至るまで、ありとあらゆるものをトランプ・ブランドの商品として売り出す。現アメリカ大統領に関するかぎり、トランプ・ブランドという〝バブル〟に加えられない商品カテゴリーなど存在しなかったのである。

何より重要なのは、『アプレンティス』の場合、トランプは自分のブランドを人気テレビ番組で取り上げてもらうのに、他のブランドのように金を払う必要がなかったことだ。値段がつかないほどの宣伝を無料《ただ》でしてくれるこの番組で、彼は大儲けしていたのだ。さらにこの番組は、他のブランドを宣伝することで多額の収入を得ていた。たとえば二〇一一年四月、この番組の有名人版『セレブリティ・アプレンティス』は、ひとつの番組としては最多の一二〇点もの商品を宣伝している。これは真のスーパーブランドの証しにほかならない。トランプはおびただしいブランドを取り込んだブランドを築いたのである（さらには番組に自分の子どもたちを登場させ、ブランドの繁殖まで始めた）。

こんな大手柄をやってのけたら、次なる芸はいったい何か？　自分のブランドを権力と権威の究極のシンボル——ホワイトハウス——と融合させることだ。

新興財閥《オリガルヒ》好み

だがその前に、トランプには変身を完了するうえで必要なことがもうひとつあった。不動産という中核事業の中身を根本から変えることだ。トランプはそれまでのように自ら建物を建設し、所有するのではなく、世界中の開発業者に自分の名前を売るだけで、やすやすと金儲けができることに気づいた。開発業者はトランプの知名度を利用して、オフィスビルや分譲マンション、ホテルなどに購入者や顧客を惹きつける。実際の建設は外部の開発業者が請け負い、すべての責任も負う。仮にプロジェクトが失敗しても（実際、たびたび失敗した）、トランプにはライセンス料が入る。しかもその額たるや莫大なものだ。『ワシントン・ポスト』紙によれば、パナマのホテルコンドミニアム建設プロジェクト一件だけで、「トランプは実質投資ゼロで、少なくとも五〇〇〇万ドルを稼いだ」という。

トランプは今も、ニューヨーク市のトランプタワーやフロリダ州のマール・ア・ラーゴなど主要不動産をいくつか所有している。だが、ドバイのトランプ・インターナショナル・ゴルフクラブからインドやカナダ、ブラジル、韓国、ニューヨークにある不動産まで、世界中に存在する数多くのトランプ・ブランド不動産に目を向けると、トランプ自身はそれらを所有していないか、一部のみ所有しているにすぎないことがわかる。彼は名義を貸すことで莫大な収入を得ているのだ。

トランプが世界的に成功したのは、タイミングに負う部分が大きい。彼が高級不動産の世界市場に参入した当時（現在もそうだが）、未曽有の規模の課税対象外の私有財産が、安全な行き先を求めてダブついていた。イギリスに拠点をおくタックス・ジャスティス・ネットワークの上席顧問ジェームズ・S・ヘンリーによると、二〇一五年に世界中の租税回避地《タックスヘイブン》におかれている個人の未申告資産は、総額で推定二四兆〜三六兆ドルにも上るという。モスクワからコロンビアまで、世界各地で誕生した新興財閥《オリガルヒ》が好みそうな派手できらびやかなマンションは、そうした状況にぴったり適合したのである。

とはいえ、トランプの顧客は富裕層だけではなかった。『アプレンティス』時代に築いたブランド帝国のおかげで、彼は富裕層だけでなく中間所得層の消費者も惹きつけることができた。金持ち相手には、ビーチリゾートやゴルフクラブの会員権、あるいはトランプ・ブランドの高層ビルのユニットにトランプ・ブランドの調度品を完備して売る一方、大金を持たない普通の人々には、夢のひとかけら――てかてかの赤いトランプ・ネクタイやトランプ・ステーキ、トランプ本などなど――を売ったのである。

お前たちは全員クビだ！

トランプは選挙戦を通じてアメリカの製造業の職が失われていることを訴え、ホワイトハウスへの道を勝ち取った。しかし彼はこれまで、まさにそうした職を事あるごとにアウトソースしてきた。ビジネスマンとして――娘イヴァンカの会社と同様――アウトソーシングを最大限に活用してきたのだ。

驚くにはあたらないが、中国の嵊州《シェンジョウ》にあるトランプのネクタイ製造工場の劣悪な労働条件や、同じく中国にあるイヴァンカ・ブランドの製靴工場のさらにひどい労働条件などを詳細に明らかにした調査リポートが、これまでに複数出されている。一九九〇年代の搾取工場スキャンダルを受けて創設された公正労働協会〔世界各地の工場などの労働環境を調査する非営利組織〕の二〇一七年四月の報告書によれば、イヴァンカ・ブランドの主要卸売業者向けにワンピースやブラウスを製造している中国の工場の労働時間は週六〇時間近くであり、時給は一ドルをわずかに上回る程度〔これは中国都市部の製造業労働者の平均賃金を大きく下回る〕だった。さらに、ほとんどの従業員には医療保険もなく、出産手当も出されていなかった。働く女性の味方を自認する人物にしては、お粗末きわまりない。

同様の問題は、アメリカ国内外の数あるトランプ・ブランドのホテルや超高層ビルの建設に関しても指摘されている。たとえばデジタルメディア『ヴァイス』の調査では、ドバイにあるトランプ・ブランドのゴルフ場の建設現場で働く移民労働者の処遇は、奴隷のような労働条件で悪名高いドバイにおいてさえ群を抜いて劣悪であることが明らかになった。この報告書を作成したベン・アンダーソンは、作業員の宿舎では「一部屋に二一人が押し込まれ、その体の上をネズミが走り回り」、トイレは「とうてい人間が使うような場所には見えない」と書いている。

これを受け、トランプ・オーガニゼーションは、「『トランプ』の名前を冠するすべてのプロジェクトにおける不法労働を厳罰に処する方針」についての声明を発表した。だが言うまでもなく、このドバイのプロジェクトも建設を請け負っているのはアウトソーシング企業であり、トランプは名前を貸しただけだった。

ブランドによっては、こうした類の暴露に大打撃を受けることもあるだろう。だがトランプ・オーガニゼーションは、無視を決め込んだ。ここにこそ、トランプがそれを核にして帝国を築こうともくろんだブランディング計画そのものの本質がある。

スキャンダルには動じない

トランプは、トランプ・ブランドの売りは高品質と高級感だと公言しているが、それは巧妙なごまかしにほかならない。トランプ・ブランドのホテルやリゾートは、フォーシーズンズやオベロイといった有名ホテルが名を連ねる世界の高級宿泊施設トップテンのなかにすら入っていない（それを裏づけるかのように、二〇一七年一月、マール・ア・ラーゴで一〇件以上の食品衛生基準違反が発覚した）。実際はどうかと言えば、トランプ・ブランドとは華やかな魅惑とはかけ離れた富そのもの——もっと露骨に言えばカネ——の象徴なのだ。だからこそ、その美的センスは『ダイナスティ』（富と権力をめぐる大富豪の愛憎劇を描いたテレビドラマ）とルイ一四世をかけ合わせたものでしかない。スーパーマンは鉱石クリプトナイトに近づくと力を吸い取られてしまうが、トランプとカネの関係はまさにその反対で、トランプは大きくてピカピカ輝くものから一メートル以上離れると、力を失ってしまうのだ。

ドナルド・トランプ本人のパーソナルブランドも、やや違うところはあるが密接に関連している。彼のパーソナルブランドは究極のボスであること——富をカサに着て、自分の望むことなら何でも（これと思った女性の体の部位を、どこであれわしづかみにすることも含めて）、時と相手を選ばず好きなようにできる男であることなのだ。

ここから見えてくるのは、トランプにとってその富の象徴が、なぜそれほど重要なのかということである。金色のカーテンやプライベートジェット機の映像によって、トランプは資本主義世界における究極のサクセスストーリー——権力と富の権化——としての自分のブランドを、不断に強化しようとしているのだ。トランプが大統領選を戦うにあたって自らの資産を——かなり誇張した形ではあれ——中心においた理由もここにある。

労働環境をめぐるスキャンダルが起きようと、トランプが意に介さないのも同じ理由からだ。トランプは自らが作り上げた世界で「勝者」として振る舞っているだけで、もしそこでひどい仕打ちを受ける者があっても、「敗者」として片づけられてしまう。このことは労働問題に限らない。従来の政治スキャンダルはほぼすべて、トランプにとって痛くも痒くもないのだ。というのもトランプは、いわゆるアウトサイダー——その世界のルールに従わない者——としてだけでなく、まったく別のルール——ブランディングのルール——に従って政治の世界に入ったからである。

そのルールに従えば、客観的に善であったり、品行方正であったりする必要はない。ただ自分が作り上げたブランドに忠実で、首尾一貫していればいいのだ。ブランド企業の経営者が、規律と反復に何よりもこだわる理由はそこにある。いったん核となるブランドを決めたら、あとはそのブランドを具体的な形にし、伝え、そのメッセージをくり返せばいい。そこにさえ集中すれば、あとは怖いものなしなのだ。

だが、これが現職のアメリカ大統領となると話は別だ。なんといってもトランプは長い長い年月をかけ、驚くほどの一貫性をもって、道徳心のかけらもないブランドを作り上げてきた人物である。キャンペーン中の演説では、従来なら当然「逮捕」されるようなことでも、ことごとく一笑に付した。連邦所得税を脱税？　あれは「頭を使った」だけのこと。納税申告書は開示しないのか？　そんなことを命令できるやつがいるのか？　あるときの演説では冗談半分に、「もし私が五番街の真ん中で誰かを撃ったとしても、一人の支持者も失うことはない」とまで言ってのけた。トランプの世界では、「何の罰も受けない」ことが、金の山以上に究極の成功の証しなのである。

こう見てくると、トランプ政権が白昼堂々、政治を私物化するのを阻止するなど望むべくもないような気がしてくる。けれども次章で述べるとおり、トランプ・ブランドのバブルを破裂させる方法は確実に存在する——刺すべき場所さえ間違えなければ。

第2章　ファースト・ブランドファミリー

トランプ自身、自分が本当に大統領になるとは思っていなかったかもしれない。そう予想した人も、ほとんどいなかった。だが、共和党の大統領候補指名を勝ち取ったとき、トランプはアメリカ合衆国大統領という究極のブランディング・ツールを射程圏内にとらえたことを明確に意識する。大統領の座につけば、その間ずっと彼のブランドや事業の価値は増大し、その結果、公職にあることで直接的に莫大な利益をあげることになる――まさに利益相反のルールが阻止しようとしていることそのものである。

したがって私たちは今、まったくの未知の領域に入り込んでいる。考えてみれば、人間メガブランドは比較的新しい現象だ。こうした事態を予測した規則集などどこにもなく、疑問は次々わいてくる――トランプは事業から身を引くのか？　事業を売りに出すのか？　イヴァンカは事業を売却するか？　だが、そもそもこうした問いが何を意味するのかも判然としない。彼らのおもな事業が、自身の名前だからだ。トランプ本人とブランドとしてのトランプは、ずっと昔から融合しているため切り離すことはできない。トランプがホワイトハウスの記者団を引き連れて所有不動産――ゴルフクラブやホテル、ビーチクラブなど――に足を踏み入れるたびに、トランプ・ブランド全体の価値は高まり、会員権販売数や賃貸件数、種々の料金も増加していくのだ。
ブランディングと公職との関係に関するトランプ一家の考え方のロジックは、メラニア・トランプがファーストレディになる直前に起こした訴訟によって暴露された。メラニアは、イギリスの『デイリー・メール』紙のウェブサイトが、過去に彼女がエスコートガールとして働いていたという虚偽の内容を報じたとして、同紙の親会社に一億五〇〇〇万ドルの損害賠償を求めた。彼女に損害賠償訴訟を起こす権利があるのは確かだ。だが、ほとんど事業らしい事業を経営していない彼女が、一億五〇〇〇万ドルという莫大な損失を被ったと主張する根拠はいったいどこにあるのか？　メラニア側のおもな論拠はこうだ。ファーストレディとして、メラニアは（将来的に）「複数の商品カテゴリー」において価値あるブランドを築いたはずであり、「その個々のブランドは、原告が世界で最も多く写真を撮られる女性である数年間に、数百万ドル規模の取引関係を獲得したはずである」（同紙はトランプ側に謝罪し、賠償金を支払うことで和解したが、金額は公表されていない）
政治的な知名度を利用してライフスタイルブランドを作り上げたファーストレディは、過去にもいた。イギリスのデイヴィッド・キャメロン前首相の妻サマンサは、夫の辞任からわずか五カ月後に、「働く女性」をターゲットにしたファッションブランドを立ち上げている。だが、前出のメラニアの訴訟で注目すべきなのは、彼女が本格的なブランドを立ち上げる段階をすっ飛ばして、いきなり賠償金を請求しようとした点だ。さらにこの独創的な訴訟は、トランプ一家が公職をどう捉えているかを浮き彫りにしている――すなわち、長期的に自らの商業ブランドの価値を著しく増大させるための短期的な投資である、と。
イヴァンカもまたしかり。これまで彼女のブランドの商品が、税金で雇われた公人によって宣伝されていることは、悪名高い事実である。しかもそのなかには、ツイッターで発言する父親や大統領顧問ケリーアン・コンウェイも含まれている。コンウェイは、全国放送のニュース番組で「イヴァンカの商品を買いに行きましょう！」と視聴者に呼びかけ、それを自ら「ＣＭ」と表現したのだ。その二カ月後の二〇一七年四月六日、利益相反は馬鹿げたパロディに陥った。ＡＰ通信が「イヴァンカ・トランプの会社が、三件の商標について中国政府から仮承認を受け、世界第二の経済圏においてイヴァンカ・ブランドの宝飾品や鞄、スパのサービスを中国国内で独占的に提供する権利を得た」と報じたのだ。この日に起きた出来事はそれだけにとどまらなかった。「その晩、マール・ア・ラーゴで大統領の娘イヴァンカとその夫ジャレッド・クシュナーは、中国の〔習近平〕国家主席夫妻の隣に座り、ステーキと舌平目のディナーを楽しんだ」というのだ。ほかならぬジャレッド・クシュナーが細部にわたり準備した、首脳会談そのものである。こうした利益相反について問われると、イヴァンカは決まってこう強調する。父親がトランプ・オーガニゼーションの経営を息子たちに任せることで距離をおいたことになっている（だが利益は今までどおり得ている）のと同様、自分も自らの会社の経営を「独立した受託者」――夫の弟と妹――に任せている（だが利益は得ている）と。これは縁故主義などという生やさしいものではない。アメリカ政府が営利目的のファミリービジネスになっているのである。

トランプの大統領就任によって、このブランドファミリーの価値が上がったことは明らかだ。イヴァンカの会社は、コンウェイのテレビ宣伝以降、過去最高の売り上げを記録したと発表し、マール・ア・ラーゴの年会費はすでに一〇万ドルから二〇万ドルに引き上げられた。それも当然。この会費を払えば、食事の席で国家安全保障をめぐる重大な会話が交わされるのを目撃するかもしれないし、どこかの国の元首と親しくなれるかもしれない。トランプが他国への空爆を開始したと発表する場に居合わせる可能性だってある。それどころか、ひょっとしたらトランプ本人と知り合いになり、ひそかに大統領に影響を与える機会もあるかもしれない（マール・ア・ラーゴに誰が出入りしたかに関する公的記録はないから、ありえない話ではない）。過去何十年間、トランプが売り込んできたのは、富や権力に近づくことの魅力であり、彼のブランドの意味はまさにそこにあった。だが今や、トランプは金を払う顧客には、本物を提供することができるようになったのだ。

トランプがマール・ア・ラーゴを所有していること自体が、多くを物語っている。トランプがマール・ア・ラーゴを購入した一九八五年から一〇年あまり前、所有者で資産家のマージョリー・メリウェザー・ポストの死に伴い、この大邸宅は政府に寄贈された。大統領が冬の間滞在する「冬のホワイトハウス」として使ってほしいというのがポストの希望だったが、その後の大統領は誰も使用せず、八〇年に返還されていた。一方トランプは、二〇一六年に当選するずっと前から、自分は大統領が使うはずの家に住んでいることを自慢してきた。たしかに今にして思えば三〇年もの間、彼はここで大統領気分に浸ってきたようなものだ。そして大統領に当選したことで、まさにその幻想が現実となった――いや、現実のほうがトランプの幻想に呑み込まれてしまったのか？　トランプに関するすべてがそうであるように、これもまた実に判断が難しい。トランプがマール・ア・ラーゴを「冬のホワイトハウス」とか「南部のホワイトハウス」と呼んだとしても、当然ながらそんなことはありえない。ホワイトハウスは公的機関だが、マール・ア・ラーゴはあくまで個人が所有する営利目的の会員制クラブであり、そこであがった利益は直接トランプとその家族に流れ込んでいるのだ。

どんな大統領でも、自分の事業の売却を拒めば利益相反に問われる可能性がある。アメリカ政府がとる行動は、株価から原油価格まであらゆるものに影響を及ぼす可能性があるからだ（これについては後の章で見ていく）。しかし、トランプのようなブランドを基盤とする企業は、それとはまったく異質の厄介な存在である。利益相反は特定の政策や行動に結びついているだけではなく、あらゆる場所に常に存在する――トランプが大統領であるという、単なるその事実自体に織り込まれているのだ。というのも、ライフスタイルブランドの価値は、それが文化にどのくらいの場所を占めるかによって大きく変動するからである。したがって、ドナルド・トランプが目立つ度合いや、彼が全権の掌握者だという認識を増大させることは何でも、トランプ・ブランドの価値を積極的に高める。そして結果的に、そのブランドと関連をもとう――新たに開発する分譲マンションにトランプの名前を冠するとか、より小さい規模では、トランプのゴルフ場でプレーするとか、トランプのネクタイを購入するとか――とする顧客に、より多くの金を払わせることが可能になるのである。

今のところ、トランプがこの事実を最大限に活用することから手を引く気配はない。二〇一七年四月の『ニューヨーク・タイムズ』紙の記事によれば、「現在二人の息子が経営するトランプ氏の企業は、世界三六カ国で一五七件の商標登録申請を受けている」という。

トランプの息子たちは何を売っているのか？

二〇一七年一月、ドナルド・トランプの次男エリックは、ウルグアイに新しく建つ超高層ビルにトランプの名前を使用する権利を売る件で、開発業者に会うために現地に向かった。これにシークレットサービスや政府職員が同行したため、アメリカ国民の税金がいくら使われたかが大きな問題になった。私的なビジネス出張に、ホテル宿泊費として約一〇万ドルもの金が国費から直接支払われていたのだ。だが、もっと根深い問題は、彼らがウルグアイで何を売り込もうとしていたかである。それは、ブランドを所有する本人の大統領就任を間近に控え、その価値が大幅に高まったトランプ・ブランドにほかならない。

さらに言えば、ここには超高額の汚職の可能性もある。トランプの息子エリックとドナルドJrが売っているのが「名前」という、すぐに消えてなくなるものである以上、買い手はそれに六〇〇万ドル払うかもしれないし、六〇〇〇万ドル払うかもしれない。何をもって公正な市場価格とするかは、誰にも判断できないのだ。さらに気がかりなのは、民間企業がトランプ・ブランドのライセンス料として数百万ドルを支払った場合、いったいどんなサービスを購入しているのかということだ。企業は本当に、トランプ・ブランドが自社の高層分譲マンションにとってそれほど価値あるものと考えているのか？　それとも五〇〇万ドルを上乗せすることで、ホワイトハウスとの友好的な関係を必要とする他の取引で、有利な立場に立てると考えているのか？　こうした点を明らかにするのは困難をきわめる。ブランドの値段は、買い手が出そうとする額で決まる。こうしたビジネスモデルの魅力はまさにそこにある——名前のようにすぐに消えてしまうものに、現実世界の高額の金銭価値が与えられるからだ。

トランプ・オーガニゼーションは、不正の疑いをもたれることを回避するため、外国の不動産に関わる新たな取引はしないと公言している。しかし、これは外国に限った話ではない。アメリカ国内の市町村や州政府が、もし同社の開発事業に税や規制の優遇措置を与えたとしたら、それは本当にその事業が地域社会のためになると考えてのことなのか？　それともホワイトハウスに何らかの見返りを期待してのことなのだろうか？　政府や企業——アメリカ国内か外国かを問わず——がトランプの名のつく不動産をイベントや職員の宿泊施設に使用する場合、それは本当に最善の選択肢だと考えたからなのか、それともトランプのご機嫌をとるためなのか？

この倫理的問題で非常に興味深いのは、ヒラリー・クリントンが大統領選で敗北した一因ともいえる、クリントン財団をめぐる疑惑ときわめてよく似ている点だ。クリントン財団に多額の寄付を行った民間企業や外国政府の腹の内に関しては、厄介な問題がいくつもあった。彼らは感染症や小児肥満症の蔓延に心を痛め、純粋な慈善心から寄付を行ったのか？　それともヒラリー・クリントンが国務長官であり、次期アメリカ大統領になる可能性も高いことから、寄付すればいずれ何らかの恩恵がもたらされるという計算もあったのだろうか？

これはもっともな懸念であり、トランプ自身、ライバルにまつわるこの懸念を躊躇なく問題にした。しかし、トランプの息子たちが父親の名前を貸すことで得ている金や、交渉している恩恵の大きさから見れば、利益誘導の規模はクリントンのケースとはケタが違う。大統領候補ではなく現職大統領の家族に金が流れているのであり、そこには、少なくともクリントン財団にはあった慈善という名目さえない。だからといって、クリントン夫妻に責任がないというわけではない。それどころか、数十年にわたって夫妻が財団の倫理境界線を曖昧にしつづけたことは、トランプがそれを完全に消し去るための土台作りに一役買ったのだ（これについては第6章で詳述する）。

レーガンの予言どおりに

新政権誕生から数カ月後、『ニューヨーカー』誌の表紙をトランプのイラストが飾った。トランプがホワイトハウスめがけてゴルフボールを打ち、ホワイトハウスの窓が次から次へと粉々に割れていく……という図である。このイラストは強い印象を残す。その大きな理由は、割れているのがマール・ア・ラーゴやトランプタワーではなく、トランプ一家がひたすら入居を拒んできた公邸の窓であることが見ているうちに徐々にわかってくるからだ。

同時にこれは厳しい現実を指してもいる。倫理違反疑惑や恥知らずの嘘、常軌を逸したツイートをくり返すたびに、トランプ政権は公的領域の破壊と劣化を進めているということだ。たとえ汚職（または反逆罪）で最終的にトランプがホワイトハウスを去ることになっても、後には壊されたものの残骸——トランプの政治的プロジェクトの根本にある前提は何かを物語る証し——が残る。すなわち、政府は泥沼であるばかりかお荷物であり、そこに守る価値のあるものなど存在しない。私的なものは公的なものに勝る、という前提である。もしそれがすべて事実なら、そこを去る前に壊してしまえ——文字どおりではなくても、比喩として——というわけである。

ここであらためて気づくのは、この数十年に顕著になってきた公的領域という理念そのものの劣化がなければ、トランプが政治家になることなどありえなかったということだ。ロナルド・レーガン元大統領の有名な言葉、「政府は解決策にはならない。政府こそが問題なのだ」という考えがなければ、トランプ大統領の誕生などありえなかった。そして、レーガンの発言以降、数十年間にわたって規制緩和が実施され、それによって贈収賄が実質的に合法化され、企業から莫大な金が政治に流れ込むことがなければ、トランプ大統領の誕生はありえなかったのだ。

システムが腐敗していることは、どこからどう見ても間違いない。たしかに泥沼だ。それは誰もが知っている。ほんのひと握りの企業利権や一パーセントの超富裕層に属する人の利益になるようなルールの書き換えは、党を超えて行われてきた。金融規制を緩和して二〇〇八年の金融危機のお膳立てをしたのはビル・クリントンだったし、銀行を訴追しないと決めたのはオバマだ。トランプの対抗馬の民主党候補も、ほぼ間違いなく同じことをしていただろう。

たしかに金の玉座に座る自称億万長者が、労働者階級の救世主になりすますなどというのは荒唐無稽な話だ。だが、「私を信用してほしい。システムをごまかした当の本人なんだから」といった、まったく筋の通らない売り込みをアメリカ国民の多くが受け入れたのは、トランプが登場するずっと前から、政府内では「日常の業務」として通用していたことが、外から見ればまるで汚職のように思われたからにほかならない。

多くの人が、選挙政治を不気味なエンターテインメントであるかのように見なしているのもそのためだ。政治がここまで下劣になってしまった以上、トランプのような不作法な男からわざわざ守る必要もない。どのみち腐り切っているのだから、せいぜい楽しんでやろうじゃないか、と。こうした病理は、トロントに住む私もかつて経験したことがある。前トロント市長ロブ・フォード(二〇一六年に死去)は、役職こそ市長だが、トランプそっくりの人物だった。フォードはさまざまなパフォーマンスを基にして、恥をかかせることのできない男というイメージを作り上げた——というのも恥知らずであることこそ、フォードのブランドだったのだ。コカインを吸う姿を動画に撮られたときでさえ、辞職しなかった。それもまた、いかれたロブ・フォード・ショーの一部であり、支持者たちは皮肉まじりの忠実な観客として、さながら『サタデーナイト・ライブ』の寸劇のようにそれをまるごと受け入れた。だが、トランプと同様、やりすぎのパフォーマンスと個人的なスキャンダルばかりが注目を浴び、その結果、邪悪なアジェンダ——企業を優遇して警察には自由裁量権を与え、弱者に対するサービスは低下させることを得意とする見せかけのポピュリズム――から、人々の関心をそらすことになったのだ。

二〇年前に私がブランディング文化について書きはじめた当初、ブランディングがここまで拡大するとは予想もしていなかった。とはいえ、驚いているわけでもない。当時、私はブランディングを植民地支配的なもの、つまり空間と不動産をできるだけ多く取り込み、閉鎖的な世界を作り上げようとするものだと捉えていた。ところがトランプという大統領が尋常でないのは、私たちの誰もが――望むと望まざるとにかかわらず――トランプ・ブランドの世界の中にいるということだ。私たちはみな、世界最大の権力をもつ政府まで呑み込むほどに肥大化した、トランプの営利目的型リアリティ番組のエキストラになってしまったのである。

ここから逃げ出す道はないのだろうか? トランプ・ブランドの本質的な不道徳性は、この政権に責任をとらせることを、ほかに類を見ない形で阻んでいる。それでも希望はある。それどころか、トランプに活力を与えている生命力――カネの追求――そのものが、彼をこれまでのどの大統領より脆弱にするかもしれないのだ。

トランプ・ブランドを追い詰める

二〇〇〇年に『ブランドなんか、いらない』を出版した当時、「カルチャー・ジャミング」と呼ばれていたムーブメントがある。その手法は一貫して、企業が売り込もうとしているビッグアイデアを取り出して、その裏に潜む汚い現実を暴くというものだった。消費者や活動家が、商業ブランドの行動に影響を与える力をもつことは、これまでたびたび実証されている。ごく最近では、フォックス・ニュースの人気番組『オライリー・ファクター』のキャスター、ビル・オライリーによるセクハラ被害を訴えた女性たちに、同社とオライリーが一三〇〇万ドルの和解金を支払っていたことが発覚し（容疑は否定している）、その後オライリーは降板に追い込まれた。

　反人種差別団体のカラー・オブ・チェンジは、正攻法ではオライリーのブランドをつぶすのは無理だと見て、他のいくつかの女性団体とともに裏口から攻める方法をとった。番組のスポンサーをつかまえて、あなた方は金で女性を沈黙させる長期戦略の共犯者だと見なされている、と忠告したのだ。スポンサー企業の元には多数の顧客からも同じ訴えが――オンライン、オフライン両方で――届いたため、彼らはこぞって番組から手を引きはじめた。『ニューヨーク・タイムズ』紙による和解報道からわずか三週間足らずで、オライリーは全米のケーブルニュースで最高の視聴率を誇っていた番組から降板した（とはいえ二五〇〇万ドル相当の退職金を手にしたと報じられている）。

　この一件は、どんなブランドも――たとえトランプ・ブランドのようにふてぶてしいほど道徳観念のないブランドでも――窮地《ジャム》に追い込むのは可能だということを示している。大事なのは、ブランドの弱点がどこにあるかを見きわめることである。

　トランプの個人ブランドは、自分のやりたいことは何でもできる「ボス」であることだ。とすれば、彼を操り人形のように見せられれば、イメージを損なうひとつの方法になる。糸を引いているのが誰かは、さほど重要ではない。糸があることさえ露わになれば、それまで慎重に作り上げてきたイメージは崩れはじめる。この作戦の有効性は明らかだ。ツイッターに#PresidentBannonというハッシュタグをつけたジョークが広がったことに腹を立てたトランプは、ツイッターで自分こそが最高決定権者だと宣言するに及んだ。そしてかつて全権を掌握していた首席戦略官バノンの地位は急速に降下しているように見える〔二〇一七年八月解任〕。

トランプ・ブランドとは、金儲けの限りを尽くすことだ。ゆえにこのブランドを窮地に追い込むもうひとつの方法は、彼の所有する資産を減らすことにある。オライリーに用いられた作戦と同様、いちばんいいのは彼のブランド帝国を危機に陥らせることである。トランプが大統領に当選する前からこれに取り組んでいるのが、多岐にわたるトランプ・ブランドのボイコット運動に関する情報を提供する #GrabYourWallet で、これまでいくつものチェーンに圧力をかけ、種々のトランプ・ブランドとの関係を断ち切らせることに成功している。

トランプ・ブランド帝国の仕組みを考えれば、これは打撃になる。トランプ・オーガニゼーションの主要収入源はオフィスやマンションの販売や賃貸、そして世界中の不動産会社にトランプの名前をリースすることだ。トランプは明らかに、自分が大統領になればそうしたものの価格が上がると踏んでいた。だが、もしそうならなかったら？　トランプ・ブランドとの関係のせいで圧力をかけられるようになった賃貸取引相手が、手を引きはじめたらどうするのか（そうしたボイコット運動はすでにいくつか行われている）。あるいはもし世間の風当たりがあまりに強くなって、開発業者が物件にトランプの名前をつけることが収入減につながると判断したら？　すでにニューヨークでは、高級マンション「トランプ・プレイス」の住民らが名称からトランプの名前を外すように求める運動を起こしている。ある住人は、マンションに入るたびに「嫌悪」を感じることにうんざりだと話した。不動産会社側はこれを受け入れ、マンション名は変更された。

また、バンクーバーに新しく建設されたトランプビルのオープニングに出席するため、現地を訪れたトランプの二人の息子は、地元の政治家の抗議とボイコットに出迎えられた。こうした抗議がさらに広がれば、自発的にトランプとの関係を切る開発業者が増える可能性もある。バンクーバーからマニラまで、巨大な男根のシンボルのような建物から金色に輝くトランプの名前が消えはじめれば、トランプはもちろん、スティーヴ・バノンら上級顧問によってファミリーネームが汚されたと懸念しているとされる息子たちも、心穏やかではいられないはずだ。

二〇一七年一月には、whitehouseinc.org という市民団体が同じような作戦を実施している。ホワイトハウスが市民からの意見を受け付ける電話サービスを停止したことに抗議するため、トランプの所有するホテルやリゾートに電話をかけて、医療保険制度の改正であれ何であれ、トランプの政策についての不満を伝えるよう有権者に呼びかけたのだ。これは賢い戦術だった。電話をかけた人は数万人に上ると言われ、一カ月後、ホワイトハウスはサービスを再開した。

もしこれらの作戦のいずれかが不当なものだと思われるなら、こう考えてほしい。なぜ私たちが政治家に保有株の売却や、白紙委任信託〔資産運用・管理を受託機関に完全に委ねること〕を求めるのかといえば、その理由は、もし在職中に利益を生んでいる企業株を保有すれば、利益相反や裏での影響力行使などありとあらゆる可能性が生じてしまうからということに尽きる。しかし、トランプは持ち株を売却しないことを選んだ。娘で補佐官のイヴァンカもしかり。そうであるなら、彼らに思い切り影響を与えるためにこれらの手段を用いるのは、いたって正当なことではないか。

もしトランプのブランド帝国が十分な収入を得られなくなり、トランプ個人の「ボス」というイメージが十分に傷つけば、トランプは扇動的な政策の一部を軌道修正するかもしれない。少なくとも、トランプの有権者への最大の売り込み文句――「私を信用してほしい。私は成功をつかんだ億万長者なんだから」――を行き詰まらせることで、二〇二〇年の再選のチャンスは損なわれるだろう。
だがそれまでの間は、トランプ・ショーをまだまだ見せられることになりそうだ。

第3章　マール・ア・ラーゴ版『ハンガー・ゲーム』

かつてロナルド・レーガンは、役者から大統領になるのはどんなものかと尋ねられて、「役者じゃなきゃ大統領なんてやってられないよ」と答えたという。トランプがリアリティ番組のスターであることについて、同じように考えているのは想像にかたくない。

トランプがリアリティ番組に精通していたことは、ブランド帝国を築くうえできわめて重要な意味をもっていたし、大統領選を勝ち抜くにも不可欠だった。そして今、トランプは『アプレンティス』で習得した、まさにそのスキル――事前にほぼ筋書きができている自己顕示的な結末に合わせて、現実《リアリティ》をカットし、編集し、作り変えることができるという信念――を使って、ホワイトハウスのみならず世界の大部分を作り変えようとしているのだ。

生き残り競争そのもののリアリティ番組

リアリティ番組がネットワークを席巻したのは二〇〇〇年前後のことだが、そのスピードは誰にも予測できないほど速かった。アメリカとカナダではごく短期間のうちに、同じ登場人物が出てきて同じような出来事がくり返される台本をもとにした番組を毎週、毎シーズン楽しんでいた人々が、一見したところ台本のない番組に夢中になった。画面に映し出される現実のシミュレーションはさまざまだが、出演者が互いを投票によって追放しようとするのが見どころ。誰が島から(『サバイバー』)、あるいは豪邸から(『バチェラー』)追い出され、そしてドナルド・トランプに解雇されるのかを見届けようと、何千万もの視聴者が釘づけになった。

絶妙のタイミングだった。『サバイバー』の第一シーズン――大成功を収め、似たような番組が次々に生まれた――の放映は二〇〇〇年。ロナルド・レーガンとマーガレット・サッチャーが「自由市場」に基づく「革命」を推進し、強欲や個人主義、競争が社会の主要原理として重んじられるようになってから二〇年が経過していた。夢の実現をめぐって互いに敵対しあう様子を見物するという行為が、大衆娯楽として広まる素地はでき上がっていたのだ。

提携や裏切り、一人勝ち……リアリティ番組は常に一種の資本主義社会の風刺だった。それでも『アプレンティス』が登場するまでは、厳しい自然をどう生き抜くかや、結婚相手をどうつかまえるか、他人と同居するにはどうするかなど、少なくともそれ以外の名目があった。ところがトランプの登場で、上辺を繕っていたものはすべて剝がされてしまった。『アプレンティス』は、弱肉強食の資本主義世界での熾烈な生き残り競争そのものだったのである。

『アプレンティス』の第一回目は、路上で寝るホームレス――すなわち敗者――の映像で始まる。次に、夢を実現してリムジンに乗るトランプ――すなわち究極の勝者――に画面は切り替わる。そこに込められたメッセージは単純明快。誰もがホームレスにもトランプにもなりうる、というのだ。それが番組の加虐的なドラマの本質だった。うまく立ち回って幸運な勝者になるか、それともボスからの叱責とクビ宣告というみじめな屈辱を受けるか。これはなかなかの文化的快挙だった。大量解雇と生活水準の低下、著しく不安定な雇用の常態化の数十年を経て、プロデューサーのマーク・バーネットとドナルド・トランプはとどめの一撃を加えたのだ――解雇という行為を、大衆娯楽に変えたのである。

人生は厳しい

『アプレンティス』は毎週、何百万もの視聴者に自由市場資本主義の理論の中心をなす売り文句を叩き込んだ。人間のいちばん利己的で残酷な面をむき出しにすれば、ヒーローになれる。雇用も生まれるし、経済も成長するのだ、と。いい人になるな、鬼になれ。そうすれば経済に貢献できるし、何よりも自分自身のためになるのだ、と。

シーズンを重ねるにつれ、番組の底を流れる残酷さは、さらに過激になっていった。勝者たちは豪邸で暮らし、プールに浮かべたフロートでシャンパンを飲んだり、リムジンで有名人に会いに出かけたりする一方、敗者たちは「トランプ・トレーラーパーク」と揶揄される裏庭のテントに追いやられた。

トランプに嬉々として「持たざる者」と宣告された人たちは電気もないテントで暮らし、紙皿で食事をし、あたりをうろつく犬の吠え声を聞きながら眠った。そして生垣の隙間から、「持てる者」たちが享受する驚くべき退廃的生活を覗き見る。言い換えれば、トランプとバーネットは、番組の外で拡大しつづけるリアルな不平等な世界の縮図を、意図的に作り上げたのだ。まさに多くのトランプ支持者が怒りを募らせた不公平そのものだが、彼らはこうした不平等を面白半分にもてあそび、さながらスポーツ観戦のようなエンターテインメントにしてしまった（映画『ハンガー・ゲーム』（近未来のアメリカで殺し合いのゲームに参加させられた少女の活躍を描いた二〇一二年の作品）に似た要素も多少はあったが、暴力描写に対するテレビ局の規制によって制約を受けていた）。ある回では、トランプはテント・チームにこう言い放つ――「人生は厳しい」、だからあらゆる手を尽くして敗者を踏みつけ、自分のような勝者になれ、と。

二〇〇七年に放映されたこのテレビ版階級闘争で興味深いのは、「資本主義が、あらゆるもののなかで最善の世界を作り出す」という、一世代前の人々がさんざん聞かされた売り文句が完全に消え去っていることだ。否。これはひと握りのビッグな勝者と大勢の敗者を生むシステムなのだから、なんとしても勝者チームに残れるようにしないとだめだぞ、というのである。

このことが映し出すのは、新自由主義プロジェクトがすでに一〇年以上にわたり、思想的にも知的な意味でも深刻な危機に瀕しているという事実にほかならない。金融機関のクレディ・スイスが二〇一六年に行った調査によれば、世界の富の総額は推計約二五六兆ドルに上るが、富の配分は著しく不平等で、「下位五〇％の資産を合計しても世界の富全体の一％にも満たず、上位一〇％が所有する資産が世界の富の八九％を占めている」という。これを見れば、富裕層がもっと豊かになることが貧困層を助ける最善の方法だなどと大真面目に主張する人は、もうそれほどいないのは明らかである。ところがトランプの言い分は、これとはまったく違っていた。彼は最初からこう言っていたのだ――私がおまえを勝者にしてやろう。そして一緒に敗者をぶっつぶそうではないか、と。

現実が悪夢なら、夢が売れる

トランプの全米的な知名度を一気に高めたのは、不動産取引ではなく、不動産取引に関する本だったことは覚えておくに値する。レーガン時代絶頂期の一九八七年、巨万の富を得る秘訣を明かすとの触れ込みで『トランプ自伝――不動産王にビジネスを学ぶ』〔原題 *The Art of the Deal*〕が出版された。それ以後、同じテーマでさらに低俗な著書が続々と出版された――『億万長者の思考法』〔原題 *Think Like a Billionaire* 未邦訳〕、『大富豪トランプのでっかく考えて、でっかく儲けろ』〔原題 *Think Big and Kick Ass*〕、『トランプ最強の人生戦略』〔原題 *Trump 101*〕、『金のつくり方は億万長者に聞け！――大富豪トランプの金持ち入門』〔原題 *How to Get Rich*〕などである。

トランプが、自分はどうしたら高額所得者の上位一パーセントになれるか、その秘訣を知っていると言って売り込み出したのは、質の高い無料の公教育をはじめ、階級間の移動を可能にする梯子の多くが取り去られ、社会のセーフティネットがずたずたにされた、まさにそのときだった。言い換えればその時期、人々の間では魔法のように大儲けしたい、大勝ちしたい、経済的に安泰な階層の仲間入りをしたいという衝動が、日増しに熱を帯びつつあったのだ。

自らは裕福な家の生まれであるトランプは、さまざまな機会をとらえ、そうした絶望感を巧みに利用して利益を得たが、なかでも悪名高い手段がトランプ大学だった。詐欺疑惑ですでに閉鎖に追い込まれたこの「大学」（実際には、ホテルの会議室で開かれた一連の怪しげなセミナー）の宣伝のなかで、トランプはこう言い切っている――「誰でも不動産投資で成功させてみせよう。君もその一人だ」

そして、トランプが所有する国内不動産の大部分を占めるカジノ。カジノ経済の中心にある「夢」は、トランプ大学や『金のつくり方は億万長者に聞け!』で売られる夢と大差ない。たとえ今日は自己破産の危機に瀕していたとしても、(文字どおり)うまくカードを切れば、明日の朝には贅沢な暮しが手に入る、というのである。

これこそ、最も裕福な一パーセントに入らなければ生活がますます不安定化する時代に、トランプが――「誰でもドナルド・トランプになれる」という約束を掲げて――自らのブランドを築き、富を築いていった際の要となるものだった。そして政治に方向転換した後には、人々の心の奥底に潜む経済的不安につけ入り、長年指揮をとった高視聴率番組で習得した「現実シミュレーション」のスキルをフルに活用して、「アメリカを再び勝者の国にする」という同じ口説き文句で、有権者に自らを売り込んだ。金持ちになるための指南書を何十年も売りつづけた結果、絶望が十分大きければ、貿易協定の再交渉であれ、製造業の復活であれ、約束を実行する必要などほとんどないことを、トランプはよくわかっているのだ。

娯楽としての選挙

トランプが登場するかなり前から、ケーブルニュースでは、選挙はすでに視聴率重視の娯楽情報と見なす傾向が強まっていた。その娯楽的要素を一気に高め、視聴率も跳ね上げたのがトランプだった。リアリティ番組のやり方を熟知していたトランプは、選挙でも同じ方法が使えれば、最高のプレーヤー(最高の候補者というわけではない)が勝つことを知っていた。仮に最終投票では勝てないとしても、少なくともそれまでの過程で至るところで取り上げられ、ブランディングという観点からすれば、勝利であることに変わりない。二〇〇〇年の大統領選への出馬を検討していたトランプは(結局、出馬しなかったが)、こう語っている。「私が、大統領選への出馬で金を儲けた最初の候補者になる可能性はとても高い」

選挙後、メディア幹部のなかには、トランプを過剰に取り上げたことが彼を勝たせた要因だとして、反省の言葉を発する者もちらほらいた。たしかにマスコミが果たした役割はきわめて大きい。だが、ただ嘆くだけですまされることではとうていない。彼らには責任もある。トランプを有利にした最大の要因は放送時間の長さではなく、選挙を娯楽情報として扱ったことにあるからだ。メディアは延々と候補者同士の人間関係のあれこれにスポットを当てるばかりで、政策の内容を掘り下げたり、医療制度改革や規制緩和といった問題についての各候補者の公約が有権者の生活にどんな影響をもたらすかを解説するといった、ジャーナリズムが本来果たすべき役割をほとんど放棄してしまったのである。

ティンドール・レポート(アメリカ三大ネットワークのニュース番組の内容分析を行うニュースレター)によると、選挙期間を通じて三大ネットワークの夜のニュース番組で「重要な論点について報じた時間」は、合計でわずか三二分にすぎなかった。これは、すでに少なかった二〇〇八年の大統領選の際の二二〇分よりも、さらに少ない。残りの時間は、誰が誰について何を言ったか、どこのどの世論調査では誰がリードしているか、といったことに終始し、まさにリアリティ番組と化していたのだ。何百万人もの視聴者は、これを大いに楽しんだ(フランスのメディアが二〇一七年の重要な大統領選の報道に驚くほど似た方法をとった理由も、おそらくここにある)。

ここで強調しておくべきなのは、トランプは問題を作ったのではなく、それを利用したという点だ。

誰よりも偽の現実《フェイク・リアリティ》の手法を熟知していたトランプは、このゲームをかつてない新しいレベルに持ち込んだのだ。

フェイクの闘い、リアルな利害

トランプは、リアリティ番組で習得したノウハウを選挙政治に持ち込んだだけではない。同じくマンガチックなまでに偽物の現実を演じることで成り立つもうひとつの超大型娯楽——プロレス——と選挙政治をごたまぜにしたのだ。トランプのプロレス熱は並大抵のものではない。過去に少なくとも八回、ワールド・レスリング・エンターテインメント（WWE）〔アメリカ最大のプロレス団体〕に大富豪のボスという本人役で登場し、WWE殿堂入りまで果たしている。二〇〇七年に行われた「億万長者対決」では、WWEオーナーのヴィンス・マクマホンを殴るフリをしてみせ、歓声を上げる観客の前で勝利の証しにマクマホンの髪を丸刈りにした。絶叫するファンに向かって、天井から現金数千ドルをばらまきもした。そして現在、トランプはWWEの前CEOリンダ・マクマホン〔ヴィンスの妻〕を中小企業庁長官に任命している——嵐のような日常のなかではほとんど注目されてこなかった些細な事実だが。

『アプレンティス』と同様、トランプはこのプロレス界での副業によって、スタジアムやテレビ、ネットで数多くの観衆の目にさらされ、人気を博した。リベラルな有権者の大部分にとって、プロレスのもつ文化的な影響力は盲点かもしれないが、WWEの収益は年間一〇億ドル近くにも上る。トランプはプロレス界での経験から、単に票を得ただけでなく、重要なヒントも得ていたのだ。

ジャーナリストのマット・タイビが『ローリング・ストーン』誌で指摘しているように、トランプの選挙戦全体にわたって、WWEの要素が明白に見てとれた。他の候補者との不和を入念に作り上げていくところはまさにプロレスで、侮辱的なニックネーム(マルコ・ルビオは「リトル・マルコ」、テッド・クルーズは「嘘つきテッド」といった具合)をつけるところなどはそっくりだ。なかでもプロレスそのものだったのは、集会で自ら舞台監督《リングマスター》を演じたことで、トランプは度を越した侮辱的なコール(「彼女を投獄しろ!」「キラリー」〔キル(殺す)とヒラリーを合わせた造語〕)で会場を煽り、悪役に仕立て上げられたジャーナリストや抗議活動参加者に観衆の怒りを向けさせた。こうした集会に参加した部外者は、ただただ呆気にとられて会場を後にした。会場は、プロレスの試合と白人至上主義者の決起集会を足して二で割ったような異様な雰囲気に包まれていたのである。

リアリティ番組とプロレスの共通点は、アメリカ文化では比較的新しい大衆娯楽であること、そして両者とも現実と奇妙な関係にあるということにある——つまり、偽物《フェイク》でありながら、同時に何らかの意味で本物でもあるということだ。

WWEでは、全試合に筋書きがあり、リハーサルが行われていることは誰でも知っている。だが、それでおもしろさが減じられることはいっさいない。全員が壮大なジョークの一員であること、歓声もブーイングもショーの一部であること——その事実がおもしろさを増す。作られたものであることはマイナスではなく、それこそが肝心なのだ。

プロレスとリアリティ番組はどちらも、激しい感情や対立、苦痛を見世物にすることに人気の源がある。そこでは出演者たちが怒鳴り合い、相手の髪の毛を引き抜き、プロレスの場合には相手をこてんぱんに叩きのめす。だが同時に、見ている側にはそれが本物でないとわかっているので、何も気をもむ必要はない。出演者に感情移入することなく、ただそのドラマにどっぷり漬かっていられる。レスラーが強打されたり、屈辱を与えられたりしても、誰も泣いたりしない。『アプレンティス』で出演者がトランプから、おまえはクビだと言い渡されたり、侮辱されたときと同じである。人が苦しむのを見ても安心して笑っていられるのだ。そしてすべては、あらゆるフェイク——フェイクの身体部位、フェイク・レスリング、フェイク・リアリティ番組、フェイク・ニュース、そして丸ごとフェイクのビジネスモデル——をひとつにつなぎ合わせた〝イゴール〟〔フランケンシュタイン博士の助手で医学的才能の持ち主〕、ドナルド・トランプ登場への地ならしとなったのである。

そして今や、トランプはこの現実との歪んだ関係を自身の政権にも持ち込んだ。プロレスラーが対戦相手をやっつけ、恥をかかせると宣言するように、トランプはオバマが彼を盗聴したと公言してはばからない。それが事実かどうかは問題ではない。あくまでそれは観衆を刺激する芝居の一部なのだ。たとえ『アプレンティス』の放映は終わっても、トランプがＷＷＥから身を引いても、ショーはまだ続く。いや、決して終わることはないのだ。

共和党の重鎮でトランプをおおむね忠実に支持してきたニュート・ギングリッチは、就任式直前、次期大統領が『セレブリティ・アプレンティス』のエグゼクティブ・プロデューサーを続ける意思を示したことについて意見を求められたが、その答えがすべてを物語っている。間違った決断だ、とギングリッチは答えた。なぜならトランプは「これからアメリカ政府というドラマのエグゼクティブ・プロデューサーになるんだ。『世界を指揮する』という超大型テレビ番組がスタートするんだから」と。

今、まさにそれが現実になっている。「トランプ劇場」が、大統領執務室やマール・ア・ラーゴから生放送されているのだ。マール・ア・ラーゴでは、金持ちの会員たちがライブスタジオのお抱え観客となり、いっそうテレビ番組さながらの様相を呈している。トランプが、大統領という職も一国のエグゼクティブ・プロデューサー——常に視聴率に目を光らせている——だと考えているのは明らかだ。失態続きの報道官を解雇したらどうかとの助言に対し、トランプはこう答えたという。「ショーン・スパイサーはクビにはしない。あいつは視聴率を稼ぐから。皆がチャンネルを合わせるんだ」〔スパイサーは二〇一七年七月に辞任〕

工場が活況にわき、労働者の賃金が中産階級並みだった過ぎ去りし日々を取り戻す、という約束や、「アメリカ製品を買い《バイ・アメリカン》、アメリカ人を雇う《ハイヤー・アメリカン》」政策をとるという約束（トランプ王国がアウトソーシングと搾取労働を基盤にしていることなどおかまいなしだ）を掲げて大統領になったトランプは、これと同じ傍若無人な芝居っ気をもって、その約束を進めようとして——あるいは進められずに——いるのだ。

こうしたトランプの態度には、WWEのリング上でレスラーと対決する素振りを見せたり、『セレブリティ・アプレンティス』で脱落者を選んだりするときに演じた暴力性と同じくらいの真実味しかない。一九七〇年代のような製造業を復活させるなどという発想が、非情なジョークであることはトランプも百も承知なのだ。多くのアメリカ企業は製造業者とは名ばかりで、その実態は空洞化している。トランプ本人のビジネスのやり方が証明しているように、安い請負業者のネットワークから購入したものを自社製品として売っているにすぎない。トランプはいくつかの工場を復活させたり、復活させたと主張したりすることはできても、とうていその数は必要を満たすには及ばない（高賃金の仕事を多数創出する現実的な方法はある。だが、それはトランプのやり方とは似ても似つかないものだ。過去ではなく将来に目を向けることが必要であり、これについては第13章で取り上げる）。

トランプの戦略(すでに進行中だが)は、失業や不完全雇用の危機についても、ほかの問題と同じく、「見世物」にするというやり方で取り組もうというものだ。比較的少数の雇用——大部分はどちらにせよ創出されていた——を取り上げて自分の手柄だと主張し、「成功」物語として大げさに宣伝するのである。創出された雇用の数が、自分の主張を裏づけるに足るものかどうかはいっさい問題ではない。『アプレンティス』で習得したように、そして大統領就任初日に客観的証拠のすべてを無視して、就任式の観衆が過去最多だったと主張したときのように、ポイントは現実を自分の物語に合わせて編集することにあるのだ。

これがトランプのやり方であり、これまでにしてきたことも、すべてこれだった。一九九二年、トランプ王国が一連の投資判断のミスにより破産の危機に陥ったときにトランプがとった策は、財務の立て直しではなかった。アトランティックシティのカジノ「トランプ・タージマハル」に投資家や金融業者を招いて、手の込んだ「復活パーティ」を開いたのだ。サテンのボクサーパンツに赤いグローブをはめたトランプが、映画『ロッキー』のテーマ曲に合わせて紙の壁を打ち抜くという一幕でパーティは最高潮に達した。トランプはどんな問題でも周到に準備されたパフォーマンスで解決できると考えている人間であり、過去にはたびたびそのとおりになった。だから、創作とパフォーマンスで破産の危機から抜け出したように、アメリカの経済にも同じことが可能だと確信しているのである。

フェイク・ニュース、オルタナティブ・ファクト、大きな嘘

トランプについて確実に言えることがあるとすれば、どんな厳然たる事実もトランプの世界では問

題ではない、ということだ。トランプがつく嘘の特徴は、大きな嘘というより、連続的な嘘だということにある。もちろん、大きな嘘もつく。たとえばテッド・クルーズの父親がジョン・F・ケネディ元大統領暗殺に関与していたとほのめかしたり、オバマがアメリカ生まれでないと長年主張してきたりした。だが、何よりめまいを覚えるのは、「もうひとつの事実《オルタナティブ・ファクト》」と称して、次から次へと連続的に嘘をくり出してくることである。ニュースメディア『ポリティコ』の調べによると、これはまったく意図的なものであり、「ホワイトハウスの職員が嘘をつくのは、そのほとんどがおもしろ半分で、より大きなアジェンダを進めるためではない」。それどころか、誰が「いちばん大きな嘘を記事にできるか」で競い合ってさえいるというのだ。こうした発言は匿名の情報源によるものだから、それ自体が嘘かもしれない。だがこれは、私たちが知るトランプという人間のあり方——現実を自分の思うままに曲げられないなら、権力の頂点に立つ意味などない——に合致する。トランプの世界においては、そして彼のブランド帝国内部のロジックによれば、嘘をついても罰を受けないことは、偉大なボスであるために必要な要素であり、固定的でつまらない事実に縛られることは、敗者の証しにほかならないのだ。

　これまでのところ、このやり方は少なくともトランプ支持層の間ではうまく行っているようだ。リベラル派のなかには、「オルタナティブ・ファクト」が容認されているとして、労働者階級のトランプ支持者は「だまされやすい」と決めつける向きもある。だが、思い出してほしい。オバマ前大統領の支持者の大部分は、オバマ政権が入念に作り上げたシンボルの数々——同性婚を認める最高裁の判決を祝して虹色にライトアップされたホワイトハウス、礼儀正しく学識ある語り口への転換、八年間大きなスキャンダルとは無縁だったとびきり魅力的な大統領一家の姿——を喜んで受け入れた。たしかにいいことずくめである。ところがその同じ支持者たちも、米軍のドローン攻撃で多くの民間人が巻き添えになっていることや、オバマ政権下で約二五〇万人の不法移民が国外追放されたこと、グアンタナモ収容所の閉鎖やジョージ・W・ブッシュ政権下で作られた大量監視システムの停止という約束を果たさなかったことなどについては、往々にして見て見ぬフリをしてきたのだ。また、オバマは自ら気候変動問題の英雄のようなスタンスをとりながら、米政府は「地球一周分を超える新たな石油と天然ガスのパイプラインを建設した」と自慢気に語ったこともある。

カナダのリベラル派のなかにも、同種の〝選択的な無視〟が少なからず見受けられる。二枚目首相ジャスティン・トルドーが発する進歩的なメッセージに惑わされ、前首相による多くの悲惨な政策――多数の移民の無期拘留からオイルサンド・パイプライン建設の強行まで――がそのまま維持されるのを許しているのだ（これについては後述する）。トルドーとトランプの政治的スタンスはまったく異なるが、トルドーの知名度は彼の最もコアな支持者――ファンのように振る舞うことも多い――に対して、トランプと同様の歪んだ影響を及ぼしている。この新たに登場した「トルドー熱」を目の当たりにするにつけ、積極的社会参加とブランド信奉をごっちゃにしてしまうのは保守派だけではないことを思い知らされる。

トランプがいったんは白人労働者階級の有権者に製造業を復活させるという夢を売り込むことに成功しても、それがいずれは大きな音を立てて崩れるのは目に見えている。だが何より気がかりなのは、石炭関連の仕事も、労働者が中産階級の生活水準を保てるだけの給料を得ていた工場の仕事も、もう戻ることはないという事実を隠せなくなったとき、トランプがどう出るかだ。ほかの手持ちの手段に頼ろうとするのはまず間違いない。すなわち、白人労働者と移民労働者の対立を激化させること、黒人による犯罪への不安をかき立てること、トランスジェンダーとトイレに関する馬鹿げた狂乱を煽り立てること、中絶の権利や報道機関への攻撃を激化させること、などなどである。
そして戦争という手段が常にあることは言うまでもない。

世界の終末を映し出すショー

トランプ政権がさながらリアリティ番組のように演出されたものだ、という事実を認識するだけでは、それが意味する危険を減じることにはまったくならない。いや、むしろその逆だ。このトランプ・ショーでは、すでにイエメンやアフガニスタン、シリア、アメリカで死者が出ており、放送終了になるまでにもっと多くの命が奪われることは間違いない。イギリスを拠点とするある監視団体によると、二〇一七年三月だけでもアメリカ主導の多国籍軍によるイラクとシリアへの空爆で、民間人一五〇〇人以上の死亡が申し立てられたという。これはオバマ政権下では記録されたことのない高い数字である。

だからといって、これはショーではないということにはならない。そもそも流血を娯楽と見なすリアリティ番組はSFにはつきものだ。たとえば映画『ハンガー・ゲーム』では、参加者が一人を除いて全員が死ぬという、リアリティ番組さながらのサバイバルゲームが展開する。映画『バトルランナー』でも、未来社会で囚人たちが生死をかけて戦うリアリティ番組が舞台となっている(伝えられるところでは、トランプ政権の商務長官ウィルバー・ロスは、シリア爆撃をマール・ア・ラーゴの「食後のエンターテインメント」だと表現したという)。

何よりぞっとするのは、私がこの本を書いている今、米軍の武器を小道具にしたマール・ア・ラーゴ版『ハンガー・ゲーム』はまだ始まったばかりであり、トランプの元にはどんどん賭け金を上げるようにとけしかける声が数多く寄せられているということだ。二〇一七年四月、トランプがシリアで五〇発以上のトマホークミサイルを発射すると、ニュース専門放送局MSNBCのキャスター、ブライアン・ウィリアムズはその映像を見て「ビューティフル」と歓声をあげた。そのわずか一週間後、トランプはさらに別の見せ場を用意した。米軍が所有する非核爆弾のなかで最強の破壊力をもつ爆弾をアフガニスタンの地下施設に投下したのだ。あまりに無差別で度の過ぎた攻撃に、アナリストたちは筋の通った軍事戦略であるかのように説明するのに四苦八苦した。なぜなら、戦略など何もなかったからだ。狙いはただ、破壊力のすさまじさを誇示することであり、爆弾を使った大衆向けの情報伝達にほかならない。

トランプがこれまで実戦で使用されたことのない武器の使用を、大統領就任からわずか一二週間後に、しかも明白な挑発を受けたわけでもないのに命じたことを考えると、この先トランプがショーのなかのショーを見せようという衝動を抑えられると期待することはまずできない。つまり本格的な戦争によってくり広げられる破滅的暴力という、高視聴率間違いなしのショーを放映する可能性が高いということである。もっとも、トランプよりずっと前にも戦争がテレビで娯楽として放映されたことはある。一九九〇年の湾岸戦争は、最初のテレビゲーム戦争と呼ばれ、CNNでは専用のロゴとテーマ音楽まで制作された。だが二〇〇三年にイラクに侵攻した際の「衝撃と畏怖」作戦は、その比ではなかった。そこでは爆撃が、ケーブルニュース視聴者向けの見世物になるだけでなく、イラクの人々に対しても、無力感を最大限にかき立て、「思い知らせる」ための光景となるよう意図されていた。

そして今、その恐ろしい技術が、初のリアリティ番組大統領の掌中に握られている。備えておくことが必要だが、この問題については第9章で取り上げる。

空虚な男トランプ

フェイクの祝祭ともいうべきトランプ政権に、もしリアルな面がひとつだけあるとするなら、それはその中心にある飢餓――すなわち、純然たる強欲にほかならない。トランプは口癖のように、金はうなるほどあるからもうこれ以上はいらないと言う。だが、彼は機会さえあれば自分の商品を売らずにはいられず、あらゆる可能性を探ることをやめられない。あたかも何か得体の知れない現代病――ブランド人格障害と名づけておこうか――を患っていて、ほとんど無意識のうちにブランドの宣伝をしてしまうといった風情である。政治演説を始めようかというときに突然、トランプホテルの大理石がいかに美しく高価であるかを話し出したり、取材に応えてなぜシリア空爆を命じたかを説明しているときに、何の脈絡もなく、マール・ア・ラーゴのチョコレートケーキは「見たこともないほどの美しさだ」と言い出したりといった具合なのだ。

その抑えることのできない飢餓――中心にある空虚さ――が物語るのは、きわめてリアルなものだ。それはトランプという人間を生み出した文化の中核にある、根深い空虚さにほかならない。そしてこの空虚さは、ライフスタイルブランドの隆盛と密接に結びついている。それこそがトランプに、絶えず拡大しつづける基盤を与えたのだ。あらゆるものを売るが、ほぼ何も所有することのない、中身の空虚なブランドが台頭してきたのは、それまで人々に共同体意識や共通のアイデンティティをもたらしてきた主要な組織が衰退していった数十年間にあたる。すなわちこの時期、人々が互いを思いやり、気づかう緊密な近所づきあいや、終身雇用を約束する大規模な職場、普通の人が芸術をただ消費するだけでなく、自ら生み出すことのできる空間や時間、組織的宗教、顔の見える人間関係を基盤とする政治運動や労働組合、そして共通の会話を通して国の結束を強めることをめざす公益メディアなどが、急速に力を失っていったのである。

これらの組織や慣習にはどれも欠点があり、それが深刻である場合も多い。そこから排除される人が多く存在したり、不健全な同調が強制されることもきわめて多かった。それでもこうした組織や慣習は、私たち人間が幸せであるために必要なもの、片時も求めることをやめないもの――コミュニティ、人とのつながり、目の前の細分化された願望ではない大きな使命感――を与えてくれたのだ。こうした共同的な組織の衰退と、現代文化における企業ブランドの拡大という二つの潮流は、数十年間にわたって相反するシーソーのような関係にあった。人々に欠くことのできない帰属意識をもたらした、これらの組織や慣習の影響力が減少するにしたがって、商業ブランドの力が増大したのである。

私は常に、この両者の補完関係に慰めを見出してきた。現代のブランド化社会が、自分より大きなものの一部になりたいという人々の満たされない欲求につけ込むことはできても、その欲求を持続的な形では満たすことはできないのだ。ある商品――新しいスニーカーでも、最新モデルのアイフォーンでも――を買うことで、ある特定の集団の一員になったり、何か壮大な計画や革命に参加したつもりになれれば、ほんの一瞬はいい気分になれる。だが、中身を取り出してパッケージを捨てるか捨てないうちにその満足感は消え、すぐにまた空洞を埋める方法を探さなければならなくなる。これはまさに際限のない消費と、ソーシャルメディアを介した終わりのない自己商品化の完璧な公式であり、他方、そうした大量消費に耐えることのできない地球にとっては、破滅を意味する。

けれども忘れてならないのは、このサイクルの中核には非常に強力な力――コミュニティや人とのつながりへの、決して消えることのない渇望――が存在するということである。まだ希望はあるのだ。コミュニティを再建し、そこからより多くの意味と豊かな生の実感を得られるようになれば、多くの人々は見境のない大量消費主義の誘惑に惑わされなくなるはずだ(さらにその間に、ソーシャルメディアで個人ブランドを作ったり、編集したりすることに費やす時間も減るかもしれない)。

第四部で見ていくが、今日の文化や価値観にまさにこのような転換をもたらすことをめざす運動や理論家は数多く存在する。だがその前に、どうしてここまで至ったのかを明らかにするために、いくつかの重要な道筋をたどってみる必要がある。

第二部　今どうなっているのか
——不平等と気候変動

人々がなぜこれほど自らの憎悪に執着するのか、その理由のひとつは、もし憎悪がなくなれば痛みに向き合わなければならなくなると感じているからだと思う。

——ジェームズ・ボールドウィン『アメリカの息子のノート』(一九五五年)

第4章　気候時計は真夜中を打つ

トランプが大統領選に勝利した週まで時計の針を少し戻そう。あのとき私がめまいを覚えたのは、ひとつではなく二つの破滅的事態を目の当たりにしたからだ。この二つの問題と向き合わなければ、トランプがもたらす悲劇の真の危険性を十分理解することはできない。

前述のとおり、私は仕事でオーストラリアにいたのだが、このような長距離移動に伴うCO_2排出量を考えると、次にいつ来られるかわからないという気持ちが強かった。そこで人生で初めてグレートバリアリーフに行ってみることにしたのだ。クイーンズランド州の海岸沖にあるこの世界遺産は、生物が作り出した世界最大の自然の構造物である。実際、それは私がかつて目にしたもののなかで最も美しく、同時に最も恐ろしいものだった。

子どもの頃、私は水中で多くの時間を過ごした。六歳か七歳のとき父にシュノーケリングを教えてもらったのだが、水に潜ったのは最高に楽しい思い出のひとつだ。海洋生物とのふれあいは、いつでも驚異に満ちていた。サンゴ礁に近づいて行くと、最初、ほとんどの魚はパッと散ってしまう。でも数分もすると、魚は人間を侵入者としてではなく、海の景色の一部として見るようになる。そうすると魚がマスクのすぐ前まで寄ってきたり、腕をつついたりしはじめる。好奇心いっぱいの子どもだった私にとって、それはいつも平和で夢のような体験だった。

オーストラリア行きが近づくなか、私はグレートバリアリーフを見たいという気持ちが、四歳になる息子トマの母親であることと関係していることに気づいた。親は時として、幼い子どもに知らせるにはまだ早い、自然界に迫りくる脅威や危険のあれこれを見せてしまうという過ちを犯すことがある。自然をテーマにした子ども向けの絵本で人気があるのは、ドクター・スースの『ロラックスおじさんの秘密の種』〔映画版タイトル。絵本は未邦訳〕だが、ここに描かれているのは環境破壊が進んで美しい自然がずたずたにされ、動物たちが死に瀕し、姿を消していくという恐ろしい世界だ。まだ二歳のトマにこの本を読み聞かせたとき、その幼い顔が恐怖に歪むのを見て、「だめだ、これは絶対に間違っている」と私は悟った。それからというもの、森に住むリスが主人公の物語や、自然の美しさや驚異を称える本を読むようにしている。それらの本に出てくる動物や植物が絶滅の危機に瀕していることは十分承知しているが、トマはまだ心配する必要はない。私の務めは、トマにできるだけたくさんプラスの経験をさせて、自然界への愛着が深まるようにすることだ。対象を愛していなければ、それを守ろうとすることもできないのだから。

ジャーナリストとして、グレートバリアリーフを訪れたいという気持ちもあった。この二年間に、過去に例のない事態が生じていたからだ。記録的な高温のために、グレートバリアリーフのサンゴの九〇%以上が白化するという「大量白化現象」が起きていた。白化現象がどれほど激しい異変であるかは強調してもしすぎることはない。サンゴ礁は、アマゾンの熱帯雨林にも匹敵する豊かで多様な生態系だが、いったん白化すると、この美しく色彩鮮やかな生き物がまるで白骨のような姿に変わってしまう。気温がすぐに正常値まで下がれば、白化したサンゴも再生する。だがこのときは気温が下がらず、サンゴ礁のほぼ四分の一が死んでしまったのだ。
強調しておくべきなのは、これほどの急激な変化が、ほんのわずかな気温上昇によって引き起こされたということだ。サンゴ礁にとっての適温からたった1℃上昇しただけで、大規模な死滅には十分だった。気候変動に関連した多くの事象とは異なり、これは劇的な暴風雨でも山火事でもない――水中で静かに起きている死なのだ。

グレートバリアリーフに着いても、まだそこには現実が信じられないような雰囲気が漂っていた。ポートダグラスからは観光客でいっぱいの船が出ていたし、海面は青く輝き、目に鮮やかなトルコブルーが一面に広がっていた。だが、海は人類の最悪の秘密でさえ隠してしまう。それを初めて知ったのは、BPの石油掘削施設「ディープウォーター・ホライズン」からの原油流出事故を取材したときのことだった。流出した原油が水面下に沈みはじめると、あっという間に事故の報道は目にしなくなったが、海面下では被害は収まることなく続いていたのだ。

私たちは同行した海洋生物学者たち（格別の熱意で研究に打ち込む彼らはみな、サンゴ礁の白化が進んでいることにひどく心を痛めていた）と『ガーディアン』紙の撮影スタッフとともにサンゴ礁に向かい、まだサンゴが生きている場所で撮影を開始した。トマにもなんとかシュノーケルを装着させたが、正直なところ、泳ぎを覚えたばかりで両腕に浮輪をはめていたトマが、サンゴを本当に見ることができるのかわからなかった。それでも研究者たちが根気強く助けてくれたおかげで、トマはまるまる五分間はしっかりシュノーケルを使って、自然の驚異を目にすることができた。「ニモ（人気アニメ映画『ファインディング・ニモ』に登場する熱帯の魚クマノミの子ども）がいた！」と歓声をあげ、ナマコも見て、たぶんウミガメも見られたと思う。このように白化も死滅もしていない場所はほんの一部だが、その美しさは目を見張るばかり。電飾のように色鮮やかなサンゴと魚、泳ぎ去るウミガメにサメ——あふれんばかりの生命に満ち満ちた世界だ。

死んで白化したサンゴの撮影には、トマを連れて行かなかった。そこはまさに墓場だった。まるで宇宙のスイッチがオフになり、突然、地上で最も美しい場所が最も醜い場所に一変したかのような光景が広がる。サンゴの骨格には褐色の腐食した生物がべったり貼りついている。すぐにでもその場から逃げ出したくなる。ウェットスーツには死臭が染みついた。

私たちがそんな状態のグレートバリアリーフを撮影することにしたのは、多くの人々にとって気候変動ははるか遠くの危機でしかなく、みな本格的な対策を講じるのはまだ少し先でいいと感じているからだ。惑星地球が被る劇的な変化——生命に満ちているはずの場所も含めて——は、遠い未来の話ではない。それは今まさに起きている。私たちはそのことを伝えたかったのだ。そしてその影響も測り知れない。世界中でおよそ一〇億人が、サンゴ礁に依存して生きている魚を食糧や収入源としているのだから。

さらに私には、この悲惨な事態をトマの目を通じて伝えられたらという思いもあった。というのも気候崩壊の最も不条理な面のひとつは（ほかにもたくさんあるが）、今日の大人の行動が、これから生まれてくる世代や、まだ幼くて政策に影響を与えることのできない子どもたち——トマや彼の友だちをはじめ、世界中の同世代の子どもたち——の生活に最も深刻な影響を及ぼすことにあるからだ。今の子どもたちは、この危機を招いたことに何ひとつ責任はない。だが、暴風雨や干ばつ、山火事、海面上昇などの激烈な異常気象と、その結果としての社会的・経済的圧力に直面するのは彼らなのだ。彼らは大量絶滅が進む世界で成長し、大人になる——あまたの美しいものや、他の生物と共存することで得られる多くの交流の機会を奪われて。

これはある種の略奪であり、暴力にほかならない。プリンストン大学教授で著述家のロブ・ニクソンはそれを「緩慢な暴力」と呼んでいる。すべての生き物は、汚染されていない活気に満ちた地球に生きる権利を生まれながらにもつ。だからこそグレートバリアリーフは世界遺産に登録された。その世界の財産が今、私たちの目の前で死滅しつつある。世代をまたぐ略奪行為と正義こそ、自分が伝えたい物語なのだ――そう気づいた私は、トマがカメラに撮影されることも初めて許したのだった。ためらいはあったが、トマなしにこの物語を伝えることはできなかったのである。

その日の終わりには、誰もが疲れ切っていた。あまりにも多くの死と喪失を目撃したのと同時に、トマにとっては特別な経験をした一日でもあった。その晩、私はポートダグラスのモーテルの部屋でトマを寝かしつけながら、息子にこう語りかけた。「今日、トマは海の中の秘密の世界を見つけたんだよね」。トマは純粋に心からの喜びを浮かべて私を見つめ返し、言った。「うん、ぼく見たよ」。息子が世界の美しさを知りつつあるこの瞬間にも、その自然の驚異が失われていくという、喜びと悲痛がないまぜになった感情がわき上がってきて、涙があふれるのを止められなかった。

白状すると、私は怒ってもいた。その日一日中、エクソンモービルのこと――その後詳細に報道されたが、同社（一九九九年にモービルと合併するまでは旧エクソン）が一九七〇年代の時点ですでに気候変動について認識していたという事実――が頭から離れなかったのだ。ピュリッツァー賞にノミネートされた環境系ニュースサイト『インサイド・クライメート・ニュース』の画期的な調査によれば、同社はどこよりも早く実証研究を行っていたという。オイルタンカーでCO_2サンプルを採取し、最先端の気候モデルを使って海面上昇などの変化を予測していたのだ。さらに、ジェームズ・ブラックら社内の上級研究員から警告も受けていたという。ブラックは報告書のなかで、「人類が地球の気候に与えている影響で最も可能性が高いのは、化石燃料の燃焼によるCO_2の排出に起因するものだという科学者間の一般的合意」があると明言したうえで、「エネルギー戦略の変更に関して厳しい決断を迫られるまでの猶予はあと五～一〇年しかない」と書いている。これは一九七八年のことである。

レックス・ティラーソンが一九八九年に旧エクソンの中央生産部門本部長に就任したときには、これらの事実――残された時間はごく少ししかないという不都合な事実も含め――はすでに社内で長く認識されていた。それにもかかわらず、同社はその後、気候変動に関する懐疑論を組織的にメディアに拡散する複数のシンクタンクに、三〇〇〇万ドル以上の資金を提供している。エクソンとの合併前、モービルは『ニューヨーク・タイムズ』紙に気候変動の科学に疑念を投じる全面広告まで出した。現在、同社の情報隠蔽疑惑に対してニューヨーク州、カリフォルニア州、マサチューセッツ州では独自の捜査が行われている。化石燃料部門全体が進めたこの組織的な情報隠蔽によって、人類はクリーンエネルギー経済への移行に必要な対策を講じることができたはずの貴重な数十年を失ってしまった。そしてその間、エクソンモービルをはじめとする企業は、新たな石油と天然ガスの広大なフロンティアを開拓したのだ。もしこの時間が失われていなければ、グレートバリアリーフは今も健全な姿を保っていたかもしれない。

とはいえ、私はグレートバリアリーフを訪れたことで、無力感に打ちひしがれたわけではない。なぜなら今や世界各地で、オイルサンド掘削やシェールガス採掘、新たな石炭鉱山の開発をやめさせるために、自国の政府に根気強く働きかけるコミュニティや運動が拡大しているからだ。私たちはアメリカの大統領選挙の前夜に公開できるよう、四日間がむしゃらにカメラを回した。そうすれば微力でも有権者を投票所へ向かわせ、さらにはヒラリー・クリントンにもっと気候変動問題に力を入れるようプレッシャーをかけるための一助になると考えたからだ。なんとか映像は完成し、私たちはそれを一一月七日に配信した。

翌日、当選したのはトランプだった。そのうえ国務長官には、エクソンモービルのCEOが任命されたのである。

気候時計が指す時間

二〇一六年大統領選挙の結果によって生じるリスクはきわめて重大だ。理由は数え上げればキリがない。医療保険を失うことになる何百万もの人々。トランプが白人至上主義を煽ったために人種差別的攻撃の標的となる人々。非情な移民政策によって引き裂かれる多くの家族。子どもを産むかどうかを決める権利を奪われる女性たち。権力の最上層部で常態化し、矮小化される性的暴行の現実……。危険にさらされる人があまりに多いため、緊急性の高い順に問題を並べたり、「他人が直面している危機より自分の危機のほうが深刻だ」と言ってみたところで、何の得にもならない。もしこれが自分に起きていることだとしたら？　もし自分の家族が引き裂かれようとしたら、もし自分が警察の嫌がらせや不当な取り締まりの対象にされたら、もし自分の祖母が救命治療を受けられなかったとしたら、もし自分の飲んでいる水に鉛が混ざっていたら？――すべて大惨事だ。

気候変動がこれらの問題よりも重要だというわけではない。だが時間との関連という点では、大きな違いがある。もし気候変動をめぐる政策が間違った方向に進めば――今のところ大きく間違っている――四年後にやり直すことはもうできない。その間に地球は排出される温室効果ガスによって大きく変化し、不可逆的な破滅的影響を回避するチャンスはますます小さくなってしまうからだ。

大げさに言い立てているように聞こえるかもしれないが、私は世界の第一線で気候変動問題を研究する科学者をこれまで何人も取材し、彼らの研究は、これが中立的な現実の説明であることを示している。真に壊滅的な温暖化を回避できるところまで排出量を減らすことのできるチャンスは、急速になくなりつつある。サミュエル・ベケットはかつて、「だめだったらもう一度やって、また失敗すればいい。前よりうまく失敗すればいい」と言った。多くの社会運動は深刻になりすぎないために、この言葉をモットーにしてきた。私も大いに共感する――人は完璧にはなれないし、いつも勝つことはできない。でも向上するための努力は怠ってはならない。ただ困ったことに、ベケットの言葉はここまで進んでしまった気候変動問題には通用しないのだ。温暖化ガスの排出削減も、化石燃料から再生可能エネルギーを基盤にする経済への本格的な移行もスタートできないまま、無駄な消費や、より多く、より大きいものを追求する人間の問題から目をそらしつづければ、「前よりうまく失敗する」機会はもう二度と訪れない。

北極の海氷融解、氷床の崩壊、海水温の上昇、海面上昇、サンゴの白化など、ほとんどすべてが気候変動モデルの予測を上回るスピードで進行している。世界各国の有権者が次の選挙で投票するときには、海氷の融解はさらに進み、沿岸陸地がさらに失われ、さらに多くの種が絶滅しているだろう。ツバルやモルディブのような島国が水没の危機を回避できるように気温上昇を抑えるチャンスもさらに減る。これらは不可逆的な変化であり、水没した国にやり直しはきかないのである。

最新の査読ずみの研究によれば、私の息子が生きている間に、ニューヨークやムンバイをはじめとする沿岸部の都市が水没するのを確実に防ぐためには、まさに超人的なスピードで化石燃料の使用をやめなければならない。選挙戦中に『アプライド・エナジー』誌に発表されたオックスフォード大学の研究によると、人類が二〇一五年末のパリ協定で設定された温度目標を五分五分の確率で達成するには、二〇一八年以降、新しく建設される発電所すべてのCO_2排出量をゼロにしなければならないという。これはトランプ政権の二年目にあたる。

ほとんどの人にとって——私も含めて——これはなかなか理解しがたいことだ。というのも私たちは、物事は最終的には前進するという物語《ナラティブ》に慣れてしまっているからだ。マーティン・ルーサー・キングJrの有名な言葉に、「道徳の世界の弧は長いが、それは正義に向かっている」というのがある。力強い考え方だが、悲しいかな、気候変動危機には当てはまらない。世界の富裕国がこれまであまりに長い間先延ばしにしてきたため、問題はいっそう悪化してしまった。今や弧を極力速く曲げる必要がある——さもなければ、正義を果たす機会は永遠に失われてしまう。気候時計の針は、ほぼ真夜中を指しているのだ。

最悪のタイミング

民主党の予備選挙期間中、私が強い印象を受けた場面がある。選挙遊説中のヒラリー・クリントンに向かって、一人の若い女性がこう質問したのだ——(地球温暖化の危機がここまで深刻化している現状を受けて)今後は温暖化を加速させている化石燃料業界からの資金提供を受けないと約束するか、と。それまでクリントン陣営には、化石燃料企業の社員や登録ロビイストから巨額の資金——グリーンピースの調査によると約一七〇万ドル——が流れていた。クリントンは嫌悪感をあらわにし、この話題には「うんざりしている」と言い捨てた。その数日後、クリントンはある取材に応え、若い人たちは「自分で調査する」べきだと話している。先の質問をした女性はイヴァ・レズニック＝デイというグリーンピースの活動家だ。彼女は自ら調査を行っており、「だからこそ、将来のことが恐ろしくてならない」と強調する。「今から四年ないし八年の間に起こることが、地球と人類の未来を決めることになるかもしれないのですから」

私に言わせれば、彼女の言葉はきわめて鋭いところを突いている。今回の選挙結果が、なぜ単なる八年サイクル〔大統領選はこれまでほぼ八年ごとに民主党と共和党が交代している〕では片づけられないのか、またヒラリーと企業との複雑に絡み合った関係に疑問を投じることが、なぜ正当なだけでなく必要不可欠なのか、その理由の核心に触れるものだ。さらにレズニック＝デイのコメントは、トランプ政権の誕生がいかに悲惨な出来事であるか、その理由のひとつを浮き彫りにする。地球温暖化は中国によるでっちあげだと言ってはばからない人物が、今や世界最大の権力を手にし、自国が導入した化石燃料の〔もともと不十分だった〕使用制限を廃棄しようと躍起になって、他国政府にも同調を促しているのだ。しかもこれらすべては、人類史でこれ以上考えられない最悪の時期に起きている。

これまでのところ〔産業革命後の〕気温上昇は1℃だが、それでもすでにサンゴの大量死滅や、北極の気温上昇による深刻な氷の融解、南極氷床の崩壊などの劇的な影響が確認されている。もし今後もこのままの速度で温室効果ガスを排出しつづければ、地球の温度は4〜6℃上昇することになる。気候学者で温室効果ガス排出の専門家ケヴィン・アンダーソンは、もし4℃上昇すれば、それは「組織的で公平な、文明化された国際社会のいかなる合理的な特性とも相容れない」と言う。だからこそ各国政府がパリに結集し、この危険な道筋を回避するために最大の努力を行い、気温上昇を1・5℃未満に維持する努力をすることで、2℃より「かなり低く」抑えるという協定を採択したのだ。だが、この目標温度の上限は、これまでに上昇した温度の二倍にあたり、決して安全と言える数値ではない。

だからこそ私たちは、気温上昇を目標の下限にとどめるよう、できるかぎりの努力をしなければならないのだ。これは容易なことではない。ワシントンを拠点とするシンクタンク、オイル・チェンジ・インターナショナルが二〇一六年九月に発表した研究によると、世界各国が確実に気温上昇を2℃未満に抑えるためには、未開発の化石燃料はすべて地中にとどめておく必要があるという。問題は、トランプが大統領になる前でさえ必要なことを実行している先進国は一国もなかったということだ。一部ではグリーン経済政策を導入しながら、化石燃料の採掘の拡大や新たなパイプライン建設を認めるという、欲張りなやり方をとりつづけている。いわば、山盛りのサラダとジャンクフードを同時に食べ、体重が減るのを期待しているようなものである。

アメリカではオバマ前大統領が、国内の老朽化した石炭火力発電所の閉鎖を加速させ、新しい発電所にはCO_2排出量の削減を求めるというクリーンパワー計画を導入した。だがその一方で、オバマはノースダコタ州バッケン・シェールでの水圧破砕《フラッキング》による石油・天然ガス採掘を推進したのだ。カナダでも、政府が炭素価格制度を導入し、石炭火力発電の段階的廃止に着手する一方で、オイルサンド採掘の拡大を許し、大規模な液化天然ガスの輸出ターミナル新設を承認している。これではパリ協定の目標達成などほぼ不可能だ。

それでも、世界の多くの国々が鳴り物入りでパリ協定に合意し、少なくとも口先では野心的な気温上昇抑制目標の達成が必要であることを認めた。このことは気候変動阻止運動に、定められた目標と合致する政策を強く求めていく大きな力を与えた。そして私たちは各国政府に対してパリでの約束を守るよう働きかけ、ある程度の前進を手にしていたのだ。

ところが今、トランプはこう言う――それだけのカネを全部地中に眠らせておくというのか、と。いったい気は確かか?!

オイルまみれの政権

選挙遊説中にトランプが行った一般的な街頭演説には、受け狙いの要素がすべて入っていた――壁の建設、仕事を取り戻す、法と秩序の維持、ヒラリーはイカサマ師……。しかし、気候変動否定論について語ることはまずなかった(もし質問されれば、ぺらぺらまくし立てただろうが)。だが、選挙戦中にはこの問題が重要でないように見えたとしても、トランプがホワイトハウスの人事に着手するや状況は一変した。大統領就任後、ありとあらゆる気候保護政策に狙いを定めることがトランプ政権の決定的な特徴となっているのだ。まるで時間との闘いとでもいわんばかりに、トランプは仲間たちと化石燃料業界の〝願いごとリスト〟にある項目を次々とチェックしにかかった。政権トップの人事にせよ、予算の大幅な削減と環境規制の緩和にせよ、陰謀めいた気候変動の否定にせよ、さらにはロシアとの不透明な関係まで、どれも向かおうとする方向は同じだった――無制限の化石燃料ブームをかき立てようという、深く揺るぎない決意である。政府周辺では、多くの策略や陰謀が渦巻く。なかでも悪名高いのが、二〇一六年の選挙でトランプ陣営がロシアと共謀し、結果に影響を与えたという疑惑である。これらについては当然、捜査が進められている。だが、これだけは間違いない――トランプと化石燃料業界との癒着は、その気になって見れば立派な共同謀議に当たるのだ。

トランプは大統領就任のわずか数日後に、ダコタ・アクセス・パイプライン建設に関する環境調査を中止し、スタンディングロック・スー族の強固な反対を押し切って建設を再開する大統領令に署名。また、オバマが気候への影響を理由のひとつとして承認を拒否した、カナダのアルバータ州を起点とするキーストーンXLパイプラインについても、建設承認への道を開いた。さらにトランプは、オバマ政権下での石炭採掘用の連邦所有地リースの一時停止措置を解除する大統領令を出し、メキシコ湾岸地域での石油・天然ガスの掘削を拡大する計画もすでに発表している。オバマのクリーンパワー計画も撤廃される方向だ。トランプ政権は、新たな化石燃料プロジェクトにどんどんゴーサインを出す一方で、エクソンモービルなどの企業が化石燃料の採掘や加工であげる収益を減らすような環境規制を片っ端から撤廃している。その結果、これらのプロジェクトが——気候変動の観点から見ればすでに破滅的だが——ディープウォーター・ホライズンのような悲惨な産業事故を起こす可能性は高まる。規制のないところには往々にして事故が起こるからだ。

これを書いている時点で、アメリカがパリ協定から正式に離脱するかどうかはまだ明らかではない〔二〇一七年六月離脱表明〕。政権内でも反対の声が上がっているからだ。しかし、残るにせよ離脱するにせよ、トランプ政権が協定で取り交わされた約束を破棄していることは紛れもない事実である。

トランプは政権内に、ティラーソンのほか、化石燃料企業の重役や業界と強力なつながりをもつ政治家を数多くそろえた。そのなかには、自らが指揮を執ることになった省庁の方針に反対か、よくても無関心という立場の者が何人もいる。環境保護庁（EPA）長官に就任したスコット・プルイットはオクラホマ州検事総長時代、EPAに対し十数回も訴訟を起こしており、おそらく偶然ではないだろうが、化石燃料企業から何万ドルという資金を受け取っていた〔二〇一八年七月スキャンダルで辞任〕。エネルギー省長官に任命されたリック・ペリーは、ダコタ・アクセス・パイプラインに関係する企業二社の取締役を務めるなど、石油産業に数え切れないコネをもつ。二〇一二年の大統領選で共和党予備選挙に出馬したペリーは、エネルギー省を廃止するという公約を掲げていた〔同年一月に選挙戦から撤退〕。

訊くな、話すな

トランプ政権は一体となって、石油、天然ガス、石炭関連の企業にさまざまな面で便宜を図っている。たとえばトランプは石油・天然ガス企業にメタンガス――非常に強力な温室効果ガス――の排出量を漏出分も含めて報告することを義務づける、オバマ政権末期に制定されたばかりの新しい規制を撤廃した。天然ガスが気候変動の解決策になると主張していた化石燃料業界にとって、そのまやかしを暴露するこの規制はとうてい受け入れがたいものだった。トランプは事実上、こう言って業界に大きな贈り物を渡しているのだ――何も言うな、知りたくない、と。重要なデータが存在しないとなれば、この先、世界はアメリカが気候変動の悪化にどの程度加担しているのか推測するしかなくなる。

化石燃料業界にとっての最大の脅威は、世界中で本格的な気候変動対策を求める声がわき上がること、そして気候変動危機を真剣に受けとめるのであれば新たな化石燃料プロジェクトは中止すべきだという民意が高まることだ。その可能性が、化石燃料企業の経営幹部やロシアなど石油大国の政府を震え上がらせている。もしそうなれば、数兆ドルに相当する確認埋蔵量――現在の株価を支えている――が、ひと晩にして無に帰すかもしれないからだ。これは「カーボンバブル」〔化石燃料資産の価値が過大評価されていること」とも呼ばれ、二〇一六年にはすでにしぼみはじめていた。言ってみればトランプは、自転車の空気入れポンプを持って化石燃料業界の救済に駆けつけ、おまえたちのバブルをあと数年分の有毒な大気で満たしてやると言っているようなものだ。その方法は？ 簡単だ。気候変動という事実を消し去るのである。

そのやり方は呆れるほどあからさまだ。就任初日、ホワイトハウスのウェブサイトから気候変動に関する記載の多くが削除された。衛星を使って、氷河の消失や海面上昇をはじめとする地球の変化に関する基本情報を集積するＮＡＳＡ（米航空宇宙局）のプログラムの予算を削減する計画もある。これについて行政管理予算局長のミック・マルバニーは、歯に衣着せずにこう語った。「気候変動に関する問題について、大統領ははっきりと態度を示したと思う――これ以上この件に金はかけないと。このプログラムを実行するのは金の無駄遣いだと考えている」

気候変動の現実を消そうと躍起になるあまり、トランプ政権は気候変動の影響への対応を迫られている地域を支援するプログラムまで廃止しようとしている。トランプは地域における海岸保全を支援するアメリカ海洋大気庁（ＮＯＡＡ）のプログラムの予算の削減を提案したうえ、大規模自然災害発生時の対応機関である連邦緊急事態管理庁（ＦＥＭＡ）の予算削減と、同庁が地域社会による将来的な危機への準備を支援する重要なプログラムの完全廃止も求めた。ＥＰＡの予算も三〇％以上削減する計画で、これによって数千人が解雇され、環境正義を求めるプログラムが丸ごと廃止されることになる。このプログラムは低所得コミュニティ――アフリカ系、ヒスパニック系、ネイティブアメリカンが圧倒的多数を占める――に隣接する企業が有害物質を排出している場合、その影響への対処を支援するものだ。水道管による鉛中毒に対処するプログラムの予算削減をはじめ、こうした政策の多くに影響を受けるのは、圧倒的に社会の隅に追いやられたコミュニティの子どもたちだということは、強調しておく必要がある。ＥＰＡ予算削減という最悪の事態は、連邦議会の予算協議により二〇一八年まで延期された。

というわけで、トランプによる化石燃料部門救済計画は多方面に及んでいる。気候変動の調査を中止したり調査機関を黙らせることによって、気候変動が現実に起きている証拠を隠蔽すること。気候崩壊が現実世界に与える影響に対処するためのプログラムの予算を削減すること。そして、石油・天然ガスの掘削、石炭の採掘と燃焼など、気候変動危機を増幅させる活動の促進に対する妨害をすべて除去することである。

トランプの親化石燃料政策にもかかわらず、カリフォルニア州やニューヨーク州などの主要な州では再生可能エネルギーへのすみやかな転換を進めると宣言しており、こうした勇気ある決断がこれまで見てきた後退の一部を相殺する可能性はある。だが、トランプ政権という名のエクソンモービルの〝子会社〟が、不可逆的な破滅的事態を招くかどうかを左右するかもしれない重要な要素が、もうひとつある。

価格がすべて

現時点で化石燃料企業が新たな大規模採掘プロジェクトの開始に踏み切らない最大の理由は、オバマが導入し、トランプが撤廃する可能性のある法律ではない。それは石油と天然ガスの価格なのだ。これを書いている二〇一七年現在、石油と天然ガスはオバマの大統領就任当時より大幅に値下がりしている。その理由は供給過剰——利用可能な石油と天然ガスの量が消費者の需要を上回る——にある。

新規プロジェクトにおいて価格がこれほど問題になる理由は、低価格で入手しやすい化石燃料が着実に枯渇しつつあるからだ。とくにアメリカでは著しい。では何が残っているかといえば、取り出すのが難しく、コストもかかるものである。北極圏あるいは深海での石油掘削や、カナダのアルバータ州のオイルサンドに含まれる粘度の高い原油の抽出や精製には膨大な費用がかかる。二〇一四年に石油価格が高騰した際には、化石燃料企業はこうした高価な燃料を追い求めて数十億ドルの投資を行っていた。石油一バレルあたりの価格が一〇〇ドルなら、抽出コストが高くても大きな利益を出すことができる。そして、この分野の発展が経済成長に拍車をかけ、多くの雇用を創出した。だが、環境に与えた代償も甚大だった。メキシコ湾で起きたディープウォーター・ホライズンの原油流出事故は、こうした企業が前例のない深さで掘削を行っていることと密接に関係していた。アルバータ州のオイルサンド採掘に議論が絶えないのは、先住民の土地と水路が、侵略的で大量のCO_2排出を伴うこの重質油の採掘によって、ひどく汚染されているからだ。

ティラーソンがCEOだった頃のエクソンモービルは、高コストの重油埋蔵量を猛然と買い占め、同社の保有埋蔵量の三分の一がアルバータ州のオイルサンドに含まれる重油で占められるまでになった。石油価格が暴落したときには、大打撃を受けた。石油価格は二〇一四年から下がりはじめ、ブレント原油(原油価格の世界的指標)はわずか半年で一バレル当たり一〇〇ドルから五〇ドルに下落、その後は五五ドル前後で推移している。その結果、多くの企業がフラッキングなどの極端な採掘プロジェクトから手を引いた。アメリカにおける石油・天然ガスのフラッキング・ブームは鎮静化したが、これには深刻な人的代償が伴った。二〇一四年の価格暴落後、石油および天然ガス関連の労働者およそ一七万人が職を失ったのだ。アルバータ州のオイルサンドへの投資は、翌二〇一五年には約三七%減少し、現在も減りつづけている。シェルは北極圏での採掘から撤退し、保有するオイルサンド埋蔵量のほとんどを売却。フランスの石油大手トタルもオイルサンドから撤退した。現在の石油価格ではもはや埋蔵されているオイルサンドを採掘する価値はないと市場が見ていることから、エクソンモービルでさえオイルサンド備蓄約三五億バレル分の損失処理を余儀なくされた。石油・天然ガスの深海掘削も休止状態だ。

石油大手――とくに石油価格が高値を維持すると見込んでいた企業――にとって、これらはすべて最悪な出来事だった。だがどこよりも痛い目を見たのはエクソンモービルだ。まだ石油価格が高かった二〇一二年、同社はティラーソンの指揮のもと、国内企業で過去最高となる四五〇億ドルの収益をあげた。ところが二〇一六年の収益は八〇億ドルを大幅に下回り、わずか四年間で八割以上の収益減となった。

このことは何を意味するか? エクソンモービルのような石油メジャーや、その見込み違いの賭けに融資した銀行は、是が非でも石油価格を元の高値に戻そう――化石燃料ブームを復活させて莫大な利益を取り戻そうとするということだ。ここできわめて大きな問いに答えなければならない。トランプ政権、別名「チーム・エクソンモービル」は、石油価格上昇を実現するために何をするつもりなのか?

石油価格のつり上げをもくろんだと思われる政策はすでに出てきている。たとえば、トランプはオバマ政権が決定した自動車の燃費規制の見直しを発表したが、燃費規制が緩和されれば、消費者がガソリンスタンドに行く頻度は増加することになる。一方、新たな公共交通機関プロジェクトや長距離鉄道に充てられる予算は完全にカットされるか、大幅に削減されている。

とはいえこれまでのところ、市場は——少なくとも大きくは——反応していない。トランプの当選後、石油価格はやや上昇したが、それ以降はかなり安定している。気候問題の観点からすれば、これはいい知らせだ。安価な天然ガスは短期的な消費を促すかもしれないが、多くの長期的投資の足かせとなり、気候変動の壊滅的な影響を回避できる可能性が増すからだ。懸念されるのは——これはきわめて現実的な懸念だ——トランプ・チームが石油価格を押し上げ、化石燃料ブームを起こすという目標を実現するための秘策を、まだもっている可能性が高いことだ。

これについては今後のなりゆきに目を光らせていなければならない。というのも、戦争や世界市場に対する大きなショックほど、石油価格をつり上げるものはないからだ。このシナリオについては第9章で掘り下げる。

地球温暖化——保守派にはわかっている

長年、私はなぜこれほど頑なに地球温暖化を否定しようとする人がいるのか疑問に思っていた。一見すると、実に奇妙なことである。これは気候学者の九七％が認める科学的事実であり、その影響は私たちの身の回りでいくらでも見ることができ、日々のニュースで確信は強まる一方だ。そういう事実を、なぜ躍起になって否定しようとするのか？　この問いを出発点にした探究の旅の成果をまとめたのが、二〇一四年に出版した『これがすべてを変える——資本主義 vs. 気候変動』（幾島幸子・荒井雅子訳、岩波書店、二〇一七年）である。気候に対する破壊行為がなぜトランプ政権にとって重要な意味をもつのかを理解するには、この本を執筆する過程で明らかになったことが助けになると思われる。

それはこういうことだ——筋金入りの保守派が気候変動を否定するのは、気候変動対策によって脅威にさらされる莫大な富を守ろうとするからだけではない。彼らは、それよりもっと大切なもの——新自由主義というイデオロギー・プロジェクト——を守ろうとしているのだ。すなわち、市場は常に正しく、規制は常に間違いで、民間は善であり公共は悪、公共サービスを支える税金は最悪だとする考え方である。

「新自由主義」という言葉や、誰が新自由主義者なのかをめぐっては、多くの混乱が見られる。それは無理もない。以下にわかりやすく説明してみよう。新自由主義とは資本主義の極端な形態であり、一九八〇年代にロナルド・レーガン政権やマーガレット・サッチャー政権が新自由主義に基づく政策を推進した。だが一九九〇年代以降は、党派に関係なく世界のエリート層の間で支配的なイデオロギーになっている。とはいえ、それを最も徹底的かつ独断的に支持しているのは、新自由主義運動が始まった当時と変わらず、アメリカの右派だ。

新自由主義とは、言い換えれば、公共部門を敵視し、市場メカニズムや個々の消費者の判断以外のものを悪と見なす経済政策のことである。おそらく、レーガンのもうひとつの有名な言葉——「英語で最も恐ろしい九つの単語はI'm from the government and I'm here to help.(私は政府の人間です。助けにきました)だ」——がこれを最も端的に言い表している。新自由主義の世界観では、政府は民間企業が最大限の利益と富を得るのに最適な状況を作り出すために存在する。この考え方の基盤にあるのは、利益があがり経済が成長すれば、富裕層の富が流れ落ちて最終的にはすべての人に利益をもたらすという、トリクルダウン理論だ。もしそれが実現せず、不平等がいつまでも解消されなかったり悪化したりすれば（必然的にそうなるのだが）、それは苦境に陥った個人やコミュニティに問題があるからだというのが、この考え方である。「犯罪に走りやすい文化」だの、「労働倫理」の欠如だの、あるいは父親の不在や何らかの人種に関連する理由のせいにし、不平等の解消や生活状況の改善、あるいは構造的危機に取り組むために、政府が政策を講じたり公的資金を投じたりするべきではないというのだ。

新自由主義プロジェクトのおもな政策手段は、公営事業の民営化、企業領域における大幅な規制緩和、公共サービスの削減による減税など、馴染み深いものばかりで、これらはすべて企業に有利な貿易協定によって確定されている。そのパターンはどこでもまったく同じで、その社会のおかれた状況や歴史、あるいはそこに暮らす人々の願いや夢などとは無縁である。一九九一年、世界銀行の主任エコノミストだったローレンス・サマーズは、いみじくもこう言っている。「真実を広めよう——経済の法則は工学の法則と同じで、ある一連の法則があらゆるところで通用するのだ」（そこで私は時に、新自由主義を「マクガバメント」〔マクドナルドがどこへ行っても同じことから、マクとガバメント（政府）をくっつけたもの〕と呼んでいる）

一九八九年のベルリンの壁崩壊は、新自由主義を世界に広めるためのゴーサインだと解釈された。社会主義が衰退していくなか、もはや資本主義の荒々しさを和らげる必要はどこにもないと思われた。サッチャーの有名な言葉のとおり、「この道しかない」のだ、と（別の言い方をすれば、新自由主義とはライバルのいなくなった資本主義にほかならない。たとえるなら、ソファに下着姿で横になった資本主義が、「どうするの？　このまま何もしないつもり？」と言っているようなものだ）。

新自由主義とは、多大な利益をもたらす一連の考え方であり、私がそれをイデオロギーと呼ぶことには若干のためらいを感じてしまうのはそのためだ。新自由主義の中核にあるもの、それは強欲の正当化である。アメリカの億万長者ウォーレン・バフェットは数年前、CNNの取材に応えていみじくもこう語り、ニュース沙汰になった――「この二〇年間続いてきた階級闘争で勝ったのは、私の階級だ……富裕層が勝ったのだ」。バフェットは、富裕層がこの時期に多額の減税を受けたことを指していたが、こうした恩恵は減税に限らず、新自由主義的政策全体にわたっていたといえる。

ではこのことは、気候変動の事実を信じようとしないという、右派の広範囲に見られる拒絶、トランプ政権に深く埋め込まれた拒絶と、どう関係するのだろうか。関係は大いにある。気候変動への対応は、とくに今となっては、エクソンモービルやゴールドマンサックスといった企業の活動を厳しく抑制する共同行動を通じて行う以外にないからだ。そのためには新エネルギー供給網や公共交通、軽量軌道鉄道、エネルギー効率など、公共部門への投資を第二次世界大戦以後かつてなかった規模で行う必要がある。これを実現するには、富裕層や企業――トランプが大盤振る舞いの減税や抜け穴、規制緩和といった恩恵をたっぷりに与えようとしている人々――への増税しかない。また気候変動に取り組むことは、地域社会に対して地元のグリーン企業を最優先する自由を与えることも意味する。これは多くの場合、企業に有利な自由貿易協定と真っ向から衝突する。自由貿易協定は新自由主義とは切り離せない要素であり、「バイ・ローカル(自国製品の優先購入)」規定を保護貿易主義であるとして禁止する(トランプは選挙戦中、自由貿易協定のこうした部分に反対を唱えていたが、第6章で見ていくとおり、この禁止のルールを撤廃するつもりはないようだ)。

言い換えれば、気候変動は現代の保守主義が足場にするイデオロギーを粉々に打ち砕いてしまうのだ。気候危機が現実のものだと認めることは、新自由主義政策の終わりを認めることになる。だからこそ右派は物理的世界に抵抗し、科学に抵抗しているのだ（二〇一七年四月、これに反発した科学者数十万人が、世界各地で行われた「科学のための行進《マーチ・フォー・サイエンス》」に参加し、「この世界について可能なかぎり多くを知ろうとすることは良いことだ」という、本来はわざわざ主張する必要のないことを主張した）。だが、科学がこのような闘いの場になってしまったのには理由がある。それは、これまでどおりの新自由主義のやり方が続けば、種の存続を脅かす破滅が訪れることを、科学がくり返し明らかにしているからだ。

　これに対し、主流のリベラル派はこの数十年間、既存のシステムをところどころ微調整するだけですべてはうまくいくと言いつづけている。ゴールドマンサックス流の資本主義にソーラーパネルをつけ加えればいいのだと。だが問題はそれよりはるかに根本的なものだ。この問題に取り組むには、新自由主義のルールブックを投げ捨て、拡大しつづける消費が経済成長の最も重要な尺度となっていることに向き合わなければならない。ということは、地球温暖化の事実をなんとしても否定し、温暖化の影響をできるだけ軽視しようと躍起になっているトランプ政権の閣僚たちは、ある意味で根本的な真実を理解しているといえる。すなわち、気候カオスを回避するには、一九八〇年代以降世界を支配してきた資本主義イデオロギーに異議を突きつける必要があるということだ。このイデオロギーから恩恵を受けている人たちは当然、不満に思うだろう。それは理解できる。だが地球温暖化の影響は甚大であり、しかもどんどん悪化していく。これが事実であれば——疑いようのない事実であるが——富裕層のやりたい放題をこのまま許すわけにはいかない。今や、それを止めることに人類全体の生き残りがかかっているのだ。

　もしそれに失敗すれば、私がグレートバリアリーフで目にした死が、私たちの想像のとうてい及ばない形で、地球の隅々まで広がっていくだろう。

第5章　グラバー・イン・チーフ

トランプ政権誕生以降、世間では「二〇一六年の大統領選についてあれこれほじくり返す」のはもうやめようという声が多く聞かれた。過去を悔やむのではなく前を見ようと。

正直なところ、私も過去を振り返ることにはうんざりしている。選挙期間中、とりわけ民主党予備選挙での内輪同士の対立はほとんど耐え難かったからだ。長い間、私はＳＮＳを見ることもできなかった。かつて好意的だった人同士が、互いを敵対視して「バーニーブロ」（バーニーの兄弟）だの「ヒラリーボット」（ヒラリーとボットの合成語。ボットとは何らかのタスクを自動でくり返すプログラムのこと）だのと罵り合うようになっていたからだ。この件では私も何人かの友人を失った（両陣営ともにそういう人は多くいた）。彼らは私や私と立場を同じくする人たちが、予備選中にヒラリー支持を公に表明しなかったとか、ヒラリーと企業との結びつきについて厳しく批判しすぎたとかいう理由で、彼女が負けたのは私たちのせいだと責め立てたのだ。また私は、リベラル派の経済学者ポール・クルーグマンのような人たちを許すことができない。彼らは長年、経済格差や銀行の不正行為の重大さについてあれほど熱心に書いてきたというのに、『ニューヨーク・タイムズ』紙のコラムという影響力の大きい場を利用して、所得格差や銀行の不正との闘いに本気で取り組もうとした唯一の候補者バーニー・サンダースをくり返し攻撃したのだ。そんな醜い闘いを蒸し返したくないと考えるのも無理はない。まったく恥ずべき醜態だった。

人はみな、それぞれ違うやり方で恐怖や不確かさと向かい合う。多くの保守派は、変化し不安定さを増している世界に対する不安に、時計を巻き戻すことで対処しようとしている。右派が得意なのは後ろ向きになることだとすれば、左派は内向きになって互いに非難の応酬を延々と続けることを得意とするのだ。

それでも私は、言われているほどのスピードで前に進まなければならないのか、疑問に思わざるをえない。住んでいる場所を問わず、トランプや彼と同じような勢力に反対する、できるかぎり幅広い連合を構築する必要があるのは確かだ。けれども同時に、トランプ主義やそれと同類のものが世界中で台頭する状況を生み出した過ちを、二度とくり返さないようにしなければならない。残念なことに、民主党上層部の多くが学んだのは、ロシアにEメールをハッキングさせるなということだけだったことを示す証拠もある。

というわけで、ここで深呼吸をして、思い切って——少しの間でいいから——過去を振り返ってみようではないか。古傷をこじあけるのではなく、何か学べることはないか考えるために。この状況に至らしめた要因が何なのかをありのままに見つめることなしに、この道から降りることはできないのだから。

険悪なムードの広がり

今日の世界は険悪なムードに覆われつつある。そのことから重要な教訓がひとつだけ得られるとすれば、それは憎悪の力を決して過小評価してはならないということだろう。移民であれ、イスラム教徒やメキシコ系であれ、黒人や女性であれ、「他者」に対して権力をふるうことの魅力を過小評価してはならない。多くの人々が、人並みの生活ができるだけの仕事が永遠に失われてしまうかもしれないという不安を抱く、経済的苦難の時期であればなおさらである。

トランプはこうした経済的不安だけでなく、アメリカの白人の相当部分に鬱積した憤りにも直接的に語りかける。自分の国の〝顔つき〟が変化しつつあること、権力や特権を得られる地位が次第に白人以外の人々の手に渡りつつあることについての憤りだ。バラク・オバマが政権に就いていた八年間、トランプとその最強の支持者たちが彼に対して抱いていた怒りの激しさと不合理さ――オバマがケニア生まれであると「証明」してアメリカ人らしさを剝奪し、「他者」に仕立て上げようと躍起になっていた――は、人種的憎悪でしか説明がつかない。これはまさに大統領選当日の夜、CNNのコメンテーター、ヴァン・ジョーンズが「ホワイトラッシュ」(黒人の市民権向上に対する、白人人種主義者による反発・巻き返し)と呼んだものであり、トランプに投票した人たちのかなりの部分にとって、それが猛烈な力をもっていることは間違いない。

選挙戦中にヒラリー・クリントンに向けられた怒りの多くも、同じように人間の原始的な部分から生じたものだった。彼女は単に女性の候補者というだけでなく、女性解放運動に共鳴すると同時にその申し子であり、権力の追求においてかわいらしさや純情さを武器にはしない女性だった。「彼女を投獄しろ《ロック・ハー・アップ》!」という狂気じみた連呼が物語っているように、それは少なからぬアメリカ国民にとって、とにかく耐え難いことだったのだ。

私はクリントンの政策の多くを良しとはしない。けれども彼女に対する激しい憎悪を引き起こしたのは、その政策ではない。もっと奥深いところから生じたものだ。選挙戦で最初に大きな物議をかもした発言のひとつがトランプの次のようなコメントだったのは、決して些細なことではないと、私は思う。トランプの過去の女性差別的発言について切り込んだ質問をしたフォックス・ニュースのキャスター(当時)、メーガン・ケリーについて、「どこからか知らないが、体から血が出ていた」と言ったのだ。この卑劣きわまりない侮辱——月経のある女性は公的な仕事にはふさわしくないという古色蒼然たる考えを彷彿とさせる——は、本来ふさわしくないとされる領域に踏み込んだ女性に対する闇雲な怒りが、選挙を有利に勝ち抜く原動力となることを早ばやと示していた。また、トランプのような自信満々のプレイボーイと、マイク・ペンスのような性について口うるさい人物(同僚の女性と二人だけでの食事はしないことにしているらしい)を結びつけているのは何なのかについて、ヒントも与えている。すなわち、性的快楽の対象としてであれ、子づくりマシーンとしてであれ、女の体は男に尽くすために存在するという共通の考え方である。さらにこれは、まもなく白人男性ばかりで埋め尽くされた会議室で、女性の健康や、性と生殖に関する自己決定権についての致命的な決定が下されることの予告でもあったのだ。

性による序列化

二〇一六年の大統領選挙では、男だけが支配する権利をもつ——公的な場でもプライベートな空間でも——と信じる男たちの雄叫びが聞こえてきた。トランプの周りを固める男性や、メディアに登場してトランプ支持を表明する男性に関して何よりぞっとさせられるのは、女性に対する暴力やセクシャルハラスメント、あるいは性的虐待で訴えられている者の多さだ。そのなかにはスティーヴ・バノン（元妻が身体的虐待および言葉による精神的虐待を受けたと警察に訴えたが、元妻を証人として出廷させることができなかったため、告訴は棄却された）、トランプが最初に労働長官に指名したアンドリュー・パズダー（元妻が裁判所文書のなかで「理由もなく挑発もしないのに、顔や胸、背中、肩、首を激しく殴打された」ことにより回復不能な傷害を負ったと申し立てたが、のちに撤回）、そして言うまでもなく、メディア界最強のトランプ支持者ビル・オライリーやロジャー・アイルズ（フォックス・ニュースの会長兼ＣＥＯだったが、社員など二〇人以上の女性に対するセクハラの疑いで辞任に追い込まれ、その後トランプ陣営の顧問を務めた。オライリー同様、アイルズも容疑を否定している）も含まれる。そして忘れてはならないのがトランプ本人だ。複数の女性から性的暴行やセクハラで訴えられ、訴訟も起こされており（本人はすべての容疑を否定）、最初の妻イヴァナは一九八九年に夫にレイプされたと宣誓証言で供述したと報じられている（パズダーの元妻と同様、のちに訴えを取り下げている）。

むろん政治的なリベラル派にも性的な問題を起こす者は少なくない。だが、トランプ周辺に嵐のように渦巻く申し立てや告発、口止め料といったものの多さは、かつて類を見ない。何を申し立てようとも、否定という壁、強力な男が他の強力な男を保証するという壁に突き当たり、そこから女の言うことは信用されないというメッセージが世界に送られるのだ。ドナルド・トランプというブランドの中身を考えれば、何も驚くことではないかもしれない。彼こそはやりたいことをやるボスであり、欲しいものがあれば何でも、誰でも好きなようにわしづかみ《グラブ》にし、誰かを馬鹿にしたり、恥をかかせたり、屈辱を与えたりしたければ、いつでも思いどおりにそうするボスなのだ。これこそグラバー・イン・チーフ《わしづかみ司令官》たるトランプが売り込もうとしているものであり、それにはかなり大きな市場が存在するのは明らかである。

雇用だけを重視する有権者の問題

トランプに投票した人の多くを突き動かしたいちばんの要因は、「ホワイトラッシュ」や「メイルラッシュ」(女性の権利向上に対する男性の側からの反発・巻き返し)といった感情ではなかった。多くの人は、貿易政策や雇用創出についての公約が気に入った、あるいはワシントンの腐敗したエリートたちに一矢報いたかったという理由をあげている。

しかし、このような分析には問題がある。人種やジェンダー、身体能力に基づいた憎悪をあからさまに煽っている人物が候補者だったら、ある程度そうした問題は重要でないと考えていないかぎり、その人物に投票できるわけはない。そうした話術(およびそこから生じる政策)によって実際に危険にさらされている人々の生活より、自分や自分と見かけが似た人たちの生活のほうが重要だと考えていないかぎり、そして自分が受ける(と期待される)恩恵のためには異なるカテゴリーの人々を犠牲にしてもかまわないと思っていないかぎり、トランプに票を投じることなどできるはずがない。はっきり言えば、トランプへの投票が積極的な憎悪を反映するものではないにしても、その背後には、よく言っても厄介な無関心が存在するということだ。

トランプの大統領就任に大きな役目を果たした人種やジェンダーに関連する憤りは、今に始まったことではない。歴史を振り返ればどの時代にも必ず存在し、そこに緊張や挑発が加わることで増幅されたり減少したりをくり返してきた。しかし、この大昔からある戦術のトランプ版が今この時代にこれほど強い共感をよび起こしているのには、深い構造的な理由がある。そのうちのいくつかは、白人男性の地位の変化と関連しているが、それは全体のごく一部の説明にしかならない。この社会的地位の喪失という問題の下には基本的な経済的安定の喪失という問題が存在しており、そのことこそがトランプを勝利に導いたのだ。

社会保障の削減や金融市場の規制緩和といった新自由主義政策による打撃を最も受けてきたのは、トランプを支持した白人ではない。断じて違う。これらの政策が黒人やヒスパニック系の家庭の経済状態に及ぼした打撃のほうが、はるかに大きい。しかも最も大幅な福祉事業の削減が行われたのは、有色人種コミュニティにおいてだった。

さらに、国民のある部分を丸ごと公式経済から追放する新自由主義経済政策と表裏をなしていたのは、人間を管理し、閉じ込めるための国家機構の急増である。具体的には警察の軍隊化、国境の要塞化、移民の拘留、そして大量収監などだ。新自由主義革命が始まってからの四〇年間、アメリカの収監者数は約五倍にも増えている。そしてここでもまた、黒人やヒスパニック系の人々への影響がきわめて大きい――もっとも白人も確実にこのシステムに巻き込まれているのだが。

また、トランプの支持基盤の大部分は貧困層ではなく、中間所得層であることにも注意しておく必要がある。トランプに投票した有権者の大部分は、年収五万～二〇万ドルの所得層に入る(数は低いほうに集中)。トランプに投票した人の大多数が貧困層ではないことから、一部には経済的ストレスは投票の理由にはならないはずだという見方もある。

だがこの見方は重要な要因を見逃している。CNNの出口調査によると、経済状態が四年前より

「悪化している」と答えた人の七七%がトランプに投票していたという。つまり、全米平均から見れば彼らの暮らし向きは良いほうだったかもしれないが、徐々に悪くなっている人が少なくなかったのだ。そして実際、喪失はそれよりずっと前から始まっていたのである。

失われる安定

この三〇年間、とくに二〇〇八年の金融危機以降顕著になっていることだが、最上位一パーセントを除くほぼすべてのアメリカ国民が、安定した雇用と、それまで――たとえ頼りないものであっても――存在していたセーフティネットの両方を失ってきた。言い換えれば今日、失業することは医療費を支払えるかどうか、持ち家を手放さずにいられるかといった問題により大きな影響を及ぼすようになっているのだ。こうした状況は、他の多くの国民と同様、トランプを支持した白人労働者階級の男性にも痛手となる。一方、こうしたトランプ支持の労働者階級の多くは、かなり最近まで恵まれた待遇を受けていた――労働組合のある、給料も悪くない製造業の仕事に就き、中間層クラスの生活を送ることができた――ため、こうした喪失はむしろショックと感じられたと思われる。

このことは、高卒の白人中年アメリカ人に見られる死亡率の著しい上昇に表れている。おもな死因は自殺、処方薬の過剰摂取、アルコール関連疾患だが、これは白人に突出している現象で、高卒で中年の黒人やヒスパニック系の死亡率は減少傾向にある。プリンストン大学の経済学者アン・ケイスとアンガス・ディートンは、一九九九年からこの傾向が見られることに気づき、この事象を「絶望からの死」と名づけて画期的な論文を発表した。二人によればこの違いは、それまでの経験や期待の相違、つまり、「人生が予想どおりに行かなかったこと」によるものだという。ビルの崩壊にたとえてみれば、上のほうの階にいる人ほど落下する距離は長くなる——当然の物理的現象である。

こうした喪失に加えて、大きく変化しつつある国——民族的多様性が急速に増し、女性が権力をもつ機会が増大する——に暮らすことは、自分の足元を揺るがされるような不安も引き起こす。これは平等な社会へ向かう進歩の一過程であり、苦しい闘いの成果でもあるが、その結果、白人男性は経済的安定(その権利はすべての人にある)だけでなく、自分たちが優位にあるという感覚(そんな権利は彼らにはない)も同時に失いつつあるのだ。しかし後者のような白人男性の権利意識を非難しようと急ぐあまり、重要なことを見落としてはならない——権利を受けることがすべて正当性を欠くわけではない。誰もが尊厳ある人生を送る権利を与えられている。富裕国では、何十年も勤勉に働いた場合に何らかの基本的な雇用保障を得たり、老後のケアについてある程度の安心感を得たり、病気になっても破産しないとか、子どもが優れた能力を発揮するのに必要な手段を手に入れられることを期待するのは、決して強欲なことでも不労特権の表明でもない。まともな社会であれば、人々はこうした権利を与えられていると感じるべきである。それが人間の当然の権利だからだ。にもかかわらず、この四〇年間、こうした権利は右派の悪意ある攻撃にさらされてきた。その結果、年金や医療保険の受給権を意味する「エンタイトルメント」(本来の意味は権利付与)という言葉が、ワシントンでは悪いことであるかのように使われている。

こうしたいくつもの要因が複雑に絡み合ったことこそがトランプの登場を許し、こう言わしめたのだ——われこそは困窮する労働者の味方だ。製造業の仕事を取り戻してやろう。自由貿易協定は破棄しよう。失った権力を取り戻してやろう。もう一度本物の男にしてやろう。いちいちつまらないことを聞かずに、自由に女の〝プッシー〟〔女性器を意味する俗語〕をつかめるようにしてやろう、などなどと。そう、そしてトランプが支持者にした約束のなかで、最も説得力があった部分はこれだ――ヒスパニック系や黒人との競争をなくしてやろう。前者は強制送還または入国禁止にするし、後者はもし権利を主張して闘おうとすれば収監するからと。言い換えれば、白人男性の地位を再び最上位の安心できる地位に戻してやろうというのである。

こうした約束が大きな力をもったことも、トランプの勝利が「バットシグナル」〔バットマンを呼ぶために夜空に照らし出すライト〕さながらに、あらゆる種類のヘイト扇動者をよび起こす一因となった。南部貧困法律センターの報告によると、二〇一六年だけでも反イスラムのヘイトグループは三倍近くに増えたという。トランプ当選後の一カ月間に、届け出のあった有色人種を標的とするヘイト事件は、一〇〇〇件以上も起きている。インドからの移民で三二歳のエンジニアだったスリニヴァス・クチボトラは、カンザス州オレイサのバーで白人男性に射殺された。犯人は発砲前に「俺の国から出ていけ！」と叫んだと言われている。また、二〇一七年一月、二月の二カ月間でトランスジェンダーの人七人が殺害され、ヘイトクライム〔憎悪犯罪〕に対する連邦レベルでの捜査を求める声があがっている。

国の管理下で身体的安全を守れるのは誰なのか。ビジランテ〔自分を正義と見なして、私的制裁を加える者〕の暴力にさらされているのは誰なのか。絶え間ない嫌がらせを受けることなく自分の考えを表現できるのは誰なのか。恐怖なしに国境を越えられるのは誰なのか。怯えることなしに礼拝することができるのは誰なのか――これらのことが肌の色やジェンダーで決定される度合いは、恐ろしいほどまでに強まっているのだ。

アイデンティティ非難合戦

だからこそ、リベラル派や進歩派《プログレッシブ》の人々に「アイデンティティ政治」〔ジェンダー、人種、民族、性的指向、障碍などの特定のアイデンティティに基づく集団の利益を代弁して行う政治活動〕を重視するのをやめ、経済や階層の問題に集中するように求めるのは、危険であるのはもちろん、あまりにも近視眼的だと言わざるをえない。それだけを切り離して考えることなど、とうていできないのだ。

いわゆるアイデンティティ政治やポリティカル・コレクトネスをあからさまに非難することは、フォックス・ニュースやブライトバート・ニュースの常套手段だが、それ以外の場所でもあちこちで見られ、選挙以降、その声は高まる一方だ。民主党リベラル派の大多数はヒラリー・クリントンの落選の理由を、選挙遊説で女性やマイノリティに直接訴えかけたことが白人男性労働者に疎外感を与え、トランプ支持に向かわせてしまったからだと考えているようだ。コロンビア大学教授のマーク・リラが選挙後に『ニューヨーク・タイムズ』紙に寄せた論評には、まさにそうした見方が顕著に表れている。「どの演説でも、アフリカ系やヒスパニック系、ＬＧＢＴ、女性の有権者に訴えているのは明白だった。これは戦略ミスと言わざるをえない」とリラはクリントンに苦言を呈している。昔からずっと社会の主流から除外されてきた集団に大きな焦点を当てたことと、「人種やジェンダー、性同一性といったことについて人々がモラル・パニック〔社会秩序への脅威と見なされた特定の集団に対して社会不安が起こり、多数の人々が激しい感情的反応を示すこと〕を起こしたことにより……自由主義のメッセージは歪められ、統治能力のある統合された力になることができなかった」というのだ。どうやら統合するには、騒がしいマイノリティ（実際には、すべて合わせれば圧倒的なマジョリティになる）が個々の不満について、口をつぐまなければならないということらしい。そうすれば民主党は、一九九二年の大統領選を制したビル・クリントンが何度も口にしたセリフ、「要は経済なんだよ、バカ！」に立ち返ることができるのだと。

しかしこれを、二〇一六年の選挙の結論として導き出すのはまったく間違っている。ヒラリー・クリントンの失敗は誰に向かって呼びかけるかではなく、これまでの実績に関わるものだった。すなわち、まさに新自由主義という愚かな経済をヒラリーや夫のビル・クリントン、そして民主党上層部が完全に受け入れていたことである。そのため彼女は、これまでオバマに二回にわたって票を投じたのに、今回はトランプに投票しようと決めた白人労働者に対して、信頼に足る政策を提示できなかったのだ。トランプとて信頼できる政策を出したわけではないが、少なくとも彼の約束は新自由主義とは別物だった。

同様に、クリントンがジェンダーやセクシャリティ、人種的アイデンティティを重視したことに問題があったとすれば、それはクリントン・ブランドのアイデンティティ政治が、そうした不平等を生み出し固定化させたシステムそのものを批判せず、システムをより「インクルーシブ」（包括的）にすることだけをめざしている点にある。同性婚や中絶、トランスジェンダーのトイレ問題にはイエスと言う一方で、住宅を得る権利や家族を養える賃金を得る権利（クリントンは最低賃金を一五ドルにする要求に反対した）、国民皆保険など、富裕者から貧困者への本格的な富の再分配を必要とし、新自由主義のルールブックに反するようなことについては、無視を決め込んでいるのだ。クリントンは選挙遊説で、トランプの経済政策を「トランプアップ・トリクルダウン経済」と嘲った。だが、彼女自身の考えにしても「トリクルダウン・アイデンティティ政治」とでも呼べそうな代物である。システムを少々いじって上層部の人間の一部のジェンダーや肌の色、性的指向を変え、あとは正義がすべての人に「したたり落ちる《トリクルダウン》」のを待つというわけだ。だがこのトリクルダウンは、実際にはアイデンティティの領域でも経済の場合と同じほどにしか機能しない。

なぜそう言えるかといえば、すでに試されているからだ。近年、ダイバーシティ〔多様性〕をめぐる歴史的かつ象徴的な進展がいくつも見られた。アフリカ系アメリカ人の大統領一家が誕生し、司法長官に二人の黒人が指名され、ハリウッドが黒人の監督や俳優を正当に評価するようになった。同性愛者であるとカミングアウトした人物がニュースキャスターや「フォーチュン500」の企業のトップとなり、トランスジェンダーの人物を中心とした人気テレビドラマが放映され、女性取締役の数も全体的に増加した。しかもこれらはほんの一例にすぎない。こうしたダイバーシティやインクルージョン〔多様性の受容、包括〕の進展は重要だ。それによって人々の生活が変わり、それまでになかった視点をもたらす。オバマが世界最大の権力をもつ職にあった時期に成長した世代が存在することの重要性は、測り知れない。しかし、こうしたトップダウンの変化がいくら起きても、システムの問題に取り組むボトムアップの政策――たとえば学校教育の立て直しや住宅の整備など――が伴わなければ、真の平等は達成されない。いや、近づくことさえ無理だろう。

アメリカでは近年、社会の上層部でダイバーシティとインクルージョンがかなり大きな進歩を遂げたが、その同じ時期、移民が集団で強制送還され、黒人と白人の貧富の差は小さくなるどころか拡大した。アーバン・インスティテュートの調査によると、二〇〇七年から二〇一〇年の間に、平均的な白人家庭の資産は一一％と大幅に減少したが、黒人家庭では実に三一％も減っていた。言い換えれば、きわめて大きな象徴的な進展が見られたのと同じ時期に、黒人と白人の間の格差は縮まるどころか拡大したのだ。その一因は、黒人家庭がサブプライムローンの標的とされる比率が高かったため、二〇〇八年の大暴落で最大の痛手を被ったことにある。

またこの時期には、黒人の若者が警察の発砲によって死亡する事件が相変わらず多発しており、『ガーディアン』紙の調査によると、その数は同年代の白人男性の五倍にも上った。殺害場面は多くの場合、ビデオに撮影され、その映像はまだ成長途上にある若者の脳裏にいやでも焼きつけられた。「ブラック・ライブズ・マター」がこの世代の「公民権運動」となった背景には、そうした状況があった。プリンストン大学のアフリカン・アメリカン研究者キーアンガ＝ヤマッタ・テイラーは、著書『#BlackLivesMatter から黒人解放まで』〔未邦訳〕のなかでこう書く。「バラク・オバマ大統領を筆頭とする黒人の政治的既成勢力は、最も基本的な任務——黒人の若者を死なせない——さえ果たす能力がないことを、くり返し示してきた。若者たちは自分で自分の身を守ることを余儀なくされてきたのだ」。同様に、多くの女性が権力のある地位に就く——まだ十分ではないが、一昔前に比べればかなり増加した——一方で、低所得の女性は生活費の支払いのために長時間、保障もなく、多くは複数の仕事をかけもちして働いている(アメリカの最低賃金労働者の三分の二は女性だ)。世界経済フォーラムが毎年発表している世界男女格差ランキングでは、アメリカは二〇一五年の二八位から翌二〇一六年には四五位へと大幅に順位を落としている。

トランプに投票した白人有権者は、自分たちの不安定な状況に対し、世の中に怒りをぶつけるという形で反応したが、従来のリベラル派には無関心を決め込む者も少なくなかったようだ。ヒラリー・クリントンはどの集会でもアイデンティティ集団の名前をあげ、その一つひとつを「支援する」と宣言したが、なんとも熱意にかけていたため、彼女が必要とする支持拡大にはつながらなかった。白人アイデンティティ政治はトランプの支持者を増やしたのに対し、トリクルダウン・アイデンティティ政治はライバルのクリントンには効果がなかったのである。共和党と民主党の支持が拮抗するアイオワやオハイオ、ウィスコンシンなどの激戦州では、クリントンに投票した民主党支持者は二〇一二年大統領選でオバマに投票した者より一五~二〇%も下回った。こうした進歩派による投票数の減少が、トランプが(一般投票では負けたにもかかわらず)当選をもぎ取った大きな一因となったのである。

したがって、これもまた二〇一六年の選挙から導き出せる教訓と言えるだろう。「他者」への恐怖は、極右政党の多くの支持者を駆り立てる力になるかもしれないが、もともと公正さを欠くシステムのなかでいくら他者の「インクルージョン」を主張しても、その力を打ち破るほど強力にはなりえない。二〇一六年の大統領選で士気の上がらない民主党支持者を活気づけることも、イギリスのブレグジットをめぐる国民投票で離脱派を打ち負かすこともできなかったし、そうした力関係が近い将来変わると考えられる理由はどこにもないのだ。

私たちが今、取り組むべき重要な課題は、さまざまな問題に順位をつける——アイデンティティ対経済、人種対ジェンダーなど——ことでもないし、抑圧をめぐるケージマッチ(逃げ場のない檻の中で行われる試合)のような闘いでひとつの問題が他のすべてを打ち負かすことでもない。そうではなく、こうしたさまざまな形の抑圧が交差し、支え合いながら複雑な足場を作り上げていることを肌感覚として理解することこそが必要である。国家の私物化をもくろむ悪党が、まるでストリップクラブのホステスを自分のものにするように、世界最大の権力の座を手に入れることができたのは、まさにこの足場のおかげだったのだから。

「人種資本主義」

この機会にぜひ思い起こしておきたいことがある。人種やジェンダーに基づく偽りの階層を、過酷な階級システムを強化するためにでっちあげるに至った経緯は、話せば長い話なのだ。そもそも近代資本主義経済が誕生したのは、二つの非常に大きな要素に助けられたおかげだった――ひとつは先住民から奪い取った土地、もうひとつはアフリカから奪ってきた人々である。この二つはともに、人間の生と労働の相対的価値を序列化し、白人男性を最上位におく知的理論を必要とした。白人(でありキリスト教徒)の優位性を裏づける、教会と国家公認の理論があったからこそ、ヨーロッパの探検家たちは先住民の文明を積極的に「見ない」ことにできた――目には見えていたが、土地に対する既得権をもつものとして認めなかった――のであり、大勢の人が暮らしているにもかかわらず、その土地を法的には誰も住んでいない場所と分類し、「見つけた者が所有者」という馬鹿げた基準によって略奪対象とすることができたのだ。

その略奪した土地で働かせるために、他者である人間を集団で誘拐し、拘束し、拷問することを正当化する目的で用いられたのも、これと同じ人間を序列化するシステムだった。それゆえ政治理論学者の故セドリック・ロビンソンは、アメリカ合衆国を誕生させた市場経済を単なる資本主義ではなく、「人種資本主義」と表現している。アフリカから奴隷として連れてこられた人々が収穫した綿やサトウキビを原料とする工業生産が、アメリカ産業革命の端緒を開いたのだ。肌の色の濃い人々やその国を無視することで、彼らの土地や労働力を奪った事実を正当化する能力がすべての基礎にあり、そうした白人至上主義の理論――道徳的に破綻したシステムに合法的な体面を与えるもの――なしには、これらのことは何ひとつできなかったのである。言い換えれば、アメリカのような植民地国家であれば間違いなく、経済を「アイデンティティ政治」と切り離すことはできなかったのだ。そうであれば今日、突如として切り離せるはずはないではないか？

人権運動家で弁護士のミシェル・アレグザンダーは著書『新しいジム・クロウ法――カラーブラインド時代の大量投獄』〔未邦訳〕で、人種による階層を前提とした政治は、過去数百年にわたり発展してきた市場システムの共犯者として存在しつづけてきたと書く。アメリカのエリート層は人種を「貧しい人々の多人種同盟をつぶすため」の〝くさび〟として利用してきたと、彼女は指摘する。最初は白人労働者の援護を受けた奴隷の反乱に直面したとき、次がジム・クロウ法〔アメリカ南部諸州で制定された、厳格な人種隔離と黒人からの公民権剝奪を根幹とする法律の総称〕、そしてのちにはいわゆる「麻薬戦争」において。こうした多民族連合が企業の力を脅かすほど強力になるたびに、白人労働者たちは、本当の敵は肌の色の濃い人々だ、彼らが「自分たちの」仕事を奪い、自分たちの暮らす地区に危険をもたらしているのだ、と信じ込まされてきた。学校やバスの運行、福祉事業の予算削減を支持するよう白人有権者を説得するには、これらの事業の恩恵を受けている者の大部分が肌の色の濃い人たちであり、その多くは法システムをだまそうとする「不法滞在者」なのだと〔どんなに間違っていようと〕教え込むのが、何より効果的な方法だった。ヨーロッパにおいても、移民が仕事を奪い、社会福祉事業を悪用し、文化を侵食しているという恐怖心を煽ることが、同じように有効な役割を果たしてきた。

アメリカでこれを加速させたのはロナルド・レーガンだった。このとき流布されたのが、毛皮を着てキャデラックに乗る「ウェルフェア・クイーン」〔社会福祉を悪用して大金を得る女性〕がフードスタンプを集めて、それを犯罪文化の支援に悪用しているというデマだった。この種のヒステリーではトランプも負けていない。一九八九年、一〇代半ばの黒人とヒスパニック系の少年五人がセントラルパークで白人女性をレイプした罪で起訴されると、トランプはニューヨークで発行されている日刊紙数紙に死刑の復活を求める全面広告を出したのだ。セントラルパーク・ファイブと呼ばれるこの少年たちは、その後DNA鑑定で潔白が証明され、有罪判決は取り消された。だがトランプは謝罪も発言の撤回もしていない。であれば、ジェフ・セッションズ長官のもと、司法省がニューヨークやシカゴなどの都市では社会福祉事業やインフラが「不法移民や暴力犯罪の多さに耐えられずに崩壊しつつある」と主張しているのもむべなるかな、である。これは新自由主義が長い間、必要なはずの犯罪の取り締まり政策を怠ってきた事実から都合よく話題をそらし、これらの都市による「聖域都市」（入国管理当局への協力を拒むなど不法移民に寛大な政策をとる都市）宣言を阻止することをもくろむものでしかない。

分割して統治せよ

実のところ、今日の企業ディストピア（暗黒郷）を作り上げるのに何より役立ったのは、白人労働者階級と黒人、市民権のある人と不法移民、男性と女性を、持続的かつ組織的に対立させてきたことだった。白人至上主義、女性蔑視《ミソジニー》、同性愛嫌悪《ホモフォビア》、そしてトランスフォビア（性同一性障害やトランスジェンダーに対する嫌悪）は、エリート層が真の民主主義から身を守る最も強力な防御手段だった。人口のごく一部にすぎない集団を利する政治的・経済的アジェンダを実行するには、分割して脅すという戦略が――これまで以上に工夫を凝らした方法で、多くのマイノリティの有権者が投票しにくくなるようにすることとともに――唯一の方法なのである。

　歴史を振り返れば、白人至上主義やファシストの運動は――水面下では常にくすぶっているとしても――経済の低迷が長く続いたり、国力が衰退している時期に急速に燃え広がることが多いのは明らかだ。戦争で荒廃し、厳しい経済制裁という屈辱を与えられたワイマール共和国がナチズムへと向かったのはその格好の例である。それは長い年月を越えて、人類に教訓を与えつづけてきたはずだった。

　ホロコースト以後、世界は団結し、大量虐殺の論理を二度と根づかせないよう、それを防ぐ状況を作るために尽力してきた。ヨーロッパ全域で寛大な社会保障制度の論理的根拠が形成されたのは、まさにそのことと、下からの大きな圧力とが相まった結果だった。西側先進国は、希望を失った市民がスケープゴートを求めたり、極端なイデオロギーに走ったりしないよう、市場経済が人間の基本的尊厳を十分に保障する必要があるという原則を受け入れたのである。

　しかし現在、これらはすべて放棄され、不気味なほど一九三〇年代に似た状況が再現されている。二〇〇八年の金融危機以降、国際通貨基金（ＩＭＦ）、欧州委員会および欧州中央銀行（通称「トロイカ」体制）は、財政危機に陥った国に次々と「ショック療法」――金融支援と引き換えの構造改革――を受け入れさせてきた。彼らはギリシャやイタリア、ポルトガル、そしてフランスに対してまで、こう言ってきた――「救済はしてやろう。だが、惨めな屈辱と引き換えにだ。自国の経済問題の管理を断念し、重要な決定はすべてわれわれに委任すること。経済の大部分を、たとえ鉱物資源など、その国独自の主要な産業であっても民営化すること。給与、年金および医療費を削減すること。これが条件だ」と。なんという皮肉だろうか。というのもＩＭＦが設置された背景には、第一次世界大戦後、過大な賠償金を課せられたドイツが憤激を募らせ、それがナチスの台頭へとつながったことへの反省があったからだ。ところがＩＭＦは、ギリシャ、ベルギー、フランス、ハンガリー、スロバキアをはじめ多くの国々で、ネオファシスト党が躍進する状況を助長するプロセスに、大きく関わったのである。現在の金融システムは世界中に経済的屈辱を拡散している。一世紀前、経済学者で外交官のジョン・メイナード・ケインズは、世界が過酷な経済制裁をドイツに科せば、「あえて予言するが、復讐が容赦なくやってくるだろう」と警告したが、まさに今、そのとおりの影響が生じているのだ。

トランプ当選の原因を、一つか二つに集約したくなる気持ちは理解できる。すべてはアメリカに常に潜んでいた最も醜い勢力が、仮面を剝ぎ取ったデマゴーグの出現とともにうなり声をあげて前面に突出してきたことの表れにすぎない……とか、すべては人種の問題であり、白人の特権が失われたことに対する見境のない怒りのせいだ……とか、すべては女性嫌悪のせい――なぜならヒラリー・クリントンが、トランプのような卑劣で無知な人物に負けることがありうるという事実そのものが、大多数の女性にとって決して癒やされない傷となるのだから……とか。

しかし、目の前の危機を一つか二つの要因に絞り、他のすべてを除外したところで、どうしたら今、あるいは次の機会にその勢力を打倒できるかを見出せるわけではまったくない。人種やジェンダー、階級、経済、歴史、文化など、多くの要素がどのように絡み合い、現在の危機を生んでいるのか、ということについて、少しでいいから興味をもつこと――それができなかったら、よくてもトランプが当選する以前のところにとどまりつづけることになる。そしてそこは、安全な場所ではなかった。

なぜならトランプが当選する前からすでに、私たちの文化は人間と地球をまるでゴミのように扱ってきたからだ。労働者を生涯こき使ったあげくに何の保護もなく切り捨て、経済的機会から排除された何百万という人々を、刑務所の中に捨て去る廃棄物のように扱うシステムである。政府を私有財産を増やすための資源として利用したあげくに残骸だけを後に残し、あらゆる生命を支える大地と水、空気を底なしの下水管のように扱う、そういうシステムなのだ。

愛のない政策

「正義とは公の場における愛の姿だ」と言ったのは、哲学者・思想家で社会運動家でもあるコーネル・ウェストだが、私は常々、新自由主義とは愛の欠如が政策となったときの姿だと思っている。子どもたち――圧倒的多数は黒人やヒスパニック系――が幾世代にもわたり、配慮や思いやりのない環境のなかで育つことしかり。ネズミの巣窟と化したデトロイトの学校しかり。子どもの脳や神経系に深刻な影響をもたらす鉛に汚染されたミシガン州フリントの水道しかり。安普請の住宅のローンが払えなければ、その家を差し押さえにすることしかり。財政難で刑務所さながらの状況になっている病院、そしてこの世の地獄そのものの定員オーバーの刑務所しかり。地球の美しさに何の価値も見出さずに破壊することしかり。まさに強欲と軽率さの権化、トランプ本人のようなものである。

今日のグローバルな経済モデルは、地球上に暮らす圧倒的多くの人々を見捨てているが、その見捨て方は均一ではない。トランプとそのチームが最も脆弱な人々に向けさせようとしている憎悪は、超富裕層に利するための経済的略奪、すなわち企業クーデターと表裏一体をなしたプロジェクト――前者が後者を可能にする――なのだ。人種やジェンダーをめぐるトランプの醜悪さは、アイデンティティに基づく憎悪が常にそうであるように、膨大な利益を生む一連の目標の達成に力を貸しているのだ。幸いなことに、今日の草の根政治運動のなかでも最も速いスピードで拡大しつつある運動――女性への暴力に反対する運動から、黒人の命《ブラック・ライブズ》を守る運動、生活賃金を求める労働者の運動、先住民の権利を求める運動、気候正義運動まで――は、ひとつの問題だけに焦点を絞るアプローチではなく、「交差性《インターセクショナリティ》」という枠組みを取り入れている。これはフェミニストで人権運動家のキンバレー・ウィリアムズ・クレンショーが明確化した概念で、人種やジェンダー、所得、セクシャリティ、身体能力、在留資格の有無、言語などの多様な問題が個人の生活体験のなかで、そして権力構造のなかでも交差し、重なり合っているとの認識に立つ。

トランプ政権は、法と秩序の強化、女性の性と生殖に関する権利《リプロダクティブライツ》の否定、対外関係における対立の拡大、移民のスケープゴート化、化石燃料ブームをかき立てること、そしてそれ以外の分野における超富裕層に有利な規制緩和、といった政策のいずれかを選ぼうとしているのではない。これ以外のものを含めたあらゆる政策を「アメリカを再び偉大にする」という単一のプロジェクトを構成する要素と見なし、同時に進めているのだ。

だからこそ、トランプと――あるいは世界中の他の極右勢力のいずれかと――本腰を入れて闘おうとするのであれば、なぜこのような状況、この危機的時点に立ち至ってしまったのかについて、新たな歴史を語るという仕事を引き受けなければならない。分断と分離の政治が果たした役割について、説得力ある解明をすることだ。人種間の分断、階級間の分断、ジェンダー間の分断、そして市民権のある者とない者の分断がなぜ広がってしまったのかについて。

そして人類と自然界の間に生じている、本来の姿ではない分断について。

そうした歴史が語られたときに初めて、人々が真に団結し、私たちが求める世界を勝ち取ることができるのだ。

第6章　政治は空白を嫌う

　トランプの大統領就任からまだ日は浅いが、その間にも、会食中にシリアへのミサイル攻撃が開始されたマール・ア・ラーゴでの夕食会と米中首脳会談から、娘イヴァンカのブランドの取り扱いをやめたデパートに対する怒りに任せたツイートまで、小さな出来事は多々あった。だが、トランプ政権への抵抗という観点から見れば、大統領就任式後の月曜日、トランプが初めて執務室で一日を過ごした日に起きた出来事ほどひどいものはなかった。ホワイトハウスから笑顔で出てきた労働組合の指導者たちが、ずらっと待ち構えるカメラの前でトランプへの忠誠を誓ったのだ。

　北米建設労働組合の会長ショーン・マクガーヴェイによれば、トランプ自ら複数の労働組合の代表者を大統領執務室に案内するという、「まさに信じられない」ような丁重な歓迎ぶりだったという。全米大工労働組合の会長ダグ・マッキャロンも、トランプの大統領就任演説――ほとんどの人は、けんか腰のツイートを口でまくし立てたようなものだと見ていたが――を、「働く男性と女性にとってすばらしい瞬間」だったと絶賛した。

　見るに堪えないシーンだった。トランプはすでに、経済的に最も弱い立場の労働者に宣戦布告していたし、大幅な予算削減の話も出ていた。もし実行されれば、バス運転手など公共部門で働く人々のか？

大量解雇は必至だ。であれば、なぜ労働組合に加入する全米労働者のおよそ四分の一を代表するこの指導者たちは、労働組合運動の最も神聖な原則——労働者同士の連帯——を破ろうとしていたのか？　ホワイトハウスを訪れた彼らが率いる労働組合の大部分は、これまで何十年間も民主党を支持してきた。それがなぜ今、多くの人が苦境にあえいでいるときにドナルド・トランプを称賛するのか？

彼らは悪魔と契約を結んだことについて、トランプのエネルギー計画との関連もあってのことだと説明する。そう、あのパイプラインだ。また、インフラ整備への投資という約束にも関連しているという（誰も口では言わないが、二〇〇億ドルをかけてメキシコ国境に壁を建設するという話に気分を良くした可能性もある）。だが決め手となったのは、組合指導者たちもはっきり語ったように、自由貿易について自分たちを助けてくれる大統領がついに現れたことだった。

たしかにトランプは、この件では即座に行動に出た。その同じ日、労働組合代表団と会談する直前に、一一カ国が参加する環太平洋パートナーシップ協定（ＴＰＰ）——選挙戦中には「わが国に対するレイプ〔rape には強奪、略奪という意味もある〕」だと批判していた——からの正式な離脱に関する大統領令に署名。その場でトランプは「これはアメリカの労働者にとってすばらしいことだ」と言明した。

その後、私は何人かの人から、ひょっとしてこれはトランプ政権の希望の光なのかという質問を受けた。多くの進歩派がこれまで何十年も批判してきた貿易協定が、いよいよ窮地に追い込まれたのであれば、あるいは北米自由貿易協定（ＮＡＦＴＡ）のように「仕事を取り戻す」ための再交渉に入るのであれば、それはいいことではないのかと。日々、ホワイトハウスでくり広げられる混乱のなかに、明るい材料を見出したくなる気持ちはわからないでもない。だが、トランプの貿易協定に関する考えは、そういうものではまったくない。

この一連の出来事で思い出されるのが、ジョージ・W・ブッシュ政権下でイラク侵攻を支持したリベラルホーク〔リベラル派でありながらタカ派外交政策を支持する人々〕のことだ。彼らはサダム・フセインを打倒してイラクを解放するべきだという立場から、武力行使を「人道的介入」だとして容認したのである。当時のブッシュ大統領とチェイニー副大統領の過去の実績や世界観を見るかぎり、イラクへの侵攻や占領に民主的または人道的な要素があることをうかがわせるものは何もなかった。そして案の定、占領はまたたく間に戦場の様相を呈し、米軍や軍事請負企業による拷問が常態化して、戦争を金儲けの手段にする連中が跋扈したのである。では、トランプがこれまでやってきたこと――彼自身の会社の従業員の待遇や、閣僚・省庁幹部の人事、すでに断行した企業に有利な政策――のいったいどこに、トランプが貿易協定の再交渉や、「仕事を取り戻す」ことを、たとえわずかでも労働者の利益や環境保護に役立つ形で行うと思えるような部分があるというのか?

トランプが魔法のようにバーニー・サンダースに変身し、この――仕事を取り戻すという――領域で、たとえ自分と関係のない人たちでも、その真の代弁者となろうとする、などと期待するのはやめにしよう。そんなことより、そもそもなぜ民主主義の規範をあからさまに軽視する厚顔無恥の金権政治家集団が、企業優先の自由貿易というような問題を横取りできたのかという難問について考えるほうが、はるかに有益というものだ。

底辺への競争

貿易協定がトランプの選挙戦の目玉になった理由は二つある。ひとつは、あの日のホワイトハウスでの一件が物語っているように、それが民主党から票を奪う有力な手段だからだ。右派の評論家チャールズ・クラウトハマー（労働組合支持者ではない）は、コメンテーターを務めるフォックス・ニュースで、トランプが行った労働組合指導者たちとのもたれ合いの会談を「すばらしい政治的略奪行為」だと称賛した。

二つ目の理由は、スーパー交渉人としての宣伝文句に自信をもつトランプが、前任者より自分のほうが有利な取引ができると明言したからだ。だが、そこには罠がある。「有利な」とは、労働組合に加入する労働者にとってではなく、もちろん環境にとってでもない。トランプの言う「有利な」の意味はいつも同じ――彼自身や彼のビジネス帝国にとって、そして政権に名を連ねる銀行家や石油企業幹部にとって有利であるという意味だ。言い換えれば、もしトランプの思いどおりにいけば、貿易ルールは一般市民――アメリカに限らず世界中の――にとって、はるかに大きな弊害をもたらすことは目に見えている。

大統領就任以降、トランプが何をしたかにちょっと目を向けるだけでいい。ホワイトハウスで労働組合の指導者を歓待したあの日、トランプは大企業の幹部とも会談し、規制の七五％を撤廃し、法人税を現行の三五％から一五％に削減する計画であることを明言した。こうした政策の代償を払うのは、ほかならぬ労働者だ。規制がなくなれば、仕事場の安全がいっそう脅かされ、労災は増加する。

富裕層への減税分を補うのも、削減される社会保障サービスの利用者である労働者だ。トランプは、キーストーンXLパイプラインの建設にアメリカ製の鉄鋼を使うという約束をすでに破っている。「アメリカ製品を買い《バイ・アメリカン》、アメリカ人を雇う《ハイヤー・アメリカン》」という約束のいい加減さが早くも露呈したと言えるだろう。

また、アメリカの製造業復活というトランプ政権の計画を実現するには、労働組合がこの一〇〇年間で勝ち取った保障――現在も保障されている団体交渉権を含む――の多くが縮小すると予測される理由は十分にある。トランプの周辺では、いわゆる労働権法（労働者が組合への加入・非加入を自ら選べる権利を認める州法で、事実上の組合排除法と言える）を多くの州で成立させることによって、労働組合の組織化を難しくするよう求める声が強く、上下院ともに共和党が多数派を占めることを考えれば、今後もこれが優先課題として扱われることは間違いない。

トランプ政権はアメリカ実業界にすでにたくさんの〝プレゼント〟を渡しているが、その長いリストを見れば、製造業の復活で「アメリカを再び偉大にする」ためのトランプの戦略とは、アメリカの製造業を再び「安上がりに」することにあるのは明白だ。厄介な規制を撤廃し、法人税を大幅に引き下げ、環境保護対策を徹底的に叩きつぶす――となれば、アメリカの労働者がメキシコなど低賃金国の労働者と賃金の低さで競争するほどまでの状況になるのは間違いない。

トランプは国民に向かって、自分が労働者をどう考えているかを知りたければ、誰を労働長官に指名したかを見ればいいと胸を張った。労働長官とはアメリカ労働者を守ってくれるはずの閣僚なのだから。彼が選んだのはアンドリュー・パズダーだった――結局、本人の指名辞退という結末にはなったが、あまりにとんでもない人選であり、トランプの腹づもりをうかがい知る事象として思い起こす価値はある。パズダーはファストフード・チェーンのハーディーズやカールスジュニアなどを経営するレストラン帝国CKEレストランツ・ホールディングス（以下CKE）のCEOであり、アメリカで最も労働者を酷使する雇用主の一人として広く知られている。CKEやフランチャイズ店が残業代などを未払いであるとして何十件もの訴訟が起こされ、和解金は数百万ドルにも上る。これは「賃金泥棒」以外の何ものでもない。さらにパズダーは労働者の代わりにロボットを使う利点について、ウェブサイト『ビジネス・インサイダー』で公然と次のように語っている。「ロボットなら休暇はとらないし、遅刻もしない。滑って転ぶこともない。年齢や性別、人種による差別問題も起きない」。チャールズ・シュマー民主党上院院内総務は、推定資産四五〇〇万ドルのパズダーを、これまで指名されたなかでも「おそらく最も労働者に敵対的」な人物だと指摘する。トランプによるパズダー称賛が示唆することはこうだ――製造業を復活させるという計画の真の目的は、工場での労働がパズダーの指揮するハーディーズでの労働と同じようになるまで、労働者の権利や賃金、保障を抑えることにある、と。言い換えればここでもまた、弱い立場の人々から奪い取って、すでに桁外れの大金持ちをさらに肥え太らせようというのである。

私たちが目にしているのは、希望の光でも何でもない。企業優先の貿易協定に反対する人々がずっと恐れてきた「底辺への競争」のゴールラインに向かって、人々を無理やり突き進ませようというもくろみなのだ。

貿易協定をこれ以上悪化させるもくろみ

トランプは、貿易協定のなかで労働者に大きな害を及ぼす部分を除去するつもりはない。たとえば、海外生産より国内生産を優先する政策を禁止する部分。あるいは政府が導入した法律（雇用創出や労働者保護のための法律など）を、企業が不当に利益を減じるものだと見なした場合、企業が政府を訴えることを可能にする部分である。

生産を米国外へ移転させる企業に罰を与えるという選挙公約に反して、トランプは実際には生産拠点を海外に移転する企業の保護策を拡大する計画のようだ。これは憶測ではない。大統領就任からちょうど二カ月後、議会にＮＡＦＴＡ再交渉の意図を知らせる通告の草案がリークされたのだ。市民団体パブリック・シチズンの貿易部門グローバル・トレード・ウォッチの調査によると、トランプ政権はＴＰＰの最も望ましくない部分を、そっくりそのまま、あるいは強化してＮＡＦＴＡに追加するつもりらしい。一方、「アメリカ製品を買う《バイ・アメリカン》」ルールの実施を禁止する文言は、そのままの形で残る。グローバル・トレード・ウォッチの代表ロリ・ウォラックは言う。「ＮＡＦＴＡを労働者にとって「ずっといい」ものにするというトランプの約束を信じた人は、顔面を殴られた気分だろう」

多くの貿易協定の最もたちの悪い部分のひとつが、特許や商標に対する積極的な保護である。これは多くの場合、命を救う薬や重要な科学技術が、貧しい人々にとって手の届かないものになることを意味する。トランプ一家はこれまで商標やライセンスを取得し、それを頑強に保護してもらうことを何よりの基盤にしてグローバル帝国を築いてきた。それを考えれば、貿易協定の知的財産に関する部分が市民にとって利益になるどころか、いっそう不利になることは容易に予想される。

トランプの思惑を裏づける最大の証拠は、貿易交渉の監視役である商務長官に大富豪のウィルバー・ロスを指名したことだ。元銀行家でベンチャー投資家のロスは、業績不振企業を買収後、再建して収益を増やすという手法で財を成したが、そのほとんどは労働者の解雇や、コストの安い場所への生産移転によるものだった。たとえば二〇〇四年、ロスはアメリカの繊維企業コーンミルズを買収。再編や合併、アウトソーシングを進め、一〇年足らずでノースカロライナ州のある工場で働く労働者は一〇〇〇人超から三〇〇人にまで減少する一方、中国とメキシコでの生産は拡大していった。

ロスのようなCEOに貿易問題を任せることも、企業クーデターの一例にほかならない。政府が中立的な調停役であるかのようなフリをやめ、公的領域や公益をつぶす最終段階を直接企業に任せようというのだ。

このアジェンダが成就したとき、アメリカの労働者は、一九世紀後半の悪夢のような「金ぴか時代」〔南北戦争後の急速な経済成長の裏で起きた腐敗や堕落、格差の拡大を、マーク・トウェインが同名の小説で風刺した〕以降経験したことのないほど、労働者に冷酷な時代に生きることを余儀なくされるだろう。

だが、抵抗勢力も立ち上がっている。全米のレストラン従業員による組合結成も一因となって、アンドリュー・パズダーは労働長官指名の辞退に追い込まれた。北米建設労働組合――トップはホワイトハウスでトランプを称賛した指導者――が、組合員二〇〇〇人が集結する大会での挨拶をトランプに依頼したところ、一部の組合員が「億万長者リーダー」に取り入る組合の方針には、もううんざりとばかりに行動に出た。当日、トランプが満員の会場に向かって話し出すや、彼らは椅子から立ち上がってトランプに背を向け、#RESIST〔抵抗する〕と書かれたボードを掲げたのだ。警備員に会場から連れ出されるまで抗議は続いた。

労働組合のすべてがトランプの甘い言葉に乗せられてきたわけではない。ほとんどの労働組合、とりわけ複数の人種で構成される労働組合〔全米看護師連盟、公共交通サービス労働者の組合、サービス従業員国際組合など）の指導者たちは、トランプが自分たちの運動の存続を脅かすものだとの認識に立って組織をまとめている。それでも、先の問いの答えはまだ出ていない――そもそもなぜ、自分は労働者の擁護者だというトランプのとんでもないポーズが、アメリカの労働運動の少なからぬ部分の支持をすんなり得ることができたのか？

答えは、この政治的戦場の大部分をリベラル派が右派に明け渡してしまったことと大いに関係している。

力強いグローバルな運動を思い出す

一九九〇年代初めに私が参加していたグローバルな運動は、大企業が主導する自由貿易協定とそれによって推進される国際貿易のモデルが人々から土地や財産を奪い、環境を破壊するものであり、その限界は急速に迫りつつあると警告していた。それは何十もの国や分野にわたる世代を超えた運動で、NGOからラディカルなアナキスト、先住民コミュニティ、教会、労働組合まで、多種多様な集団が集結していた。いかにも雑多でイデオロギー的にもまとまりがなく、組織としては未完成だったが、それでも規模は大きく、一時はいくつかの大きな勝利を勝ち取るほど強力な運動だった。

実際それは、いくつかの重要な点で、今日の似非ポピュリズム右派と闘うのに必要とされているような、幅広い基盤をもつ連合体に近いものだった。したがって今こそ、この運動がどのように台頭し、やがて衰退したのかを振り返り、そこから得られる教訓に目を向ける好機ではないだろうか。この運動がもっていた民衆の力《ストリートパワー》を多くの政策面での勝利に転換できていたら、トランプと大企業幹部で構成される政府が「不公正な」世界貿易ルールに対する人々の怒りを利用し、自分たちが「公正な貿易」を推進するフリをすることなど考えられなかったはずなのだ。

一九九〇年代末から二〇〇〇年代初頭にかけて、ロンドン、ジェノバ、ムンバイ、ブエノスアイレス、ケベックシティ、マイアミなど世界各地で新自由主義のアジェンダを推進するための国際会議が開催されるたびに、現地では必ず反対デモが起きていた。一九九九年にWTO閣僚会議が開催されたシアトルも例外ではない。何万人もの市民が会議を阻止しようとシアトルに結集し、街は完全に麻痺状態に陥った。数カ月後、ワシントンで開催されたIMFと世界銀行の年次総会や、米州自由貿易地域(FTAA、アラスカからティエラ・デル・フエゴに及ぶ構想)の首脳会議でもデモは行われた。運動の規模は相当なものだった——二〇〇一年七月にジェノバでG8首脳会議が開催されたときには、約三〇万人もの人々が街を埋め尽くしたのである。

同じ反「グローバリズム」運動でも、今日のハイパーナショナリズム的な右派の運動とは異なり、私たちの運動が国際主義的で国際的なものであったことは大いに誇れる。当時、まだ誕生間もないインターネットを活用し、国境をやすやすと超えてオンラインで、あるいは直接会って団結していった。それらの貿易協定がすべての国で格差を拡大し、公的領域から奪い取るものであるという共通の認識のもと、私たちはすべての人に開かれた国境を求め、医薬品や種子、重要な科学技術などの特許による保護に反対し、大企業に対する管理の大幅な強化を求めた。

この運動の中核にあったのはディープデモクラシー(深層民主主義)(心理分析家アーノルド・ミンデルが提唱した概念。多数決で押し切らずに全体に気づきを向け、文化・ジェンダー・世代・人種・宗教・経済状況・職業などの社会・組織・コミュニティの多様性はもちろん、一人の人間の内的な多様性も重視する新しい民主的な方法」であり、ローカルからグローバルへという考え方であり、かつて「企業による支配《コーポレート・ルール》」と呼ばれていたもの――今ほどこの枠組みが意味をもつ時代があるだろうか――への異議申し立てだった。私たちが、貿易に反対したのでないことは明らかだ。昔から異なる文化の間で、国境を越えたモノの取引は行われてきたし、これからもそれは変わらない。私たちは国際機関が貿易協定を利用し、企業に有利な政策を国際化させようとする、そのやり方に反対したのである。それはごく少数のプレーヤーに莫大な利益をもたらす一方、これまで公的財産として共有されてきたもの――種子や水の使用権、公的医療、その他多くのもの――の大部分を、徐々に奪い取りつづけてきたのだ。

ボリビア第三の都市コチャバンバとアメリカの建設会社ベクテルの闘いは、まさに問題の核心を象徴する前例となった。コチャバンバは公共サービス民営化の一環として水道システムの運営をベクテルに委託したが、その結果、市民生活に欠かせない水道の料金は何倍にも跳ね上がり、特別な許可がなければ雨水を溜めることも禁止されてしまった。耐えかねた市民は立ち上がり、ベクテルを撤退に追い込むことに成功した(この争いはのちに「水紛争」と呼ばれることになった)。ところがベクテルはその後、不当にも五〇〇〇万ドルの損害賠償を請求。つまり、たとえ住民が企業から民主的権利を取り戻そうとしただけでも、法廷で不合理な主張を突きつけられることになったのだ。私たちが自由貿易政策を、民主主義と寡頭制との重要な闘いだと見なした理由はここにある。

大統領就任後の数カ月間、トランプが何をしてきたか、誰を周囲に配置してきたかをよくよく見れば、彼がこの動向を逆転させるのではなく、加速させるつもりであることは明らかだ。

チームスターと亀が一緒に！

私たちの懸念のひとつは、こうした貿易協定が壊滅的な規模の失業をもたらし、デトロイトからブエノスアイレスまで、多くの地域がラストベルト〔さびついた工業地帯〕と化していることだった。フォードやトヨタなどの自動車企業は、少しでも生産コストの安い場所に工場を建設しようとしていたからだ。けれども私たちの主張の大部分は、トランプ流の保護貿易主義に基づいたものではなかった。私たちは、あらゆる国の労働者と環境に悪影響を及ぼす新世界秩序が作られつつあること——すでに底辺への競争という形であらわになっていた——を阻止し、何よりも人間と地球を守ることが必要不可欠であることを前提とした貿易モデルを作ることを主張していた。当時もその重要性はきわめて大きかったが、今は一刻の猶予も許さないのである。

運動は勝利に向かっているとさえ思われた。ＦＴＡＡの成立も阻止したし、ＷＴＯ交渉も中断にもち込んだ。世界銀行やＩＭＦが公然と「構造調整」——その本質は貧困国に新自由主義政策を押しつけることにある——を口にすることも、もはやできなくなった。

振り返ると、運動が成功した理由のひとつは、違いにこだわるのをやめ、分野や国境を越えて団結して共通の目標のために闘ったことだった。具体的な戦術をめぐってはいくつもの衝突があったし、環境保護主義者と労働組合員の間には依然として一致できない領域が多くあった。だがそれにもかかわらず、全米トラック運転手組合《チームスターズ》に代表される労働組合と環境保護主義者が「チームスターと亀《タートル》〔ウミガメが絶滅の危機に瀕していることから〕がついに一緒に！」というプラカードを掲げ、ともにシアトルの街を行進したのだ。

ホワイトハウスの前でトランプへの支持を表明した労働組合の指導者との、なんたる違いだろうか。

ショック到来

では、いったい何が起きたのか？

ひとことで言えば、ショックが到来したのだ。9・11テロ事件、そしていわゆる「テロとの戦い」の時代が、私たちの運動を北米とヨーロッパからほとんど消し去ってしまったのである。この経験をきっかけに、私は危機の政治的な利用（そして悪用）についての探究を始めた——そして今もこの問題は私の心をとらえて離さない。


もちろん、運動が完全に消えたわけではない。新しい不公正な貿易協定について警鐘を鳴らそうと、多くの組織や良識ある人々が粘り強く活動を続けた。ラテンアメリカでは、ボリビアやエクアドルなどで反対勢力が政権を握り、独自の「公正な貿易《フェアトレード》」ネットワークが構築された。だが「北」においては、私たちの運動は、無視できない大衆運動——何十もの国々で人々の会話に変化をもたらした——という位置づけを急速に失ってしまった。二〇〇一年九月一一日を境に、突然、政治家やメディア解説者の攻撃が私たちに向けられた。反企業の騒々しい街頭デモ（たしかに警察と衝突したり、店のショーウィンドウを壊したりもした）が、世界貿易センタービルへの攻撃をしかけた狂信的勢力と同等に見なされたのだ。何の根拠もない、卑劣な言いがかりである。だが攻撃する側にとって、そんなことはどうでもよかった。

私たちの運動は最初から最後まで、多様な人々を受け入れるものであり、私たちはそれを「多くの運動が集合した運動《ムーブメント・オブ・ムーブメンツ》」と呼んだ（この言葉は今また甦っている）。ところが9・11後に「テロとの戦い」を始めるにあたってブッシュが用いた「われわれの側につくか、テロリスト側につくか」というレトリックに、参加組織の大半が恐れをなしたのだ。大規模財団に依存しているNGOは資金源を失うことを恐れて身を引き、主要な労働組合も同様だった。ほぼ一夜のうちに、参加組織はそれぞれシングルイシューのタコツボ型の活動に逆戻りし、民主主義の旗のもとに多種多様な人々が結集した、この分野横断的な驚くべき（不完全ではあったにせよ）連合は、事実上消滅したのである。後に残った空白に入り込んだのが、まさにトランプやヨーロッパの極右政党だった。彼らは、責任を負うことのない国際機関が野放しにされていることへの正当な怒りにつけ込み、その怒りを移民やイスラム教徒といった安易な標的へと向けさせた。そして企業による支配《コーポレート・ルール》のプロジェクトを新しい未知の領域へと押し進めたのである。

この間も多くの組織や人が活動を続け、互いに手を結んで連携する動きも見られはした。しかしかつての運動に比べれば、それらは「ブッシュを倒せ」とか「戦争反対」といったスローガンを掲げた限定的で貧弱なものだった。どの政党が政権を握っていようと、私たちが反対するグローバルな経済勢力についての深い分析がなされることは、ほとんどなくなってしまったのだ。

空白につけ込んだトランプ

このことは肝に銘じておく必要がある。今日、また同じ過ちをくり返す現実的な危険が存在するからだ。「トランプ弾劾」とか「民主党の議席を増やせ」といった最小公倍数的なスローガンのもとで人々が団結し、その過程でトランプの台頭を許し、世界中の極右政党を勢いづかせている状況や政治力学について十分に考えなくなってしまう危険である。私たちがブッシュ政権時代から確実に学んだのは、ノーと言うだけでは足りない、ということなのだ。

9・11からわずか数日後、カナダの保守系日刊紙『ナショナルポスト』が、「反グローバリゼーションは時代遅れ」という見出しで記事を掲載したことを、私は決して忘れない。彼らは私たちの運動を一刻も早く葬り去りたかったらしい。だがそれは大いなる間違いだった。私たちが鳴らした警鐘は「時代遅れ」になどなりようがない。メディアがいくら、さあこれからはテロのことだけを議論しましょうと言ったところで、人々の苦痛や混乱が消えるはずはないのだ。

それどころか危機は深まった。何百万という人々が、少しでもましな生活を求めて祖国を離れることを余儀なくされた。経済政策研究センターが二〇一七年に行った調査によると、NAFTAが発効した一九九四年以降、メキシコの貧困率は上昇し、貧困状態にある者は二〇〇〇万人も増加している。これがメキシコからアメリカへの移民の大きな要因になっている。一方、北米とヨーロッパでは、白人労働者が自分たちの声が無視されているという怒りを募らせていった。これがトランプのようなデマゴーグがつけ入る余地を生み出し、労働者の怒りの矛先を自らのような富豪ではなく、メキシコ人移民へ向かわせたのだ――前者こそ、こうした貿易協定で可能になったアウトソーシングで莫大な利益を得た人々であり、後者は同じ政策、同じ有害な貿易協定によって自分たちの地域社会に空洞化が生じた被害者であるにもかかわらず。

「主権を取り戻せ!」というスローガンを掲げたブレグジット運動が利用したのもこの空白である。

フランスの極右政党国民戦線党首マリーヌ・ルペンが、グローバリゼーションとは「失業者に売る商品を奴隷が製造すること」だったと演説するときにも、この同じ怒りに訴えかけている。今や世界中で、極右勢力はノスタルジックなナショナリズムと、手の届かないほど遠くにある経済行政機構——米政府であれ、NAFTA、WTO、EUであれ——に向けられた怒りを利用し、そこに人種主義や外国人嫌悪を混ぜ合わせて支持を拡大している。そこで提示されているのは、移民を非難し、イスラム教徒を中傷し、女性を貶めることによって支配力を得るという幻想にほかならない。

この組み合わせはきわめて有害だった——が、回避できるものだった。地球上の最富裕層が自分たちに利するよう作り上げたシステムの冷酷さに立ち向かうのは、本来なら左派の領分だ。しかし9・11以後、政治的スペクトルの進歩派側に属する人々の大半が怖じ気づき、右派に経済ポピュリズムの空白を悪用する隙を与えたというのが偽らざる現実である。政治は空白を嫌う。もしそれが希望で満たされなければ、誰かが恐怖で満たすのだ。

一方で明るい材料もある。進歩派による反自由貿易の連合が、この数年間でようやく復活の兆しを見せているのだ。ヨーロッパ、とくにドイツやフランス、ベルギーでは最近になって労働組合と環境保護主義者が連携し、アメリカやカナダとの大企業優先の貿易協定に反対する大きなうねりが起きている。他方、バーニー・サンダースはTPPへの反対を前面に打ち出し、TPPは「仕事をアウトソーシングし、労働者の権利を損ない、労働や環境、医療、食の安全、金融に関わる法律を崩壊させ、企業が国内の司法制度ではなく国際法廷の場で、私たちの法律に異議を申し立てることによって大企業や金融業界の利益を押し上げる、地球規模の底辺への競争の一環」だと強く非難している。

もしサンダースがこのメッセージを掲げてトランプと争っていたら、二〇一六年の大統領選で共和党に投票した白人やヒスパニック系労働者の一部は、サンダースに投票していたかもしれない。だがトランプと対決したのは、サンダースではなくヒラリー・クリントンだった。まさにこうした貿易協定を長年支持し、自ら交渉にも携わってきたクリントンが、選挙遊説でそれを批判したところで、信用できるはずなどなかった。彼女が批判しようとすればするほど、いかにも狡猾な政治家といったイメージが増すばかりだった。

有権者の失望を招いた政治

度重なる裏切りにうんざりし、中道政党に見切りをつけてトランプのような自称「アウトサイダー」や「反乱分子」に投票した人もいた。世界を見れば、完全に見切りをつけてしまった人も大勢いる。選挙には行かず、選挙政治と縁を切ったのだ――選挙制度そのものが不正であり、それによって自分たちの生活が良くなることなどありえないと確信して。この現象が最も顕著に見られたのが、二〇一六年のアメリカ大統領選だった。選挙戦はかつてないほど至るところで取り上げられ、けばけばしくて危険なデマゴーグが登場し、アメリカ初の女性大統領誕生という歴史を作るチャンスだったにもかかわらず、約九〇〇〇万人の有権者はどうでもいいと肩をすくめ、投票に行かないことにしたのだ。どちらかの候補者に票を投じた人より、投票しないことを選択した人のほうがずっと多く――全体のおよそ四〇%――、クリントンもトランプも得票率は総有権者数の約二五%にすぎなかった。民主主義社会における信じがたいレベルの選挙離れである。

ここで思い起こされるのは、ホワイトハウスを訪問したあの労働組合の指導者たちだ。たしかにあれは悪魔との取引だった。だが、彼らがトランプのような時代に逆行する政権と進んで手を結ぼうとしたという、その事実ひとつとっても、民主党と共和党がともにいかに長い間、労働者に対して組織的な軽視と蔑視を続けてきたかは明らかだ。

オプラもザッカーバーグも救世主ではない

トランプのホワイトハウスへの道は、アメリカの多くのリベラル派が愛してやまない二人——ビル・クリントンとビル・ゲイツ——が開いたという面もある。にわかには信じられないかもしれないが、しばしおつきあいいただきたい。

ドナルド・トランプは世界に、自分には大統領になる資格がひとつあると宣言した——金持ちだからだと。もっと正確には、「私の長所の一部は、大金持ちであることだ」と言った。トランプは自分の富を、自分が「とても賢く」、あらゆる点で優れている証しとしてあげている。膨大な財産(金額はわからない)を築き上げたという単なる事実に由来する力はまさに魔法のような威力をもち、政治経験がまったくないことも、行政や歴史に関する最も基本的な知識さえ持ち合わせないことも、十分埋め合わせられるというわけだ。そして大統領に就任するや、トランプはこのロジックを超富裕層クラブのほかのメンバーにも適用し、閣僚にふさわしい唯一の資格が膨大な——たいていは相続した——財産という面々で政権を埋め尽くしたのである。

何より、トランプはこの財産イコール魔法の力という等式をトランプ一家のメンバーに適用した。

義理の息子ジャレッド・クシュナー（億万長者の家庭に生まれ、家業の不動産開発業を継いだ）を大統領上級顧問に任命したのだ。だが、その責務のあまりの重さに、メディアはすぐさまこれをジョークの種にした。『ニューヨーク・タイムズ』紙のコラムニスト、フランク・ブルーニは、これまでクシュナーに課せられた任務の数々――中東和平問題での仲介役からマール・ア・ラーゴでの中国との首脳会談の準備、イラクでの米軍の活動監視、イエメンへのドローン攻撃の命令、ビジネスライクな政権運営まで――を数え上げ、こう茶化している。「背中に赤いマントを縫いつけてスパンデックスのボディスーツを着せ、胸に「S」のマークを張りつけて、おさらばしようではないか。「スーパージャレッド」は世界を救うためにどこかへ飛んで行っちゃったよ、と」

この「億万長者は世界を救う」という思い込みを、ツイッターに毒されたトランプの脳味噌や、ヘリテージ財団（右派シンクタンク。他のシンクタンクがトランプから距離をおくなか、大統領選でトランプを支持した）の助言者たち――アイン・ランド（リバタリアニズムの誕生に大きく貢献したロシア系アメリカ人の作家・政治思想家）流の「自由企業」信奉者で、高いビルを建てる男たち（ランドの代表作『水源』〔ビジネス社、二〇〇四年〕の主人公はビルの建築家）を崇拝するような人々――のせいにできれば、どんなに楽なことか。ところが現実は違う。膨大な財産があれば、コミック雑誌に描かれるようなスーパーパワーを授けられると考えたのも、そうした〝妄想〟に自信を与えられたのも、トランプやクシュナーが最初ではないのだ。

この二〇年間、リベラル派エリートたちは、かつては集団行動を起こしたり、強力な公共部門を作ることで取り組んでいた問題の解決を、億万長者たちに委ねてきた。これは時に「慈善資本主義」とも呼ばれる。億万長者のCEOや有名人――ビル・ゲイツやリチャード・ブランソン、マイケル・ブルームバーグ、マーク・ザッカーバーグ、オプラ・ウィンフリー、それになぜか決まってロックバンドU2のボノ――は、ある分野での才能に恵まれ、たまたま大金を稼ぐのに長けている普通の人というよりも、神格化された存在のように扱われるのだ。二〇一一年、ニュースサイト『ビジネス・インサイダー』に掲載された「ビル・ゲイツが世界を救う一〇の方法」という記事には、このごく限られた排他的集団とその慈善組織に巨大な力と責任が委ねられ、投影されていることが、みごとなまでに集約されている。

その規模四〇〇億ドルともいわれるゲイツ財団は、世界随一の慈善財団である。アフリカの農業開発、感染症、アメリカの教育制度といった主要な活動分野においては、国連やアメリカ政府の主要機関に匹敵するほどの影響力を有する。だが、こうした未曽有の規模の影響力をもつとはいえ、内部機構は秘密のベールに覆われ、重要な決定はビルと妻メリンダ、父ウィリアム、仲間の億万長者ウォーレン・バフェットが行っている(トランプ家に負けない縁故採用だ)。それとゲイツが初めから世界の救世主と見られていたわけではないことは、覚えておいたほうがいい。一九九〇年代には、ゲイツはブラック企業家と広く見なされていた。搾取的な雇用慣行と、ソフトウェア市場の略奪的独占と見なされる状況を作ったことで知られていたのだ。だがその後、ゲイツはまたたく間に世界のスーパーヒーローに変身、どんな困難な社会危機でも独力で解決できる人物として生まれ変わった。問題とされている領域の専門知識があるかどうかや、ゲイツ財団が特効薬という触れ込みで打ち出した解決策の多くがまったくの裏目に出たことなど、気にするなというわけだった。

ゲイツをはじめとする世界を救う億万長者たちは、総称して「ダボス階級」(スイス東部ダボスの山頂リゾートで行われる世界経済フォーラムの年次総会から命名された)と呼ばれるに至っている。これは、金融やＩＴ業界の億万長者、そうした業界と馴れ合いのつながりをもつ政治家、そしてすべてを耐えがたいほど華美に見せるハリウッドの有名人たちを密接に結びつけるネットワークである。二〇一七年のダボス会議を例にあげれば、歌手のシャキーラが出身国コロンビアの教育に関する慈善事業について、イギリスのカリスマシェフ、ジェイミー・オリヴァーが糖尿病と肥満の問題に取り組む計画についてスピーチ。そしてゲイツが他のパートナーとともに新たに感染症対策のために四億六〇〇〇万ドルを投じると発表し、いつものように大きな注目を浴びたのである。

ダボス階級の力が一気に増大したのは一九九〇年代、その中心にいたのは当時のビル・クリントン米大統領とトニー・ブレア英首相だった。二人はともに職を退いた後も関与を続け、クリントン財団は、「ハドソン川のダボス会議」ともいうべきクリントン・グローバル・イニシアチブを立ち上げ、毎年ニューヨークで会議を開催している。ここにも世界の大富豪たちが多数参加し、適正な税金を払うことよりも、善良な心で世界の問題を解決するための計画を公に発表している。

クリントン財団は、伝統的には労働者と労働組合を支持基盤とする政党である民主党と、世界の最富裕層とが公に合体したものと、多くの人の目には映った。その使命を要約すればこうなる――今や世界には莫大な私有資産がだぶついているのだから、すべての地球上の問題は、たとえどんなに大きなものでも、超富裕層に「小銭」を使って善い行いをするよう説得すれば解決できるのだ、と。言うまでもなく、その説得役はクリントン夫妻が担う。仲間の大物有名人たちの助けを借りて、交渉を成立させる究極の仲介人の役目である。

関わった当人たちは、それが正しいことだと信じて疑わなかった。だが世界中の民衆にとっては、ダボス階級そのものが、成功とは自分たちが決して招かれることのないパーティのようなものだという考えを象徴するものになっていた。そして人々は、こうした富と権力の拡大が、自分たちの借金や無力感が増大し、子どもたちの未来がますます不安定になっていることと、どこかでつながっているのだと心のなかで気づいていたのだ。労働者の利益を守ると約束した政治家がダボス階級と深く関わっているという事実は、人々の怒りを増すだけだった。オバマ前大統領がウォール街で講演し、四〇万ドルの報酬を受け取ったことの是非をめぐる議論も、この文脈で考える必要がある。

トランプは、ダボス階級に同調することはなかった(それどころか彼らに対する怒りを利用した)。そしてこの華やかでリベラル寄りの世界の住人たちの多くは、トランプの大統領就任に愕然とした。しかし、そもそもトランプにとって立候補することが想定できて、数百万人のアメリカ市民が、大統領になる唯一の資格は財産だという人間の手に国政を委ねる票を投じたのも、ひとつには山の上に慈善家然とした人々が集結するという前例があったからだといえる。これはトランプに票を投じた人だけの問題ではない。トランプに投票することなどありえないという人たちの多くも、銀行に巨額の預金をもっている(あるいはたくさんの銀行に口座をもち、その多くを海外に隠している)という事実だけで、その人が膨大な専門知識の持ち主だと見なしてしまう思考パターンに、無自覚のうちに慣らされてしまっているのだ。政治体制を問わず多くの国で、かつては公共政策の領域にあると見なされた課題が、富裕層の個人からなるごく小さな集団に委ねられている事実がそれを物語っている。

自分は金持ちだからアメリカの問題を解決する方法を知っている、というトランプの発言は、私たちが長年耳にしてきた危険な考えを、粗野で品位に欠けた言葉で言い換えただけにすぎない。ビル・ゲイツならアフリカを救える、リチャード・ブランソンやマイケル・ブルームバーグなら気候変動問題を解決できる、という考えとどこも変わらないのである。

限界点となった銀行救済

一九八〇年代以降、ダボス階級とそれ以外の階層との格差は広がりつづけている。だが多くの人にとっての限界点は、二〇〇八年の金融危機だった。

それまで何十年も国民に厳しい緊縮財政を押しつけてきたというのに、各国の財務長官や財務大臣、大蔵大臣たちは、突然数兆ドルの資金を用意して銀行を救済したのだ。政府が膨大な数の紙幣を増刷するのを、国民は目の当たりにした。それまで年金や賃金、まともな教育など、国民が数多くのものを諦めてきたというのに、実際にはマーガレット・サッチャーの「この道しかない」という言葉どおりではなかったのだ。突如として、政府はあらゆる手段で市場に介入することができ、相手が金持ちであればいくらでも助けるための財源をもっているらしいことが明らかになった。その瞬間、世界中の誰もが、これまで政府の言っていたことが嘘だったと気づいたのである。

こうした事実が露呈したことの波紋は、今日もまだ消えていない。右派と左派、両方の有権者が募らせている怒りは、単に失われたものについてだけではなく、不公正に対しての怒りだ——この時代の苦痛に満ちた喪失が共有されていないこと、そしてダボス階級は、山のふもとにいる人々のことなど本当は気にかけていないことがわかったからである。

つまり、似非ポピュリスト右派の台頭を阻止するには、単に適切な候補者を見つけるといった選挙戦略だけでは足りないということだ。思想《アイデア》をめぐる闘いに進んで参加すること——選挙期間中だけでなく、より重要なのは選挙と選挙の間にも——が必要である。そもそも反動的な動きを生み出すもととなった、党派とは無縁の、侵食的で拝金主義的な世界観と闘わなければならないのだ。

進歩派が、今まさに存在するグロテスクなまでの不平等に対する正当な怒りに訴えかけることができないかぎり、右派の勝利はこれからも続くだろう。権力を握る悪党たちから私たちを救い出す、見識ある億万長者のスーパーヒーローなどいない。オプラも、ザッカーバーグも、そしてイーロン・マスク〔電気自動車メーカーのテスラほか、宇宙開発や太陽光エネルギーなど複数の事業を立ち上げた〝天才〟起業家〕も……誰も世界を救ってはくれないのだ。

私たちを救うのは私たち自身しかいない。それには、かつてないほどの団結が必要だ。そして二〇一六年、私たちはその可能性を垣間見ることができた。

第7章　経済ポピュリズムを愛せよ

私がこれまでに公に支持を表明した合衆国大統領候補はただ一人、バーニー・サンダースだけだ。それまでは、ある候補者を心底から応援しようと思ったことは一度もない。だが、二〇一六年の選挙は違った。私が選挙権を得てから初めて、民主党の予備選挙に新自由主義、経済格差、気候変動という三つの危機について真っ向から論じる候補者が登場したのだ。そうした文脈でサンダースの選挙運動に火がつき、票割れを引き起こす妨害候補という中傷もできなかった（それでもそう決めつけようとした者は少なくなかったが）というまさにその点で、彼のキャンペーンは他に類を見ないものだった。サンダースはただ既存の政治に反対するだけの候補者ではなかった。予備選第二戦のニューハンプシャー州で早々に勝利するという番狂わせを演じるや、試合開始のゴングが鳴った。大方の（私も含む）予想に反し、サンダースがヒラリー・クリントンを制して民主党の候補者指名を受ける可能性もあることが、突如明らかになったのだ。最終的にはサンダースは二〇州以上で勝利を収め、一三〇〇万票を獲得した。民主社会主義者を自称する候補者であることを考えれば、政治地図上に大きな地殻変動が起きたといえるだろう。

多くの全米世論調査では、クリントンよりサンダースのほうが、トランプとの対決になったときにより勝機があることが示されていた（とはいえ、もしサンダースが予備選で勝ち、右派の猛攻を受けていたらそうは行かなかったかもしれないが）。国民が怒りを募らせ、既成政治を拒否する今の時代に、サンダースほどふさわしい候補はいない。彼には制度化された政治腐敗に対する国民の怒りに直接訴えかける能力があり、しかもそれを進歩的視点に立って行った——私恨をいっさい交えず、人間的な温かみをもって。これは稀なことだ。彼は、銀行に対する規制を強化し、教育費をもっと安くすることを政策に掲げ、銀行がこれまでいっさいの責任を回避してきたことを非難した。またサンダースは政治家のキャリアを通して、ただの一度も汚職スキャンダルに巻き込まれたことがない。これもさらに稀なことだ。有名人のリアリティ番組のきらびやかな世界とは最もかけ離れたところにいるサンダースほど、トランプやマール・ア・ラーゴを舞台にした酒池肉林の贅沢を際立たせる人物はいなかっただろう。

選挙戦の早い段階でネットを通して広まった写真の一枚には、クシャクシャの白髪頭のサンダースが、エコノミークラスの三人がけの真ん中の席に窮屈そうに座る姿が写っている。もし彼のような候補者を、自分の名前を金色ででかでかと付したプライベートジェット機に乗る男の対抗馬に指名していれば、歴史に残る世紀の大統領選になっただろう。この対照が今でも人々の心をとらえているのは明らかだ。トランプの大統領就任から二カ月後のフォックス・ニュースの世論調査によれば、すべての政治家のなかで最も好感度が高かったのはサンダースだった。

こうした過去の事実を振り返るのはなぜかといえば、今後サンダースのような候補者が現れ、適切な支持と支援を得られれば勝てる可能性があることが明らかになったとき、今回の選挙で何が勝利を邪魔したのかを把握しておくべきだからだ。そうすれば同じ過ちをくり返さずにすむ。二〇一六年の大統領選では、変革を起こす候補者の名前が投票用紙に載るまであと一歩だった。次こそは実現するかもしれないのだ。

リベラル派の選択の裏にあったもの

これは、トランプではなくヒラリーに投票すべきだったのかどうかについての議論ではない。ただ単にトランプに勝つ能力がより大きい候補者が存在したかどうかではなく、トランプの台頭にエネルギーを与えた潜在的勢力をより強く批判できる候補者が、ほかにいなかったのかという話だ。私に言わせれば、トランプが勝利した悲劇は、アメリカ社会がもちうる最悪な要素すべてを象徴する男――その人間ひとりのなかにすべてが一緒くたになって詰め込まれている――が、この国の指導者となったことだけではない。私の生涯で最善かつ最も希望のもてる政治的可能性が――むろんサンダースとて完璧ではないが――実現一歩手前のところまできていたのだ。それも気候時計が真夜中を打とうとしているときに、である。

では、サンダースはなぜ、その最後の一歩を越えるだけの票を獲得できなかったのか?

民主党のゴリゴリの新自由主義者たちがサンダースの勝利を望んでいなかったのはわかる。サンダースは新自由主義モデルそのものにとっての脅威であり、彼の経済ポピュリズムは民主党上層部の多くに根深い不快感を与えたのだ。だからここで、民主党全国委員会がクリントン陣営と情報や戦略を共有し、サンダースの選挙運動を妨害したことについてあれこれ蒸し返すことはしない。しかしサンダースの選挙戦は、進歩派からも激しい攻撃を浴びた。全米の労働者の生活を実質的に大きく改善し、気候変動対策に世代の使命感をもって取り組むことを約束するサンダースに真剣に耳を傾けながらも、結局は自分たちが支持できない体制派の候補であるクリントンの支持に回った者もいたのだ。

リベラル派の有力者の多くがサンダースに敵意を向け、サンダースの勝利が続くと断固としてそれを阻止しようとしたことは、悩ましい問題であると同時に、重要な事実を明らかにもしている。というのも、彼らが口癖のように言うのは、個人的には社会的不平等に真っ向から取り組む大胆な政策を支持するけれども、だからといってそれを擁護、推進する価値はないということだ。アメリカの一般市民はきわめて保守的で、資本主義にどっぷり浸かっており、そうした政策を支持することは絶対にないのだから——と。だから現実主義の名のもとに既得権益層《エスタブリッシュメント》の候補を支持し、共和党に勝つ可能性が最も高い人物を選択するのだ。

それでもサンダースは、国民皆保険から銀行分割、学生ローンの返済免除や公立大学の授業料無償化、化石燃料からの脱却と一〇〇%再生可能エネルギーの達成など、これまで左派のなかでも左寄りの人々以外には過激すぎるとして拒否されてきた考えが、地球上のほとんどの資本主義国ではきわめて評判がよく、何百万もの人々に支持されていることを明らかにした。そして真の変革を起こすことは、決して夢物語ではないことを明らかにした。一方、「安全」だと見なされた選択肢——ヒラリー・クリントン——は、実際にはきわめて危険なものであることが明らかになったのである。

誰の革命なのか?

サンダースが、クリントンや民主党エスタブリッシュメントにはほとんど魅力を感じていない多くの進歩派知識人や、重要な社会運動に関わる人々の多くを奮い立たせることができなかったのはなぜなのか。それを突きとめることは急務だ。彼らのなかには、冷めてはいたがとりあえずサンダースを支持した人や、どの候補も支持しない――一票を投じるに値する候補者は見あたらないし、サンダースの言う「政治革命」に自分は含まれないという理由で――という人もいた。

私はサンダースを支持したが、白人以外のアメリカ人や女性の多くが私とは別の選択をしたのには、もっともな理由があったと思っている。クリントンはアイデンティティ政治を推進することが大きな経済的改革の代わりになると考えていたのに対し、サンダースは経済によって、黒人や女性など、これまで社会から疎外されてきた集団の独自のニーズや歴史を糊塗できると考えているかのように見えることがしばしばあった。彼がこの点に関して不当な中傷を受けているのも事実だ。だがもっと重要な教訓は、もし人種やジェンダーに関する弱点がなければ、民主党エスタブリッシュメントがどんなに彼の進撃を阻止しようとしても、サンダースは予備選で勝つ可能性はあったということである。中年以上の女性たちに向かって、リプロダクティブライツがいかに重要であり、いまだ確立していないか、そして女性に対する暴力の蔓延がどれだけ緊急性のある問題かを自分は十分理解していると説得できていたら、サンダースは勝っていたはずだ。ペンシルベニアやニューヨークなどの重要な州で黒人有権者の半分でも支持を得ることができていれば、勝てたかもしれないのだ。だがそのためには、アメリカの最も深刻な経済格差と今なお残る奴隷制の遺産――ジム・クロウ法や住宅・金融面での差別――という点と点を明確に、説得力ある形で結びつける必要があった。

著述家のタナハシ・コーツは『アトランティック』誌に寄稿した文章のなかで、サンダースが金融業界と対決するときの大胆さや過激さが、黒人差別に立ち向かうとなると突然失われたと指摘する。奴隷制に対して何らかの形で補償することを支持するかとの質問に、サンダースは支持しないと答えた。政治的現実性を欠き、いたずらに「分裂を生む」ものであり、有色人種コミュニティへの大規模な投資を行うことで、補償と同じ効果が期待できるというのだ。だがコーツが的確に指摘するように、サンダースが出馬したことの最大の意義は、政治的可能性をめぐる常識に挑むことにあった。あの大胆さを、どうして人種的平等については貫けないのか？　コーツはこう書く。「社会主義を掲げる候補者が「分裂を生む」として賠償に反対するなどというのは（アメリカ人にとって、「社会主義」という政治的レッテルほど分裂的なイメージの強いものはない）、サンダースが現実主義者を装うことと同じくらい信じがたい」（コーツは酷評したにもかかわらず、予備選ではサンダースに投票すると公言していた。「与えられたなかではベストの選択肢だから」と）

『新しいジム・クロウ法』の著者ミシェル・アレグザンダーは予備選中にクリントンを強く批判し、刑事司法や福祉に関してクリントンがこれまでやってきたことを見れば、黒人の支持を得る資格はないと主張した。とはいえ彼女は、公にサンダースを支持したわけでもなかった。二〇一六年選挙から学ぶべき最も差し迫った教訓について、アレグザンダーは私にこう語った――「もし進歩派が黒人社会と意味のある関わりをもたず、人種の歴史を重視することもなく、それでも自分たちがいずれは勝てると考えているなら、さっさとイーロン・マスクの電話番号を短縮ダイヤルに登録して、火星移住計画でも立てはじめたほうがいい。この惑星は燃え尽きてしまうのだから」

これはしっかり肝に銘じるべきメッセージである。というのも、左派ポピュリストの候補者が今後も不発に終わり、民主党がエスタブリッシュメントの候補を指名しつづければ、好戦的な姿勢を強める右派が勝ちつづけることになっても不思議はないからだ。

危険な混合物

「何もかもひどい《オール・イズ・ヘル》」とトランプががなり立てると、クリントンは「何もかもうまく行っている《オール・イズ・ウェル》」と答えた。「あとちょっと、ところどころ微調整すればもっと包括的な社会になる」と。選挙終盤、クリントンは「愛は憎しみに勝つ《ラブ・トランプス・ヘイト》」というスローガンを掲げた。だが、愛だけでは勝てなかった。もっと力強いもの――たとえば正義といった――が必要だったのだ。

候補者としてのヒラリー・クリントンは、この時代を特徴づける、国民の高まる怒りに訴えられる立場にはなかった。彼女は、きわめて多くの人が脅威と感じているTPPのような貿易協定の交渉に携わってきた張本人であり、夫ビルが率いた第一次クリントン政権こそ、銀行やデリバティブ市場に対する規制を緩和し、金融危機の下地を作ったのだから(ヒラリーは決して規制緩和に反対を表明することはなかったし、彼女自身、これらの銀行から多額の講演料を受け取っていた)。したがってヒラリーは人々の困苦をなんとか覆い隠そうとした……結果は、知ってのとおりである。

進歩派側に代わりの選択肢が欠落するなか、トランプは思いのままに懐疑的な有権者の心をつかんだ――「私には国民の痛みがわかる。あなたたちは、だまされてきたのだ」という口説き文句をもって。選挙戦中、トランプは国民の怒りの一部を、規制緩和政策を要求した企業に向けることもした。だが、もはやそのことはほぼ忘れられている。トランプがその怒りの大半を向けたのは、自分が人種主義に基づいて勝手に作り出したモンスターに対してだった――レイプしにやってくる移民、爆弾で人や建物を吹き飛ばしにくるイスラム教徒、警官に敬意を示さない黒人活動家、すべてを滅茶苦茶にした黒人大統領、などなど。

イギリスのブレグジット運動が訴えたのも、大きな経済的苦痛と民主主義の腐敗、それにアイデンティティに基づくエンタイトルメント〔権利付与〕を加えた危険な混合物だった。そしてヒラリー・クリントンが、トランプの似非経済ポピュリズムに対して説得力ある反論ができなかったのと同じように、EU残留派は、離脱派の急先鋒ナイジェル・ファラージと彼の率いるイギリス独立党の主張――国民の生活は制御不能に陥っており、社会保障費は大幅な資金不足である――に反論することができなかった（離脱派が提案する解決策は、事態をさらに悪化させるものでしかないにもかかわらず）。

EU離脱派やトランプの勝利から得るべき重要な教訓は、行き詰まった新自由主義の現状を代表すると見られる人物では、デマゴーグやネオファシストにはまったく太刀打ちできないということだ。経済格差と民主主義の危機に確実な答えを提示することができるのは、大胆で真の再分配を目指す進歩派のアジェンダしかない。同時にそれは、人々の怒りを本来向けるべき先――公の財産を高く売り払ったり、土壌や空気や水を汚染したり、金融業界を規制緩和したりすることで膨大な利益を得た者――に向けることができるのだ。

次回、選挙でどこかの政党や候補者を支援するよう頼まれたときには、このことを思い起こす必要がある。この不安定な時代においては、体制派の政治家は往々にして、やるべき仕事をきちんと遂行できない。他方、最初は過激で、やや危険を伴うとさえ思える選択であっても、変動の絶えないこの時代には、より現実的な選択である可能性が大いにある。

さらに地球温暖化の観点に立てば、物理的世界における過激な変化を回避するためには、根本的な政治的・経済的変革以外に道はないことを肝に銘じなければならない。

何が起ころうと、今後数年間は厳しい時代になることは目に見えている。そこで、私たちが望み、必要とする世界を勝ち取るにはどうすべきかを探る前に、まずはトランプ政権が引き起こすであろう次なる危機の波——そのショックの波紋は世界中に広がりかねない——に備えることが必要だ。

第三部　これから何が起きる恐れがあるか
——ショックがやってくるとき

歴史は重要である。歴史を知らなければ、昨日生まれたばかりなのと同じだ。もし昨日生まれたばかりだったら、権力の座にある人間に何を言われても、是非を確かめようがない。

——ハワード・ジン『走る電車に乗っていたら中立でいられない』(二〇〇四年のドキュメンタリー映画)

第8章　惨事の親玉たち
――民主主義をすりぬける抜け道――

惨事に見舞われた場所に行って取材をしていると、目の前にあるのが単に「今、ここ」にある危機ではなく、人類全体の未来を垣間見せるもののように思えて、落ち着かない気持ちになったことが何度もある――なんとか舵を握って方向を変えなければ、このまま行ったらどうなってしまうかを予見しているように思われたのだ。今、混乱し不安定な空気を作り出すことを楽しんでいるかのようなトランプの物言いを聞いていると、たびたび既視感に襲われる。人類の未来を覗き見る窓がぽっかりと開いたような、あの奇妙な瞬間にたしかに見たことがある、と。

ハリケーン・カトリーナ後のニューオーリンズはそうした瞬間のひとつだった。政府に見捨てられた何千人もの住民が、必死で生き延びようとしただけで危険な犯罪者扱いされていたまさにそのとき、民間軍事請負会社が惨事から利益をあげようと、洪水に襲われた街に大挙して押し寄せていた。

こうしたディストピアはまた、二〇〇三年、アメリカによる侵攻直後のバグダッドにも出現した。当時アメリカによる占領で、バグダッドは二つに分断されていた。中心部には巨大なコンクリート壁に囲まれ、爆発物探知機で守られたグリーンゾーンがあった――イラクに再建されたミニチュアのアメリカともいうべきところで、強い酒を出すバーやファストフード店、それにジムやプールもあり、昼夜を問わずパーティのような雰囲気だった。一方、壁の外側には爆撃で瓦礫と化した街が広がっていた。病院はしょっちゅう停電し、イラクの各宗派と米占領軍との間の暴力は収拾がつかなくなりつつあった。こちらはレッドゾーンである。

当時グリーンゾーンに君臨していたのはポール・ブレマーだ。ヘンリー・キッシンジャーの元補佐官でキッシンジャーのコンサルティング会社の幹部だったブレマーは、当時のジョージ・W・ブッシュ大統領によって、イラクの連合国暫定当局（CPA）代表に任命されていた。イラク政府が機能していなかったため、ブレマーは事実上、イラクの最高指導者の地位にあった。ブレマー帝国は一〇〇パーセント民営化されていた。コンバットブーツにパリッとしたビジネススーツを着込んだブレマーは、ブラックウォーター社——現在は抹消会社となっている——から雇い入れた黒ずくめの護衛兵を常に従え、グリーンゾーンの運営には、ハリバートン社——当時のディック・チェイニー副大統領がかつて社長を務めた、世界有数の油田会社——をはじめとする軍事請負企業のネットワークがあたっていた。

CPA当局者がグリーンゾーン（一部のジャーナリストは〝エメラルドシティ〟〔『オズの魔法使い』で魔法使いが住む都の名前〕と揶揄していた）の外に出るときは、装甲車の車列を連ね、「まずは撃て。質問は後から」という指令を受けた米軍兵士と傭兵があらゆる方向に銃口を突き出す。これらの武器によって解放されたはずのイラクの一般市民は、まったく無防備の状態におかれた——忠誠と引き換えに宗派の民兵に守ってもらう場合を除けば。装甲車の車列が発するメッセージは明確そのものだった——命の価値には途轍もなく大きな差があるということだ。

ブレマーはグリーンゾーンという要塞に籠もり、その奥からイラクを模範的な自由市場経済として再生するための指令を矢継ぎ早に出した。こうしてみると、ドナルド・トランプのホワイトハウスによく似ているし、指令の内容もかなり似通っている。たとえばブレマーは、法人税を一律一五％にすること（トランプの提案にかなり近い）や、国有資産をすみやかに民間に売り渡すこと（トランプも検討中）、そして政府の規模や権限を大幅に縮小すること（これまたトランプ流）を命じた。すさまじいペースだった。イラクの油田、さらにその先までにらんでいたブレマーは、イラク国民が選挙に行って「解放」後の自分たちの将来に何らかの発言権を得る前に、自ら支配するこの国をなんとしても作り変えてしまう腹づもりだったのである。

とりわけ異様だったのは、ブレマーと米国務省がロシアからアドバイザーを招き入れたことだった。かつてロシアで惨憺たる「経済ショック療法」の実験――腐敗まみれの規制緩和と民営化ラッシュによって、悪名高い新興財閥《オリガルヒ》階級を生み出した――を主導した連中である。グリーンゾーンのなかで、ロシアの「ショック・ドクター」、エゴール・ガイダルをはじめとするアドバイザーたちは、アメリカに任命されたイラクの政治家たちに向かってこう助言した――イラク国民が戦争から立ち直らないうちに、躊躇することなく経済を一挙に根こそぎ作り変えることが何より重要だ、と。もし発言権があったら、イラク国民はこうした政策を決して受け入れなかったはずだ（実際、後になって多くの政策を拒否した）。究極の危機だけが、ブレマーの構想を可能にしたのである。

ブレマーが危機を口実にしてイラクの国有資産の売却を大っぴらに断行しようとしたことは、広く共有されていた疑念を裏打ちするものだった。すなわち、そもそもイラク侵攻の目的はイラク国民を独裁から解放することではなく、イラクの富を外国企業に開放することにあったのではないかとの疑念である。イラクは暴力の渦に巻き込まれた。米軍と軍事請負企業は、さらなる暴力とショックによって対応した。請負の過程で、途轍もない額の資金が闇に吸い込まれて消えていった――のちに「イラクの巨額の使途不明金」と呼ばれたものである。

ＳＦやハリウッド映画でくり返し描かれてきたディストピア的未来を垣間見ている気がしたのは、単に企業権力と戦争が継ぎ目なくひとつに融合していたからではない。そこには危機につけ込んで、平時なら決して実行できないような政策を押し通すという明確なメカニズムがあったからだ。拙著『ショック・ドクトリン』の理論を練り上げたのはイラクでだった。当初は、ブッシュの戦争だけに焦点を絞るつもりだったが、調べていくうちに同じ戦術（そしてハリバートンやブラックウォーター、ベクテルといった同じ請負企業）が世界中の惨事に見舞われた地域に存在していることに気づいた。まず自然災害であれ、テロ攻撃であれ、何か重大な危機が発生し、その後企業寄りの政策が、電光石火で導入されるのだ。多くの場合、危機を利用する戦略は公然と議論されており、闇の陰謀論をもち出す必要はなかった。

詳しく調べていくうちに、この手法が過去四〇年以上にわたって、新自由主義的改革を押しつける際には必ず使われてきたことがわかってきた。この「ショック戦術」には明らかなパターンがあった。危機の到来を待ち（場合によってはチリやロシアのように、危機を作り出すことさえある）、次に非常事態――時に「特別な政治状況」（ポーランドの経済自由化を主導したバルチェロヴィッチ財務相の言葉）と呼ばれる――を宣言し、民主的規範の一部ないしすべてを一時停止して、できるかぎりすみやかに企業の〝願いごとリスト〟を強引に成立させる。調べていくと、事実上どのような混乱状況でも、政治指導者がそれをもって十分な恐怖を煽ることができれば、人々の抵抗を軟化させる作用があることが明らかになった。軍事クーデターのような激烈な出来事はもちろん、市場や財政の危機的状況などの経済的ショックでも同じ役割を果たす。たとえばハイパーインフレや金融危機に見舞われたとき、エリート支配層はパニックに陥った民衆に、そうしなければ経済は完全に破綻してしまうと脅しをかけて、社会的セーフティネットの大幅削減や、民間金融部門への巨額の救済資金投入の必要性を受け入れさせることに何度も成功してきたのである。

ショック・ドクターの教本

ショック戦術が新自由主義推進のために最初に使われたのは、一九七〇年代初め、南米においてだった。そして今日もなお、この戦術は民衆の意に反する「自由市場」主義への譲歩を引き出すために用いられている。

トランプ以前のアメリカでも最近、そうした例が見られる。デトロイトやフリントなどの都市で、市の財政が破綻寸前になっていることを口実に、地方自治体の民主主義が解体され、「緊急管理者」が任命されてきたのだ。同様にアメリカの自治連邦区プエルトリコでも、進行中の債務危機を利用して、説明責任のない「財政監視・管理委員会」が設置された。これは、年金の削減や多くの学校の閉鎖など、厳しい緊縮政策を断行するための行政装置にほかならない。ショック戦術はブラジルでも展開されている。二〇一六年、ディルマ・ルセフ大統領が非常に疑わしい弾劾を受けて失職した後、選挙を経ずにきわめて財界寄りの政権が樹立された。この政権下では、向こう二〇年間にわたる公的支出の凍結や懲罰的な緊縮政策が実施され、空港や発電所などの公的資産の売却など、まさに民営化ラッシュといった様相を呈している。
そしてドナルド・トランプ政権のもとでも、あからさまな形でショック戦術が展開している。トランプは選挙戦中、熱心に耳を傾ける聴衆に向かって、高齢者や障碍者にとって重要な栄養源である食事宅配サービスの資金を削減するとか、一〇〇〇万人以上の国民を無保険状態にするなどとはひとことも言わなかった。口に出したのはその正反対のことで、ほかにも多くの問題について反対のことを言っていた。

就任以来、トランプは混沌として危機感のみなぎる空気を、和らげようという素振りも見せない。理不尽なことが次から次へと猛烈な勢いで押し寄せ、当然ながら多くの人が足元が揺らぐような思いに襲われた。トランプが大統領執務室から立て続けに発した命令——就任後一一日間に七つの大統領令と一一の大統領覚書が出された——にさらされて、まるでテニスボールマシーンの前に立っているような気がしたのだ。一球か二球は打ち返せても、誰もが今なお、何度も顔にしたたか直撃を浴びている。トランプは任期を全うできないだろうという、かなり広まっている見方（あるいは願望？）ですら、人々の混乱に拍車をかけている。現在の状況には安定したもの、不動のものは何もない。それが、戦略を立てたり組織化したりすることを非常に難しくしているのだ。

民主主義は一時停止

過去半世紀を振り返れば、重大な弊害をもたらす政策への民主的抵抗を抑え込むために、政府がショック・ドクトリンの戦略をいかに意図的——かつ効果的——に展開してきたかがわかる。多くの新自由主義政策はきわめて不人気で、人々は選挙でも、また街頭行動によっても拒否の姿勢を示すことは目に見えているため、民主主義をすり抜けるある種の回避戦略が必要なのである。拒否するのは当然だ。説明責任のない、ごく少数の事実上の新興財閥階級《オリガルヒ》が世界で莫大な富を貯め込んで（さらに隠して）いることが浮き彫りにするように、こうした根底からの社会改変によって最大の恩恵を受けるのはごく少数にすぎず、大多数の人々の生活水準は――たとえ急速な経済成長が見られたとしても――停滞あるいは低下する。こうした政策を強引に押し通そうとする人々にとって、多数派統治や民主的自由が好ましくない理由はここにある。彼らにとって、それは障害であり脅威にほかならないのだ。

　もちろん、すべての新自由主義政策が不人気なわけではない。減税は（超富裕層のためのものではなく、中間層やワーキングプアのためのものであれば）好まれるし、非効率な「お役所仕事」の削減という構想も（少なくとも理論的には）好まれる。だが同時に全体としては、人々は自分たちの納めた税金が公的医療保険制度やきれいな水、良質の公教育、安全な職場、年金やその他の高齢者・障碍者向けのプログラムに充てられることを好む。だからこそ、こうした基本的な社会保障やサービスの削減や民営化を図ろうとする政治家は、そのことを選挙公約の中心に据えようとはしない。選挙中は、減税や予算の無駄使いの削減はするが、基本的サービスは維持すると約束するのが一般的である。そして後になってから、何らかの危機的事態（現実のものもあれば誇張されたものもある）を口実に、表向きは気の進まない様子で、苦しそうな顔をして「大変申し訳ないが医療保険を削るしかない」などと主張するのだ。

すべてを一気呵成に

要するに、筋金入りの自由市場主義者や「リバタリアン」(億万長者のコーク兄弟はそう名乗っている)たちにとって、激動期は願ってもないということだ。現実が破滅的な状況でないかぎり、民主主義に反する彼らの野望が受け入れられる余地はないからである。

ここで不可欠なのはスピードだ。ショック状態はその性質からして、一時的なものだからである。ブレマーと同じく、ショックに狂喜する政治家とその資金提供者は常に、マキャベリの『君主論』(第八章)の次のような助言に従おうとする――「加害行為は一気にやるべきである。そうすれば相手にそれほど苦しい思いをさせることもなく、その分相手の恨みを買わずにすむ」。論理は明白だ。変化が順を追って、あるいは緩やかに起これば、人々は対応することができる。しかし、何十もの変化が一気に四方八方から押し寄せれば、人々はたちまち圧倒され、消耗し、最終的には苦い薬を飲み下すようになるというわけである(ポーランドのショック療法が「ドッグイヤーのような速さ」で展開したと言われたことを思い出してほしい)。

『ショック・ドクトリン』は、二〇〇七年に出版されると議論を巻き起こした。私は同書で、二〇世紀後半の世界では、規制緩和によって開放された市場と民主主義が手に手を携えて進歩してきたという、多くの人々にとって馴染み深いバラ色の歴史観に異議を申し立てた。事実は、それよりはるかに醜悪だった。この時期、世界を作り変えた極端な形の資本主義――ノーベル賞経済学者のジョゼフ・スティグリッツの言葉を借りれば「市場原理主義」――は、非常に多くの場合、民主主義が一時停止され、市民の自由が大きく損なわれた状況でしか推進することができない。抵抗する人々を抑え込むために、拷問も含め、苛烈な暴力が使われることもあった。

経済学者の故ミルトン・フリードマンは主著を『資本主義と自由』（日経BP社、二〇〇八年）と題し、そのなかで人間の解放と市場の自由化は同じコインの両面だと位置づけている。しかし、その思想を最初に純粋な形で実践した国は民主主義国ではなかった。それは、民主的に選ばれたサルバドール・アジェンデの社会主義政権がCIA（米中央情報局）の支援するクーデターによって転覆され、極右の独裁者アウグスト・ピノチェト将軍が政権の座に据えられた直後のチリだった。

これは偶然ではない。フリードマンの構想はとうてい国民の支持を得られないものであり、強権の独裁者の力を借りなければ導入できなかったのである。アジェンデが一九七〇年の大統領選挙で勝利すると、当時のリチャード・ニクソン米大統領が「経済を締め上げてやれ」と言ったことはよく知られている。血塗られたクーデターでアジェンデが命を落とすと、フリードマンはピノチェトに、経済変革については電光石火の勢いで行うことが肝心だと助言し、自ら「ショック療法」と名づけたアプローチを処方した。高名な経済学者とその門下生たち（南米では「シカゴ・ボーイズ」と呼ばれている）の指導のもと、チリは、公立学校制度の代わりに利用券《バウチャー》とチャーター・スクール（政府の補助を受ける営利目的の学校）を導入し、医療費は利用のつどの現金払いとし、幼稚園や墓地を民営化した（そのほかにも、アメリカ共和党が何十年もやりたがってきた多くのことを行った）。そして忘れてならないのは、これが、まさにこうした政策に明確に反対する人々の国で起きたということだ。クーデター以前のチリでは、社会主義政策が民主的に選ばれていたのだから。

この時期には、同様の軍事政権が南米数カ国で樹立された。南米の指導的知識人は、何千万もの人々を貧困に陥れた経済ショック療法と、チリやアルゼンチン、ウルグアイ、ブラジルで、より公正な社会の実現を願った何十万もの人々が拷問にかけられたことの間に、直接の関連を見出している。ウルグアイの歴史家、故エドゥアルド・ガレアーノはいみじくもこう問うている——「電気ショックの拷問なくして、どうしてこんな不平等社会が存続できようか?」

この双子のショックを、とりわけ強力に処方されたのが南米だった。大半の「自由市場」への改変は、南米ほど血塗られたものではなかった。旧ソ連の解体や南アフリカのアパルトヘイトの終焉といった政治的な激変もまた、新自由主義的な経済改革に目くらましの隠れ蓑を提供してきた。だが最も頻繁に手を貸してきたのは、重大な経済危機である。こうした経済危機は、民営化や規制緩和、セーフティネットの削減など、急進的な改革の要求にたびたび利用されてきた。だが実のところ、ショックであれば何でも役に立つ。そこには自然災害も含まれる。というのも自然災害は大規模な復興を必要とし、それゆえ土地や資源を弱者から強大な力をもつ者へと移し替える機会を提供するからだ。

良識に反して

ほとんどの人は、このような危機の悪用を——当然ながら——嫌悪している。ショック・ドクトリンは、良識ある人が広範囲にわたる惨事を目にしたときの自然な反応とは正反対である——そういう場合、人々は手を差し伸べるものなのだ。二〇一〇年に発生したハイチ大地震の後、個人からの寄付が合計三〇億ドルという驚くべき額に上ったこと、二〇一五年のネパール地震や二〇〇四年のスマトラ島沖地震の津波のときにも、数百万から数億ドルの寄付が寄せられたことを考えてみよう。これらの災害を含む多くの自然災害に際して、世界中の人々は並外れた寛容さを示した。何万、何十万もの普通の人たちがお金を寄付したり、手助けを申し出たりしたのである。

アメリカの歴史家で著述家のレベッカ・ソルニットがその著書で雄弁に語っているように、災害には人間のもつ最良の部分を引き出すという部分がある。助け合いと連帯が最も感動的な形で現れるのを目の当たりにするのは、まさにそういう瞬間なのだ。二〇〇四年の津波の後、スリランカでは数十年にわたる民族紛争にもかかわらず、イスラム教徒はヒンドゥー教徒の隣人を助け、ヒンドゥー教徒は仏教徒の隣人を助けた。ハリケーン・カトリーナによる洪水に見舞われたニューオーリンズでは、人々は自分の命を危険にさらしてまで隣人を救出し、その世話をした。ハリケーン・サンディがニューヨークを襲った後には、オキュパイ・ウォールストリート運動から発展した「オキュパイ・サンディ」の旗のもとに驚くべきボランティアのネットワークが市内全域に展開し、何十万食もの食事を用意したり、一〇〇〇軒以上の家を清掃したり、何千、何万という被災者に服や毛布、医療を提供したりした。

こうした人間の心の奥底にある、人の役に立ちたいという衝動を踏みつけにし、そのうえで他者の弱みにつけ込んで、選ばれた少数の人間の富と利益を最大化しようとすること――それがまさにショック・ドクトリンである。

これほど邪悪なことはまずない。

相手の弱点につけ込む

ショック・ドクトリンの論理は、トランプの世界観と完全に重なり合う。トランプは、人生を他者を支配するための闘いだと見なし、誰が勝者かに偏執的なまでにこだわる。トランプが自画自賛する交渉術において、彼の頭にあるのは常に同じ問いだ——この取引から得られる最大の利益は何か？ 相手の弱点にどうつけ込むか？

二〇一一年、フォックス・ニュースのモーニングショー『フォックス・アンド・フレンズ』に登場したトランプは、リビアの元指導者ムアマル・カダフィとのある取引について、ことのほか率直にこう明かした。「土地を貸してやったんだ。奴さんは一晩あたり、普通なら一年か二年分の賃料よりたくさん払ってきた。でも土地は使わせてやらなかった。それが商売ってもんだ。だます、なんて言葉は使いたくないが、だましたわけだな。そうやって商売しなきゃだめなんだ」

トランプがあこぎな条件を呑ませる相手が、みなから忌み嫌われている独裁者だけなら誰も泣いたりしないだろう。しかしトランプは、あらゆる交渉にこの姿勢で臨むのだ。どうすれば自分のようになれるかを語るハウツー本、『大富豪トランプのでっかく考えて、でっかく儲けろ』のなかで、トランプは自らの交渉哲学をこう披露している。「多くの人が、ベストの交渉はウィン・ウィンだと言っている。たわごとだ。相手ではなく、こっちが勝たなければいい交渉とは言えない。相手を叩きのめしてこそ、こちらが得をする結果を手にできるのだ」

他者の弱点に容赦なくつけ込むこうした冷血ぶりこそ、不動産ディベロッパーとしてのトランプのキャリアを形成したものであり、トランプ政権の多くのメンバーもこれと同じ特性をもっている。この特性を考えたとき、トランプ政権チームが意図的に混乱した雰囲気を作り出しているように見えることは懸念材料である。だがそれよりはるかに大きな懸念は、今後何か重大な危機が訪れたとき、彼らがそれをどう利用しようとするかということだ。

これまでのところ、トランプが際限なく作り出している危機の空気は、大部分トランプ自身の過激なレトリックによって保たれている。実際には全米の暴力犯罪率は数十年間低下しているにもかかわらず、大都市は「大量殺戮」の行われている「犯罪まみれの」場だと言ったり、移民の犯罪が増加しているという作り話をしつこくくり返したり、何かにつけてオバマがアメリカを破壊したと言い募ったり。だが近いうちに、それよりはるかに現実的な危機が訪れ、トランプがそれを利用できる機会がやってくる可能性は十分ある――あらゆる領域でのトランプの政策が論理的に行き着く先は危機なのだから。

だとすれば、トランプとそのチームが過去に、自分たちの経済的・政治的目的を達成するために、どのように危機の時期を悪用したかを詳細に見ておくことには十分な意味がある。そうした行状を理解しておけば、次に何が起こってもショックははるかに小さくてすむだろうし、最終的には、そうした使い古しの戦術に抵抗する助けにもなるはずである。

ショックのなかで形成されたキャリア

アメリカの新自由主義革命は一九七〇年代半ば、ニューヨークで始まった。そのときまでニューヨークは、不完全ではあるにせよ大胆な社会民主主義の実験場であり、図書館から公共交通、病院に至るまで、全米でも最高レベルの公共サービスが提供されていた。しかし一九七五年、連邦政府と州政府の予算削減にアメリカ経済の景気後退が重なって、ニューヨークは全面的な財政破綻の瀬戸際に陥った。この危機が利用され、都市は激変することになる。危機を口実にして容赦ない緊縮政策や富裕層に便宜を図るさまざまな政策、そして民営化の波が押し寄せ、その結果、多くの人に愛された都市は、今日のような投機的金融と贅沢な消費、そして絶え間のない再開発《ジェントリフィケーション》による高級化の殿堂と化したのである。

歴史家のキム・フィリップス＝ファインは、このほとんど知られていないアメリカ史の一幕について考察した近著『恐怖に襲われた都市』〔未邦訳〕で、七〇年代のニューヨーク市の再編が、今日の世界的な潮流を先取りするものだったことを詳細に検証している。この潮流によって、世界は一パーセントとそれ以外の人々に分断されたのであり、その最たる場所がドナルド・トランプが故郷《ホーム》と呼ぶこの都市だった。そしてこの物語で、トランプは主役を――魅力的とは言い難いが――演じている。

一九七五年、ジェラルド・フォード政権下で連邦政府からの支援がまったく見込まれないなか、全米一の大きさと色彩豊かな歴史をもつ都市ニューヨークが破綻の危機に瀕すると、同市の『デイリー・ニュース』紙はずばり、次のような見出しを掲載した――「フォードからニューヨークへ――くたばれ」。当時トランプは弱冠二九歳、まだ裕福な父親の支援を受けて仕事をしていた。父親は、マンハッタンを取り囲むブロンクス、クイーンズ、ブルックリン、スタテンアイランドの各区での、華やかさとはほど遠い中流階級向けの住宅の建設で財を築いた人物で、家を貸す際にアフリカ系アメリカ人を組織的に差別することで悪名高かった。

かねてからマンハッタンで名を成すことを夢見ていたトランプにとって、この債務危機は絶好のチャンスだった。きっかけは一九七六年、マンハッタンの中心部ミッドタウンにある由緒ある高級ホテル、コモドア・ホテルが巨額の赤字のために閉鎖の危機にあると発表したことだった。市当局は、ニューヨークの象徴ともいうべきこのホテルが空き家となって都市衰退のイメージが広まり、税収減をもたらすかもしれないとパニックに陥った。買い手が必要だ、今すぐに。切羽詰まったムードが市を覆い、ある地元テレビ局の番組に「選り好みしている場合ではない」と言わしめたほどだった。

ここに登場するのが、惨事便乗型資本主義者の元祖トランプである——ハイアット・コーポレーションと提携し、コモドア・ホテルのクラシックな煉瓦のファサードを取り去って反射ガラスの「新しい顔」をつけ、グランドハイアット・ホテルとして再生するというプランをひっさげて（これはトランプが、所有する建物すべてに自分の名を冠するようになる以前のほんの一時のことだった）。トランプは危機に陥っていた都市から、破格の条件を引き出した。フィリップス＝ファインはこう説明する。

トランプは、九五〇〇万ドルで鉄道会社〔コモドア・ホテルの土地の所有者ペン・セントラル鉄道〕から土地を買収することを認められる。その後、その土地を一ドルで都市開発公団に売却。……最終的に都市開発公団は土地をトランプとハイアット・コーポレーションに九九年契約でリースし、その結果、彼らはその後四〇年間、通常よりはるかに少ない税金を支払えばよいことになる——何億ドルもの金が棚ぼたで懐に収まったのである（二〇一六年の時点で、トランプに対する免税措置によって、ニューヨーク市が失った税収は三億六〇〇〇万ドルに上る）。

まさにそのとおりなのだ。九五〇〇万ドルの出費と引き換えに、トランプはニューヨーク市から三億六〇〇〇万ドル相当の税金を免除してもらっている(額は現在も増加中)。新しいホテルは景観を台無しにするものだった――ある建築評論家は、「よそ者が都市生活にもつイメージそのもの」と評した。つまり、八〇年代の人気テレビドラマ『ダイナスティ』(デンバーを舞台にした大富豪の愛憎劇)や『ダラス』(テキサスの油田で財をなした大富豪一家の愛憎劇)の海賊版ビデオを通して浸透した、ロシアの新興財閥《オリガルヒ》が抱くような米国観を世界に売り込もうという男、トランプの真骨頂である。フィリップス゠ファインはこう述べている。

ニューヨークの窮状につけ込んで高層ビルを建てたディベロッパーとドナルド・トランプには、それ以外の地区に対する関心などないに等しかった。何億ドルもの金が公共サービスの再建や、貧困層や労働者階級の居住地区の復興には充てられず、建設プロジェクトのために使われるという事実が、道徳的関心事として考慮されることは決してなかった。

この話の特筆すべき点は、ただ単に若かったトランプが、ニューヨークの経済破綻を利用して危機に陥った市当局から略奪的な条件を引き出し、自らの懐を肥やしたということにとどまらない。これは単なる一取引ではなかったからだ――この取引こそ、トランプを父親の庇護のもとから抜け出させ、自立したプレーヤーにしたものにほかならない。トランプのキャリアはショックのなかで形成され、危機の時期がもたらす、ほかにはない利益獲得のチャンスによって形づくられたのである。世に出た最初の瞬間から、トランプにとって公的領域とは、金儲けのために略奪すべきもの以外の何ものでもなかったのだ。

以来、この姿勢はまったく変わっていない。二〇〇一年九月一一日、世界貿易センタービルが崩壊した直後にラジオでインタビューを受けたトランプが何を言ったか、覚えておく必要がある。貿易センタービルがなくなった今、マンハッタンのダウンタウンで一番高いビルの持ち主は自分だという考えが浮かんできてしかたがなかった、と言ったのだ。道路にはまだ遺体が残され、ロウワーマンハッタンはさながら戦場の様相を呈していたにもかかわらず、トランプは――ほんの少しインタビュアーに促されただけで――これで自分のブランドが有利になると発言してはばからなかったのである。

ニューヨーク市の債務危機に乗じたトランプの行動の研究から、どのような教訓を得たかをフィリップス゠ファインに質問すると、その答えはすべて「恐怖」についてのものだった。「深層には財政破綻に対する恐怖、将来に対する恐怖」があったと彼女は言う。「当時のような免税措置を可能にしたもの、そしてそもそもニューヨークに救世主が必要だという感覚を生んだものはこの種の恐怖だったのです」。二〇一六年の選挙以来、このことが頭を離れないと彼女は言う。「それまで政治的に不可能と思われていたことが、恐怖によって突然、唯一の選択肢であるかのように思えてしまう。私たちが今、闘わなければならないことのひとつは、それだと思う。人を圧倒するような恐怖と混乱にどうやって抵抗するか、その方法を探り、それに対抗できる連帯の形を見出す必要があるのです」

適切な助言である。とくにトランプの周辺には、危機に便乗することに長けた役者が勢ぞろいしているのだから。

惨事便乗型資本主義政権をご紹介します

トランプ政権の中枢メンバーは、近年でも最も悪質なショック・ドクトリンの事例で中心にいた面々だ。以下、彼らの功績をざっと見ておくことにしよう（トランプが任命した元ゴールドマンサックス幹部はあまりに数が多く、すべてを網羅しているわけではない）。

気候変動と戦争から利益をあげる

国務長官レックス・ティラーソン〔二〇一八年三月解任〕は、戦争や不安定な情勢のもつ収益性を利用して、そのキャリアの大部分を築いてきた。二〇〇三年のイラク侵攻の結果として起きた石油価格の高騰で、エクソンモービルは石油メジャーのなかでも最高の利益をあげた。同社はまた、米国務省の助言に逆らってイラクのクルド勢力と油田探査契約を結び、イラク戦争を直接利用した。この動きはイラク中央政府を脇に追いやるものであり、内部対立に油を注いだのはもちろん、全面的な内戦を誘発する可能性も十分にあった。

エクソンモービルのCEOとして、ティラーソンはそれ以外の惨事からも利益をあげている。すでに見たように、ティラーソンが幹部として仕事をし、キャリアを形成してきた巨大石油企業は、自社の科学者が人為的原因による気候変動の現実についての研究を行っているのをよそに、誤った情報や怪しげな科学《ジャンクサイエンス》に資金を提供し、それを拡散してきた。『ロサンゼルス・タイムズ』紙によれば、エクソンモービルは両社が合併する前から合併後も一貫して、一方では気候変動など疑わしいと言いながら、まさにその危機を利用してさらなる利益をあげると同時に、その危機から身を守る方法をせっせと開発してきた。北極圏（気候変動のおかげで氷が融解しつつある）での石油掘削事業に乗り出し、上昇する海面と強力な暴風雨に対応するために北海の天然ガスパイプラインを再設計し、カナダ東部ノバスコシア州の沖合の新規掘削装置にも同様のことを行ったのである。

二〇一二年に行われたある公的なイベントで、ティラーソンは気候変動が起きていることを認めた――だが、その直後の発言が多くを物語っている。「種として」の人類は常に適応してきたと彼は言い、こう続けた。「ですから私たち人類は気候変動にも適応するでしょう。天候のパターンが変われば、作物を収穫できる地域も変わる――それに適応するのです」

まさにそのとおり。自分たちの土地から作物が穫れなくなれば、人類はたしかに適応する。その方法は移住することだ。住み慣れた土地を後にして、家族を養える場所を探す。しかしティラーソンが百も承知しているとおり、今は飢えて絶望した人々に各国が喜んで国境を開放するような時代ではない。それどころか現在のティラーソンの上司である大統領は、シリア（干ばつによって政情が不安定になり、ついには内戦に至った）からの難民を、テロリストが中に隠れた「トロイの木馬」だと言った人物である。また、渡航禁止措置を導入した人物でもある。もしそれが裁判所によって差し止められなければ、シリアからの移住民はアメリカへの入国を禁じられるところだった。この大統領は、亡命を求めるシリア人の子どもたちに、「まっすぐに顔を見て「来ちゃだめだ」って言ってやるよ」と言ってのけた人物でもある。さらにこの大統領は、シリアへのミサイル攻撃を命じた後でさえ、この姿勢を変えようとしなかった――攻撃に踏み切った理由は、シリアの子どもや「かわいらしい赤ちゃん」に対する化学兵器攻撃の恐ろしい影響に動かされてのことだったと言いながら（子どもや赤ん坊とその親たちを迎え入れるほどには動かされなかったらしい)。そしてこの大統領は、移民の追跡、監視、収監および強制退去を、自らの政権を決定づける特徴にしたいというもくろみを公言してはばからない人物なのである。

トランプ政権には、このようなことから利益をあげる能力に長けたメンバーがまだまだ大勢おり、脇に控えて時節の到来を待ち受けている。

刑務所から利益をあげる

トランプが当選した日から就任後一カ月までの間に、アメリカの民間刑務所運営会社最大手、コア・シビック(旧コレクションズ・コーポレーション・オブ・アメリカ)とGEOグループ二社の株価は、それぞれおよそ倍かそれ以上に(前者は一四〇%増、後者は九八%増)跳ね上がった。

上がらないはずがない。エクソンが気候変動を利益の源泉にすることを学んだのと同じように、この二社が属している民間の刑務所運営、セキュリティ、監視など広範囲にわたる業界にとって、戦争と移民——いずれも多くの場合、気候変動と関連している——は、刺激的な市場拡大のチャンスなのだ。アメリカでは、ある任意の一日に移民税関捜査局(ICE)から不法滞在と見なされ、収監されている移民は最大で三万四〇〇〇人に上り、その七三%が民間刑務所に収容されている。だとすれば、トランプが当選した日にその運営会社の株価が急騰しても何の不思議もない。そしていくらもたたないうちに、業界にとってさらに朗報が飛び込んできた。ジェフ・セッションズが司法長官に就任後真っ先に行ったことのひとつが、一般受刑者については民間刑務所の使用をやめるというオバマ政権の決定を撤回することだったからだ。

戦争と監視から利益をあげる

トランプは国防副長官に、米航空機大手ボーイングのシニアバイスプレジデント、パトリック・シャナハンを任命した。シャナハンは一時期、攻撃用ヘリコプター「アパッチ」や輸送用ヘリコプター「チヌーク」などの高額な装備を米軍に売却する責任者だった。シャナハンはまた、同社の弾道ミサイル防衛システム監督担当だったこともあり、この部署はトランプ政権下で国際的な緊張が高まれば、莫大な利益をあげることになる。

しかもこれは、氷山の一角にすぎない。二〇一七年三月、ニュースサイト『インターセプト』のリー・ファングは次のように報じた。「ドナルド・トランプ大統領は、「回転ドア」を軍事化した。軍事予算と国土安全保障プログラムの急速な拡張を図るなか、軍事請負企業幹部やロビイストたちを政権の重要なポストに次々と任命しているのだ。……軍事請負企業と経済的なつながりをもつ人物が少なくとも一五人、これまでに指名されたり、任命されたりしている」

もちろん、「回転ドア」は今に始まったことではない。これまでも退役した軍幹部はお決まりのように兵器企業のポストに就いたり、契約を獲得したりしてきた。前代未聞なのは、トランプが予算配分の権限をもつ閣僚ポストに、民間軍事請負企業と巨額の利権で結びついた将軍たちをいったい何人任命したかである。しかもトランプは米軍や国防総省、国土安全保障省の予算を、たった一年で八〇〇億ドル以上増やそうとしているのだ。

もうひとつ様変わりしたのは、セキュリティ・監視産業の規模である。この部門は9・11後にブッシュ政権が終わりなき「テロとの戦い」に乗り出すと宣言し、民間にアウトソースできるものは可能なかぎりそうすると発表して以来、幾何級数的に成長した。ワシントンDCの郊外にあたるバージニア州の一帯には、窓に色つきガラスをはめこんだ新会社が毒キノコのように次々と出現し、またブーズ・アレン・ハミルトンのような既存企業も、この真新しい分野に事業を拡張した。二〇〇五年、多くの人が「セキュリティ・バブル」と呼んだ当時の雰囲気について、ダニエル・グロスはオンライン誌『スレート』でこう書いている。「今やセキュリティ・ビジネスは、インターネット投資が隆盛期を迎えた一九九七年の段階に達したところだといえよう。あの頃は社名の前に「e」を付けただけで会社の株価はうなぎ上りになったものだが、今ならさしずめ「フォートレス（要塞）」が合い言葉だ」

つまり、トランプが任命した閣僚たちの多くは、少し前ならアウトソーシングなど思いもよらなかった仕事に特化した企業の出身ということだ。たとえば、国家安全保障会議（NSC）の首席補佐官に任命された元陸軍中将キース・ケロッグ。ケロッグは退役以来、セキュリティ業界で多くの職に就いており、そのひとつがキュービック・ディフェンスだった。同社によれば、ケロッグは「地上戦闘訓練業務」のトップとして「グローバルな顧客基盤の拡大に力を入れて」いたという。「戦闘訓練」って軍がすべて自前でやるものではなかったのか、と疑問をもたれたとしたら、もっともなことである。

トランプが任命した軍事請負企業出身者に関して、もうひとつ注目すべきなのは、彼らの多くが在籍していた会社が9・11以前には存在すらしていなかったということだ。L1・アイデンティティ・ソリューションズ（生体認証が専門）、チャートフ・グループ（ブッシュ政権の国土安全保障長官マイケル・チャートフが設立）、パランティア・テクノロジーズ（ペイパル創業者で億万長者のトランプの支援者ピーター・シールが共同設立した監視・ビッグデータ会社）、その他まだまだある。セキュリティ企業は人材源として政府の軍事・諜報部門に大きく依存している。それがトランプ政権下で、こうした企業の職員やロビイストが大挙して政府に戻ってきつつある。彼らは、トランプ大統領言うところの「悪いやつら《バッド・オンブレ》」(大統領選のテレビ討論でメキシコからの不法移民をこう呼んで物議をかもした)を探し出して民間刑務所に送り込み、金を儲ける機会をいっそう増やそうとするに違いない。

この組み合わせはまさに破滅的というほかない。進行中の戦争から直接利益をあげている集団を選び出し、ほかならぬその集団のメンバーを政権の中枢に配置しているのだ。いったい誰が和平を主張するのか。実際、戦争は明確に終わらせられるものだという考えは、ブッシュ政権時代に「9・11以前の思考法」と退けられて以来、もはや時代遅れの遺物と化したかのようだ。

経済危機から利益をあげる

アメリカ政府と財界のつながりは、一七七六年の建国にまで遡る(建国の父のうち数人は、プランテーションを所有する富裕な一族の出身だった)。以来、「回転ドア」はホワイトハウスの主が民主党か共和党かを問わず、回りつづけている。トランプ政権がほかと違うのは、その数の多さと、厚顔無恥の度合いにおいてである。

本書執筆時点で、ドナルド・トランプは、ゴールドマンサックスの現および元幹部五人を政権の上級職に任命している。財務長官スティーヴン・ムニューチン、財務副長官ジェームズ・ドノバン(元マネジングディレクター)(指名辞退)、国家経済会議(NEC)議長のゲイリー・コーン(元社長兼最高執行責任者(COO))(二〇一八年三月辞任)、経済イニシアチブ担当補佐官兼上級顧問ディナ・パウエル(元インパクト投資責任者)(二〇一八年二月辞任)。あのスティーヴ・バノンも、かつてゴールドマンで働いていたことがある。さらに証券取引委員会（SEC）委員長に任命されたジェイ・クレイトンは、数十億ドル規模の取引で同社の弁護士を務めており、妻も同社の資産マネージャーである。

このようにゴールドマン関係者を多数任命したことは、トランプが選挙戦中に他候補をゴールドマンを引き合いにして攻撃していたことを考えると、恥知らずというほかない。共和党のライバル、テッド・クルーズへの典型的な悪意に満ちた攻撃はこんな調子だった。ゴールドマンの連中は「クルーズを全面的に、完全にコントロールしている。ヒラリー・クリントンを完全にコントロールしているのと同じだ」と。

加えてゴールドマン幹部の任命がとくに懸念される理由に、彼らの在職中にくり返し起きかねない経済ショックを、トランプ政権が喜んで利用する可能性が大きいということがある。二〇〇八年のサブプライムローン危機の際、ゴールドマンサックスはウォール街の大手投資銀行のなかでも最も強欲な部類に入っていたからだ。同社は複雑な金融商品で住宅ローンバブルを膨張させるのに大いに貢献したあげく、態度を一転させて危機のさなかにローン市場の下落に賭け、数十億ドルに上る利益をあげたとされている。二〇一六年、ゴールドマンはこれらの不法行為に対して、米司法省から五〇億ドルの和解金——同社が支払ったなかでは最大の金額——の支払いを命じられた。さらに二〇一〇年には、金融危機の際に不正行為を行ったとして、SECの七六年の歴史のなかで当時としては最高額となる五億五〇〇〇万ドルの罰金を支払うことで合意した。

二〇一〇年、金融危機後にゴールドマンの調査を行った米上院小委員会委員長の民主党上院議員カール・レヴィンは、同社の不正行為について次のように要約している。

これらの証拠は、ゴールドマンがたびたび自社の利害と利益を、顧客とアメリカ社会の利益より優先したことを示している。……ゴールドマンサックスは単に金を儲けただけではない。ゴールドマンは、同社が価格上昇を望んでいない商品を売るはずはない、同社と同社がサービスの提供を約束した顧客との間で経済的利益が対立するはずはないという、顧客の合理的な予測につけ込むことによって利益をあげた。ゴールドマンの行為は、同社がしばしば顧客を大切な客としてではなく、自社の利益の対象として見ていたことを如実に示している。これは重大なことだ。なぜなら、ゴールドマンは顧客が利益を得ているときに利益を得るのではなく、顧客が損失を被っているときに利益を得ていたからである。

ゴールドマン出身者のなかでも、スティーヴン・ムニューチンは、不幸につけ込んで利益をあげることにかけては際立っている。二〇〇八年のウォール街崩壊の後、差し押さえ危機のさなかに、ムニューチンは破綻状態にあったカリフォルニアの銀行を買収してワンウェストと名前を変更、ここで「差し押さえ王」の異名をとった。住宅差し押さえによる損失を埋め合わせるために政府から一二億ドルの資金を受け取り、二〇〇九年から二〇一四年までの間に数万人を立ち退かせたと報じられている。なかには支払いが二七セント足りなかったという理由で、九〇歳の女性の住宅を差し押さえしようとした例まであった。

こうした略奪的な行為のため、ムニューチンは財務長官の指名承認公聴会で激しい非難を浴びた（だが共和党が反対票を投じるまでには行かなかった）。公聴会でオレゴン州選出の民主党上院議員ロン・ワイデンは、次のように指弾した。「ムニューチン氏がＣＥＯだった間、ワンウェスト銀行は最も弱い立場にある人々を誰よりも早く路頭に迷わせる能力をいかんなく発揮した。……ワンウェストは、中国の工場がトランプ・ブランドのスーツやネクタイを量産するようなスピードで差し押さえを量産したのです」

自然災害から利益をあげる

次に控えるのは副大統領マイク・ペンス。ごたごたが続くトランプの執務室で、多くの人から唯一〝大人〟と見なされる人物だ。しかし人間の苦しみに情け容赦なくつけ込む行状にかけては、この元インディアナ州知事ペンスの右に出る者はいない。

ドナルド・トランプの副大統領候補としてマイク・ペンスの名前が発表されたとき、この名前はどこかで聞いたことがあると思い、次の瞬間思い出した。ペンスは、私が取材したなかでもとりわけ衝撃的な話の主役だった。ハリケーン・カトリーナの直撃でニューオーリンズが洪水に見舞われた後に起きた、惨事便乗型資本主義による〝争奪戦〟のことである。人間の苦しみから暴利をむさぼったマイク・ペンスの行為はまさに背筋が凍るようなものであり、振り返ってみるに値しよう。深刻な危機が起きたとき、この政権がどんな行動に出るかを予測するうえで大いに貢献してくれるからだ。

カトリーナ後に描かれた青写真

ペンスが何をしたかを詳しく見ていく前に、ハリケーン・カトリーナについて忘れてはならないことがある。カトリーナは通常、「自然災害」とされるが、それがニューオーリンズの街に及ぼした影響には、自然なことなど何ひとつなかったということだ。二〇〇五年八月にミシシッピ河口沿岸を襲ったとき、カトリーナはカテゴリー5〔風速七〇メートル以上。「猛烈な台風」に相当〕ではなくなっていたものの、まだ重大な危険のあるカテゴリー3〔風速五〇～五七メートル。「非常に強い台風」または「猛烈な台風」に相当〕のハリケーンだった。だがその後、ニューオーリンズに達したときには勢力が大きく弱まり、カテゴリーはさらに三つ下がって、トロピカルストーム〔熱帯暴風雨。風速一八～三二メートル。「台風」に相当〕となっていた。

このことは重要である。というのは、トロピカルストームではニューオーリンズの洪水防止システムが崩壊するはずはなかったからだ。だが実際には、街を守る堤防が決壊してしまった。なぜか。今では理由は明らかだ。現状では危険だという警告がくり返しなされていたにもかかわらず、米陸軍工兵司令部が堤防を補修せずに放置していたからである。この失策には二つの大きな要因があった。

第一は、貧困層のアフリカ系アメリカ人の命が明らかに軽視されていたことだった。堤防の補修がおろそかにされた結果、最も災害に弱い状態におかれていたのが、ロウワー・ナインス地区にあるこうした人々の住宅だったのだ。その背景には、全米で公共インフラ整備が放置されているという状況があり、このことは過去数十年間にとられてきた新自由主義政策の直接の帰結にほかならない。公的領域と公共の利益という考え方そのものに対して組織的な闘いをしかければ、当然の帰結として道路や橋、堤防、水道といった公有の社会基盤は未補修の状態に陥り、ほんのちょっとしたことでも、たやすく崩壊してしまう。大幅な減税を行って警察と軍以外に充てる予算がなくなれば、こういう事態になっても何の不思議もないのだ。

ニューオーリンズの街、そして住民のなかでもとくに貧しい層――アメリカの大多数の都市では圧倒的にアフリカ系アメリカ人――を守ることができなかったのは、物理的なインフラだけではない。

災害に対応する人的システムも機能しなかった。これが第二の大きな要因である。今回のような自然災害時の対応を担当する連邦政府の部署は連邦緊急事態管理庁(FEMA)であり、加えて州政府や市も避難の計画や対応に重要な役割を果たすことになっている。この行政のすべてのレベルが機能しなかったのだ。

FEMAがニューオーリンズのスーパードームに緊急避難してきた住民に水と食料を届けたのは、災害発生の五日後だった。洪水直後、家や病院の屋根に取り残された人々が「HELP」と書いた板を掲げている目の前をヘリコプターが飛び去って行くという悲惨な映像は、今も脳裏に焼きついている。住民は可能なかぎり助け合った。カヌーやボートで互いを救出し、食べ物を分かち合った。危機の際に強まることがきわめて多い、すばらしい連帯の能力を発揮したのである。しかし公のレベルでは、状況はまるで正反対だった。ニューオーリンズで長く人権運動のオーガナイザーをしてきたカーティス・ムハンマドの言葉――「[今回の経験で]誰も私たちの面倒など見てくれないことを思い知った」――を私は決して忘れない。

住民の放置のされ方には、根深い不平等が浮き彫りになっていた。それは人種と階級による不平等だった。住民のなかには自力で街を出られた者も大勢いた――彼らは自家用車に乗って浸水していないホテルまで行き、保険代理人に電話をかけた。洪水防止堤防がもちこたえると信じてとどまった者もいた。だが大多数の住民は、そうする以外になかったから家にとどまっていたのだ――車がなかったり、体が弱くて運転できなかったり、あるいはただ単にどうすればよいかわからずに。こうした人たちにこそ、きちんとした避難と救助の体制が必要なのに、彼らは見放されていた。バグダッドがそっくり再現されたかのようだった。一部の人が自分たちだけの民営グリーンゾーンに避難する一方、多くの人はレッドゾーンに取り残される。しかも最悪の事態はまだ到来していなかった。

水も食料もなく街に置き去りにされて困窮した人たちは、そういう状態に陥れば誰でもすることをした。地元商店の品物を持ち出したのだ。フォックス・ニュースなどのメディアはこれに飛びつき、ニューオーリンズのアフリカ系住民を危険な「略奪者」扱いし、浸水していない白人の多い地区や、周辺の郊外や町を彼らが今にも襲うかのように報じた。建物には「略奪者は撃つぞ」という文字がスプレーで書かれた。検問所が設けられ、人々は浸水した地区から出られなくなった。ダンジガー橋では、アフリカ系住民の姿を見ただけで警官が発砲するという事件が起きた(事件に関わった警官のうち五人が罪を認め、市はこの件と同時期に起きた類似の二件で被害に遭った家族に、合計一三三〇万ドルの和解金を支払うことになった)。一方、武装した白人自警団が街をのし歩き、のちに調査報道ジャーナリストのA・C・トンプソンが書いた記事のなかの一住民の言葉を借りれば、「黒人狩りの機会」を探していた。レッドゾーンでは何でもありということのようだ。

当時ニューオーリンズにいた私は、警察と軍——イラクから戻ったばかりの、ブラックウォーターのような民間セキュリティ企業に雇われた警備員は言うまでもなく——がどれほど勢いづいていたかをこの目で見た。さながら戦地のような雰囲気があたりを覆い、照準はアフリカ系アメリカ人に合わせられていた——彼らの〝罪〟は、ただ生き延びようとしたことだけなのに。市民全員に強制避難令が出されると、州兵たちは想像を絶する無慈悲さと粗暴さでそれを実施した。どこに連れて行かれるかも知らされないままバスに乗り込む住民に、兵士たちは機関銃を向けた。親子が引き離されるケースもしばしばだった。

洪水のときに目にしたことは衝撃だった。けれども、カトリーナが去った後に目にしたことはさらに衝撃的だった。ニューオーリンズの街が混乱に陥り、住民が全国に散って自分の利益を守ることもままならない間に、企業寄りの〝願いごとリスト〟を最速のスピードで断行する計画が浮上したのである。当時九三歳のミルトン・フリードマンは『ウォールストリート・ジャーナル』紙に寄稿し、こう書いた。「ハリケーンはニューオーリンズのほとんどの学校、そして通学児童の家々を破壊し、今や児童たちも各地へ散り散りになってしまった。まさに悲劇と言うしかない。だがこれは教育システムを抜本的に改良するには絶好の機会でもある」

当時ルイジアナ州選出の共和党議員だったリチャード・ベイカーも同様に、こう言い切った。「これでニューオーリンズの公営住宅がきれいさっぱり一掃できた。われわれの力ではとうてい無理だった。これぞ神の御業だ」。このとき私はバトンルージュ近くの避難所にいたのだが、私が話をした人たちはみな、この発言に呆然としていた。考えてもみてほしい。強制的に避難させられ、薄暗いコンベンションセンターの簡易ベッドで寝起きするのを余儀なくされているところに、自分たちを代表するはずの人間が、この洪水は天の配剤だと言ったのだ——神はよほど分譲マンションの開発が好きと見える。

ベイカーにとって念願の公営住宅の「一掃」は完了した。カトリーナ襲来から数カ月の間に、ニューオーリンズの住民ばかりか、彼らの耳障りな意見も、豊かな文化も、深い土地への愛着も、すべてがなくなった隙に数千戸の公営住宅が取り壊されたのだ。なかには高台にあり、被害は最小限ですんだものも少なくなかった。そして代わりに建てられたのは、以前の住民の大半にはとうてい手の届かない価格の分譲マンションとタウンハウスだった。

ここにマイク・ペンスが登場してくる。カトリーナがニューオーリンズを襲ったとき、ペンスは共和党研究委員会（RSC）という、有力かつイデオロギー色の強い保守派議員団の代表を務めていた。二〇〇五年九月一三日、堤防決壊からわずか二週間後、ニューオーリンズの一部がまだ浸水していたとき、RSCはワシントンDCのヘリテージ財団のオフィスで重要な会合を招集。ペンスの主導のもと、「ハリケーン・カトリーナとガソリン価格高騰に対処するための自由市場に基づく提言」なるリストを作成した。全部で三二項目にわたるまやかしの救援政策であり、どれをとっても、惨事便乗型資本主義の作戦マニュアルそのものだった。

際立っているのは、労働基準と公的領域に対して全面戦争をしかける断固とした姿勢だ。これは苦い皮肉である――なぜなら、そもそもカトリーナが人道的な破局をもたらしたのは、公共インフラが機能していなかったからだ。ほかにも顕著なのは、石油・天然ガス業界を強化できる機会はひとつでも逃すまいとする姿勢である。リストには以下のような提言が含まれる。「被災地域ではデイヴィス＝ベーコン法（連邦政府事業の請負業者に生活賃金の支払いを義務づける法律）を自動的に一時停止する」こと、「災害の影響を受けたすべての地域を一律課税の自由企業ゾーンにする」こと、「復興の阻害要因となる……環境規制を撤廃ないし適用しないようにする」こと、などなど。

ブッシュ大統領はその週のうちに、これらの提言の多くを採用したが、その後、労働基準については反対の圧力を受けて元に戻すことを余儀なくされた。私立学校やチャーター・スクールで使える利用券《バウチャー》を児童の両親に配布するよう求める提言もあった。これは、トランプが教育長官に任命したベッツィ・デヴォスの見解と完全に一致する。その年のうちに、ニューオーリンズの学校システムはアメリカでも最も民営化が進んだものになった。

それだけではない。気候学者が、ハリケーンの大型化の直接的原因は海水温の上昇にあるとしているにもかかわらず、ペンスとRSCは議会に対し、メキシコ湾岸の環境規制を撤廃し、アメリカ国内における新規石油精製施設の建設や、「北極圏野生生物保護区での石油掘削」にゴーサインを出すよう求めたのだ。狂気の沙汰である。これこそ気候変動の最大の人為的要因である温室効果ガスの排出を確実に増加させる方法であり、どんどん強大化するハリケーンを発生させるものにほかならない。ところがペンスはこれらの方策を――壊滅的な被害をもたらすハリケーンの対策という名目で――すかさず支持し、ブッシュはそれを採用したのだった。

これらすべてが何を意味するか、じっくり考えてみることは大いに価値がある。ハリケーン・カトリーナがニューオーリンズに壊滅的被害をもたらしたのは、極端に激しい暴風雨――おそらく気候変動に関連づけられるもの――に、公共インフラの放置と脆弱性が重なったからだ。ところが当時ペンス主導のRSCが提案した〝解決策〟は、気候変動を間違いなく悪化させ、公共インフラをさらに弱体化させるものでしかなかった。ペンスたち「自由市場」のセールスマンは、この先もっと多くのカトリーナの襲来を確実にすることを断行しようとしていたのである。

そして今、マイク・ペンスはこのビジョンを全米に拡大する職に就いている。

私物化政府による〝争奪戦〟

ハリケーン・カトリーナから利益をあげたのは石油業界だけではない。カトリーナの襲来直後、バグダッドの民間請負企業――ベクテル、フルーア〔エンジニアリング〕、ハリバートン、ブラックウォーター、CH2Mヒル〔核関連施設解体・除染〕、そしてイラクでのずさんな仕事で悪名高いパーソンズ

——が大挙してニューオーリンズにやってきたのだ。思惑はただひとつ。彼らがイラクとアフガニスタンで提供していたような民営化サービスの市場が、アメリカ国内にも存在すると証明すること——そして総額三四億ドルの随意契約を獲得することである。

ここには山のように問題があり、とうてい詳述しきれない。契約先の決定は、しばしば経験とは何の関係もなくなされるようだった。たとえばＦＥＭＡは、ニューオーリンズ郊外のセントバーナード郡に救援作業員用の宿舎を建設するという重要な仕事を、ある会社に五二〇万ドルで発注した。ところが建設は大幅に遅れ、結局完成には至らなかった。調査の結果、請負会社のライトハウス・ディザスター・リリーフは実は宗教団体であることが判明。同社の責任者ゲイリー・ヘルドレス牧師は、「今までやったなかで今回の仕事にいちばん近いのは、うちの教会の青少年キャンプを行ったことぐらいだ」と明かしている。

何層にもなった下請業者が自分たちの取り分をとった後には、実際に作業をする人たちに入る金はほとんど残っていなかった。ジャーナリストのマイク・デイヴィスが金の行方を追跡したあるケースはこんな具合だった。ＦＥＭＡがショー・グループに破損した屋根にブルーシートをかぶせる仕事（シート自体は政府が提供）を一平方フィートあたり一七五ドルで発注、すべての下請業者が分け前を取った後に実際にシートをかぶせる作業を行った作業員に支払われたのは、一平方フィートあたりわずか二ドルだったという。「この請負のあり方を食物連鎖にたとえれば、いちばん下の層を除いてすべての層が異常なまでに食べ過ぎているということだ」とデイヴィスは指摘する。これらの「請負業者」とされる会社は、実はトランプ・オーガニゼーションと同じく中身のないブランドにすぎず、たんまり利益を得た後に、安っぽいサービスやそもそも存在しないサービスにペタッとその名前を貼りつけるだけなのだ。

民間請負企業への契約金や減税が数百億ドルに上るため、二〇〇五年一一月、共和党が多数派を占める連邦議会は、その埋め合わせとして連邦予算を四〇〇億ドル削減することを決定した。削減の対象となったのは、学生ローン、メディケイド(低所得者医療保険制度)、食糧配給券《フードスタンプ》などだ。つまりアメリカの最貧困層は、請負企業のぼろ儲けに二度にわたって金を出したことになる。一度目は、カトリーナの災害救援が、まともな雇用も行き届いた公共サービスも提供されないまま企業への野放図なばらまきと化したとき、そして二度目は、こうした膨れ上がった支払いのために、全米の失業者やワーキングプアを直接支援する数少ない政策が切り捨てられたときである。


ニューオーリンズは、まさに惨事便乗型資本主義の設計図そのものだ。設計したのは、ペンス現副大統領とヘリテージ財団――トランプ政権の予算編成の大半を任されている極右シンクタンク――である。最終的には、カトリーナへの対応のまずさが引き金となってジョージ・W・ブッシュの支持率は急落、二〇〇八年の大統領選では共和党が敗れる結果を招いた。それから九年後、議会とホワイトハウスが再び共和党に握られている今、災害対応民営化のテストケースが全米規模で採用されたとしても不思議ではない。

ニューオーリンズにおける高度に軍事化された警察と武装自警団の存在は、多くの人に驚きをもたらした。以後、この現象は幾何級数的に拡大し、今やアメリカ全土の地方警察が戦車やドローンなど軍隊に匹敵する装備を有し、民間セキュリティ会社が頻繁に訓練と支援を提供している。トランプ政権の重要ポストに、軍事・セキュリティ請負企業の出身者が数多く就いていることを考えれば、今後新たなショックが起きるたびにこうした軍事化がさらに拡大することは容易に想像できる。

カトリーナの経験はまた、一兆ドルのインフラ投資を行うというトランプの公約に期待をかけている人々にも厳しい警告を発する。たしかにこの投資によって、道路や橋がいくつか補修され、雇用も創出されるだろう(とはいえ第11章で見るように、化石燃料から脱却するためのグリーン・インフラ投資が創出する雇用とは比べものにならないが)。しかし見過ごせないのは、トランプがこれを純粋な公共事業としてではなく、可能なかぎり官民の連携によって行うと示唆していることだ。過去の官民連携事業には腐敗がつきものであり、公共事業プロジェクトと比べてはるかに低賃金になる可能性がある。トランプの実業家としての前歴とペンスが政権内で果たす役割を考えれば、この大盤振る舞いのインフラ投資が、カトリーナのときのような政治の私物化――すなわち泥棒政治――を招き、マール・ア・ラーゴ軍団が膨大な税金を使い放題にする恐れは大いにある。

ニューオーリンズの例は、次にショックに見舞われたときに生じると予想される、苦痛に満ちた状況を浮かび上がらせる。しかし悲しいかな、事はこれだけにとどまらない。この政権が危機を口実に押し通そうとしかねないことは、ほかにも山のようにあるのだ。ショックに耐性をつけるためには、そちらにも備えておかなければならない。

第9章　危険な政策リスト
――危機に備えて予期しておくべきこと――

カトリーナ後のニューオーリンズでは、現在トランプの周囲を固める主要なプレーヤーの何人かが、公的領域を破壊し、不動産ディベロッパーや民間請負企業、石油会社の利益を増大するという目的のためならどんなことでもやる、ということを身をもって示した。その彼らが今日、カトリーナを全米規模に拡大できる立場にあるのだ。

トランプは就任早々の数カ月間に多くの破壊的な施策を打ち出したが、裁判所や議会に何度も阻まれてもきた。その事実が、この惨事便乗型資本主義者の一団をいっそう気がかりな存在にしている。それに、トランプ政権の〝願いごとリスト〟のなかでもより過激なものの多くは、まだまったく試されてもいないのだ。たとえば、教育長官ベッツィ・デヴォスはカトリーナ後のニューオーリンズのような教育制度の民営化推進に、これまでの生涯をかけてきた人物だし、トランプの周辺には社会保障制度の解体に熱心な輩も少なくない。報道の自由や労働組合、政治的抗議運動に同様の嫌悪感をむき出しにする者も何人もいる。トランプ自身も、シカゴのような大都市の犯罪に対処するために連邦捜査局（FBI）を投入すると公然とツイートしたり、選挙戦中には、自らの手持ちのリスト以外の国からでも、すべてのイスラム教徒のアメリカ入国を禁止すると公約していた。司法長官ジェフ・セッションズは、警察の「同意判決」——たとえば武器を持たないアフリカ系アメリカ人への銃撃をくり返すなど、地方や州の警察による権力の乱用が認められた場合、司法省や連邦裁判所の介入を可能にする重要な取り決め——に対して、きわめて批判的な立場をとっている。セッションズは、こうした説明責任を求める仕組みは「警察官の士気をそぐ恐れ」があり、警察が犯罪と闘う能力を弱めるものだと主張している(それを裏づけるデータはない)。

トランプの選挙戦、そしてより広くは極右勢力全般に最も潤沢な資金を提供している億万長者のコーク兄弟やマーサー一族はといえば、すでに緩和されている政治資金規制を完全に撤廃する一方で、こうした資金の使途に透明性を求める法律を廃止することをもくろんでいる。彼らはまた、「不正投票」というでっちあげられた問題への対抗手段という名目で、低所得層やマイノリティがますます投票しにくくなるような方策——投票には写真つきの身分証明書を要求するなど——を推進する団体も支援している(トランプが選出されたときにはすでに、少なくとも三二の州でこのような施策が何らかの形で実施されていた)。もしこの二つの目標が実現すれば、進歩派の候補者は共和党のライバルに選挙資金の面ではるかに及ばなくなるうえに、彼らの支持者が票を投じることが非常に困難になるため、トランプが体現する企業クーデターが恒久化したとしても、何の不思議もない。

現状では、こうした反民主主義的構想が全面的に実現することはありえない。危機が発生しないかぎり、裁判所や、民主党が多数派を占めるいくつかの州の政府がこれを阻止することは間違いないし、拷問を復活させるなどといったトランプのもっとサディスティックな願望には、連邦議会も反対する可能性があるからだ。

しかしアジェンダそのものは消えることなく存在し、機をうかがっている。だからこそ、ジャーナリストのピーター・マースは調査報道サイト『インターセプト』で、トランプのホワイトハウスを「撃鉄を起こした銃」にたとえたのだ。「触れたとたんに」――すなわち「最初の危機が起こったとたんに」――「発砲される」銃のようなものだと。かつてミルトン・フリードマンはこう書いた。「現実の、あるいはそう受けとめられた危機のみが、真の変革をもたらす。危機が発生したときにとられる対策は、手近にどんな構想があるかによって決まる。われわれの基本的な役割はここにある。すなわち既存の政策に代わる政策を提案して、政治的に不可能だったことが不可避になるまでそれを維持し、生かしておくことである」。用心深い人は大規模災害に備えて缶詰と水を備蓄しておくが、彼らは途轍もなく反民主主義的な構想を備蓄しておくのである。

したがって私たちは、どのような災害――あるいは一連の災害――が、こうした構想を実現に導く可能性があるかということを考えておかなくてはならない。また、危険な政策リストのうちで、そうした機会にまず真っ先に頭をもたげそうなアジェンダはどれかということも考えておく必要がある。

今こそ、惨事に備えておくことが必要なのだ。

緊急事態、例外状況

選挙戦中、トランプが口にしたあからさまに人種差別的な公約は、支持層の感情を刺激するための口先だけのものであり、本気で実行するつもりではないと、一部の人々はタカをくくっていた。しかしトランプが就任直後の週に、イスラム圏七カ国からの渡航者の入国禁止措置をとるに及んで、そんな気休めはまたたく間に消し飛んだ。だが、市民の反応はすばやかった。アメリカ全土の主要都市で、何千、何万もの人が空港に押し寄せ、入国禁止措置の撤回と拘束された渡航者の解放を要求したのだ。ニューヨークでは、タクシー運転手たちがJFK空港に行き来する客から料金を取るのをやめ、地元の政治家や弁護士たちが大挙して拘束下にある人々の支援に駆けつけた。最終的にワシントン州の連邦裁判所が、この入国禁止措置を一時差し止める決定を下した。トランプが多少の修正を加えた大統領令を再度発表すると、別の連邦裁判所が立ちはだかった。

このエピソードは抵抗の力と司法の勇気を示すものであり、大いに称賛に値する。だが忘れてはならないのは、もしアメリカでテロが発生すれば、政権はこうした反対勢力を押し切る口実を手にすることになるということだ。政権がすかさずそれを実行するのは間違いない――道路や空港の通行を阻止する抗議デモやストを「国家安全保障」に対する脅威と宣言し、それを名目にして抗議行動の主催者を監視、逮捕、投獄しようとするのである。9・11後に全米を覆った「われわれの側につくか、テロリスト側につくか」という空気は、多くの人にとってまだ記憶に新しい。だがそこまで遡らなくても、これと同じ力学が作用した例はもっと最近にもある。

二〇一七年三月、ロンドンのウェストミンスター橋で暴走した車が歩行者に突っ込み、四人が死亡、数十人が負傷するというテロ事件が発生すると、英保守党政権はすかさず、デジタル通信にプライバシーを認めることは今や国家安全保障への脅威であると宣言した。アンバー・ラッド内務相はBBCの番組に出演して、ワッツアップ〔世界最大のスマートフォン向けメッセージアプリ〕が提供するようなエンドツーエンドの暗号化は、「断じて受け入れられない」と述べ、近々大手IT企業と協議して、こうしたプラットフォームへのバックドア〔裏口〕アクセスを提供するよう「協力を求めて」いく方針であることを明らかにした。

フランスでは二〇一五年、パリで一三〇人が犠牲になる同時多発テロが起きた後、フランソワ・オランド政権は全土に「非常事態」を宣言し、政治的抗議を禁止した。私はこの恐ろしい出来事が起きた一週間後にフランスに滞在したが、驚いたのは、テロリストが標的としたのがコンサート会場やサッカースタジアム、レストランなど、パリの日常生活を象徴する場所だったにもかかわらず、禁止されたのは屋外の政治行動だけだったことだ。大規模なコンサートやクリスマス市場、スポーツイベント――さらなるテロの標的となりそうな場所――は、いつもどおり何の制限もなく行われていた。

その後、非常事態宣言は何度も延長され、一年以上たっても解除されなかった。現在、少なくとも二〇一七年七月までの継続が決まっている――これが新たに常態と化しているのだ〔五月に起きた英マンチェスターでの自爆テロを受けて、さらに一一月一日まで延長。一〇月に非常事態宣言の一部措置の恒久化を盛り込んだ新テロ対策法案を可決し、一一月の宣言解除と同時に施行した〕。社会を揺るがすストや抗議デモの長い伝統をもつフランス、しかも中道左派政権のもとで、この状況なのである。もしアメリカでテロが起きればドナルド・トランプとマイク・ペンスがすぐさまそれに乗じて、同じことをさらに踏み込んで行うだろうと考えないとしたら、よほどのお人好しだ。この政権がすでに標的にしているコミュニティ――ヒスパニック系移民、イスラム教徒、「ブラック・ライブズ・マター」運動のリーダー、気候変動問題活動家など――に属する人々の大量逮捕や投獄を加速する口実として、安全保障ショックが利用されることに、私たちは備えておかなければならない。その可能性は大いにある。そしてセッションズは、警察官の手を縛らないという名目で、州・自治体の警察に対する連邦政府による監視を撤廃しようとするだろう。

残念ながら、連邦裁判所がテロ発生の後にも、就任直後のトランプに立ち向かったときと同じ勇気を示すという保証はない。中立の審判者をもって任じる裁判所なればこそ、一般社会のヒステリーと無縁ではない。そして、国内でテロが起きれば大統領がそれに乗じて裁判所を非難するのは目に見えている。最初の入国禁止令が差し止められた後のトランプのツイート――「一人の裁判官がこの国をこんな危険にさらすなんて信じられない。もし何か起きたら、裁判官と司法制度のせいだ」――を見れば、一目瞭然である。

帰ってきたダーク・プリンス

トランプは拷問への関心を隠そうともしない。選挙戦中には「拷問は役に立つ。役に立たないなどと言うのは馬鹿者だけだ」と言ってのけた。そしてグアンタナモ収容所を新たな「悪漢ども」でいっぱいにするとも約束している。「まかしといてくれ、満杯にしてやるから」

法的にはこれは容易ではない。ジョージ・W・ブッシュ元大統領は加虐行為を実行するために悪用できる抜け穴を見つけ出した(二〇〇二年に司法省法律顧問局(OLC)が大統領戦争権限の拡大解釈、拷問の狭義の定義などに基づいて「強化尋問」を正当化する、いわゆる「拷問メモ」を作成した)が、以後裁判所は、後続の政権が同じことをしにくくする措置をとっており、上院も二〇一五年にすべての尋問手段は米陸軍野戦マニュアルに即したものでなければならないと明言する修正条項を可決している(「拷問メモ」もオバマ大統領就任後の二〇〇九年に撤回された)。

それでも、もしアメリカがある程度以上の規模の安全保障危機に陥れば、共和党が多数を握る上下両院が、ホワイトハウスの要求を拒否することは期待できない。トランプ政権のCIA（中央情報局）長官マイク・ポンペオ（二〇一八年三月、ティラーソン国務長官の解任後、後任に起用された）は、過去への後戻りもいとわない姿勢をあらわにしている。承認公聴会では当初、拷問戦術の復活を許すつもりはないと断言しておきながら、後でこう補足したのだ。「わが国の防衛にとって死活的に重要な諜報の収集にあたって、現行法が障害になっていると専門家が判断するならば、それがいかなる障害なのかを理解し、現行法の改正に向けて勧告を行うのが適切であるかどうかを判断したい」。ポンペオはまた、デジタル監視に対する限定的制限——国家安全保障局（NSA）やCIAの元職員エドワード・スノーデンがアメリカの諜報活動の実態を告発したことを受けて設けられたもの——の撤廃を要求している。

たとえ議会やCIAの支持がなくても、政府がその気になれば法律を破る方法は——残念ながら——見つかる。トランプが最もやりそうな方法は、この汚い仕事を民間企業にアウトソースすることだ。舞台裏でトランプに助言をしているのは、ほかでもないブラックウォーター創立者のエリック・プリンスなのだから（プリンスは教育長官ベッツィ・デヴォスの実弟にあたる）。著書『ブラックウォーター——世界最強の傭兵企業』（作品社、二〇一四年）で賞を受けた調査報道ジャーナリストのジェレミー・スケイヒルは、プリンスが親トランプの政治活動委員会（政治献金の受け皿として設立される団体で、選挙運動への資金援助などを行う）に一〇万ドルの寄付をしたばかりか、政権移行チームに「国防総省や国務省に入省する人材候補の検討をはじめ、諜報と国防に関する問題に関して」精力的に助言していたと指摘している。そして二〇一七年四月、『ワシントン・ポスト』紙は次のようなスクープを掲載した。

米、欧州およびアラブの当局者によれば、アラブ首長国連邦（UAE）は一月、ブラックウォーター創立者エリック・プリンスとロシア大統領ウラジーミル・プーチンに近い人物との秘密会合を設定した。会合の目的のひとつは、ロシア政府とドナルド・トランプ次期大統領との裏ルートの連絡チャンネルの構築にあると見られる。会合はトランプの就任式の九日前の一月一一日前後に、インド洋のセーシェルで行われたと当局者らは話している。

同紙によれば、プリンスは「トランプの非公式な代理人だと名乗った」という。プリンスは広報担当者を通して、これは「まったくのでっちあげであり、会合はトランプ大統領とは何の関係もなかった」と述べた。

こうしたプリンスの動向は、またしてもトランプ・チームとロシアとの別のつながりが暴露されたという以上の懸念をはらんでいる。いくつもの訴訟と捜査を経て（二〇一四年、アメリカ連邦地裁の陪審員団は、一七人の死者を出したバグダッドのニソール広場民間人銃撃事件で起訴されたブラックウォーターの元従業員四人に対し、第一級殺人を含む有罪評決を下した）、プリンスは社名変更を試み、最終的にブラックウォーターを売却した。現在は、フロンティア・サービス・グループという新会社を設立し、世界的な反移民感情の高まりに乗じて、移住民が国境を越えるのを最も効率的な方法で阻むことを謳い文句にしている。ヨーロッパ向けには、リビアで同社に仕事を依頼すれば、「陸上の国境を厳重に警備し、それによって移住民が地中海に達するのを防ぐ」ことができると売り込むという具合だ。二〇一七年初め、プリンスは『フィナンシャル・タイムズ』紙に寄稿し、自社が売り込むという方式が実施されれば、

「移住民相手の密入国業者が隠れる場所はどこにもなくなる。空陸両方の作戦で対処し、探知、拘束するからだ」と主張している――すべて民間、すべて営利事業で。

プリンスの再登場を見ていると、憲法上の慣行をかいくぐった裏の手口が多々あることを改めて思い知らされる。そしてトランプだけでなく他の国々の指導者も、プリンスの会社のような民間企業に監視や尋問、そして大幅に強化された国境警備を任せることができるのである。

危機を画策する必要はない

一部の人はこう警告する――恐怖と混乱が増して緊迫した空気になれば、トランプにとっては願ったりかなったりだし、彼は真実を平然と無視してはばからないのだから、この政権が自ら危機をでっちあげる可能性は十分にありうる、と。もちろんこれほど役者がそろっていれば、それぐらいのことはしても不思議はないのだが、実際には極悪な陰謀は必要ないと言っていいだろう。なにしろ無謀で無能なトランプの統治のやり方は、まさに惨事生産装置にほかならないからだ。

イスラム教徒や「急進的イスラムによるテロ」についての、この政権の扇動的な公式声明や政策が、そのいい例だ。いわゆる「テロとの戦い」に突入して一五年が経過した今、明白な事実を述べてももはや異論はあるまい。こういう類の行動やレトリックこそが、暴力的な反応を明らかに生じやすくしている原因なのだ。最近では、こうした危険を声を大にして警告するのは反人種差別や反戦の活動家より、軍や諜報機関あるいは外交政策関連の有力者たちである。アメリカが宗教としてのイスラムや集団としてのイスラム教徒と戦争状態にあるという認識がたとえわずかでも生じれば、米軍兵士やアメリカ市民への血塗られた攻撃を正当化しようと画策する過激派に〝贈り物〟を献上することになると、彼らは主張する。ブルッキングス研究所のシニアフェローで、上下両院合同9・11調査委員を務めたダニエル・L・バイマンは言う。「トランプの行動とレトリックは、文明間の戦争というイスラム聖戦士《ジハーディスト》の物語《ナラティブ》に説得力を与えている」

　過激派組織ISIS（イラク・シリア・イスラム国）はすでに、イスラム教徒の入国を禁止するトランプの最初の大統領令を、戦闘員を集めるのに役立つ「幸いなる禁止令」と呼んだと伝えられている。イランの外相は、入国禁止令は「過激派に〝塩を送る〟」ものだと警告した。トランプ政権の国家安全保障担当補佐官、H・R・マクマスター陸軍中将（二〇一八年三月に解任）でさえ、テロリストは「イスラム的でない」のだから、トランプが「急進的イスラムによるテロ」という言葉をくり返し使うことは何の役にも立たないと述べている。だが何も変わっていない。どうやらトランプは、聖戦のメッセージを強化するためなら何でもやると心に決めているようだ。

　トランプは自分がどんなに挑発的かわかっていないという見方もある。だがそれは、自分の人種差別的なレトリックがヘイトクライムを誘発する雰囲気を生み出していることに気づかなかったというトランプの言葉と同じくらい空疎なものだ。

戦争のショック

　テロに対する政府の過剰反応が最も生命を脅かす事態になるのは、醸成された恐怖につけ込んで外国との全面戦争に乗り出したときである。標的となる国がもともとのテロ攻撃と関係あるかどうかは問題ではない。イラクは9・11テロとは無関係だが、それにもかかわらず侵略されたのだ。

トランプが標的とする可能性が最も高い国は、ほとんどが中東にある。具体的には——ここに限られているわけではは断じてないが——シリア、イエメン（すでに米軍によるドローン攻撃が増加している）、イラク（やはり多くの民間人犠牲者を出す致死的攻撃が増えている）、そして最も危険なのはイランである。もちろん北朝鮮がある。すでにティラーソン国務長官は、北朝鮮と韓国の境界にある非武装地帯を訪問後、「あらゆる選択肢を検討している」と述べ、北朝鮮によるミサイル発射実験への対応として、先制攻撃も排除しない姿勢を示唆した。これに続いてトランプは武力を誇示するべく、駆逐艦二隻、誘導ミサイル巡洋艦、原子力空母など米海軍打撃群を即時、朝鮮半島へ派遣すると発表した（ところが空母がオーストラリア海軍との合同演習のために、朝鮮半島とは正反対の方向へ向かっている様子が撮影され、政権は面目をつぶされた）。さらにダメ押ししたのが、もし中国が介入しないなら「われわれは彼ら抜きで問題を解決する」。アメリカ万歳」という、テストステロンに煽られたトランプのツイートだった。一方、北朝鮮の国営放送は、「アメリカ本土に」核攻撃を行う用意があるという、身の毛もよだつような宣言を出した（二〇一八年六月一二日に米朝首脳会談が行われ、現時点では、関係改善の外交努力が続けられている）。

トランプは公然と、新たな核「軍拡競争」を呼びかけている——こんなことは一九八〇年代以来、とんと耳にしなくなっていたのに。トランプは報復原理が理解できないと見え、外交政策顧問たちに向かって、なぜアメリカが核兵器を使用してはいけないのかとくり返し尋ねたと報じられている。また、トランプに巨額の献金をしてきたシェルドン・アデルソン（ラスベガスのカジノ王）はかつて、イランを核攻撃で脅すことが必要だと発言している。「砂漠の真ん中に落とせば一人も死なずにすむ……

ガラガラヘビが二、三匹死ぬかもしれないが。……それでこう言ってやるんだ。「いいか、次はテヘランのど真ん中に落とすぞ。こっちは本気だからな」」。アデルソンはトランプの就任式に五〇〇万ドル寄付したが、これは就任式への寄付としては過去最高額にあたる。

何も核戦争が起きそうだと言っているわけではない。しかしトランプの就任からごく短期間のうちに、すでに背筋が寒くなるような——同時に呆れるほど行き当たりばったりの——軍事的エスカレーションが起きている。就任後間もない時点で、米軍の通常兵器として最強の大規模爆風爆弾兵器（MOAB）〔略称から「すべての爆弾の母（Mother of All Bombs）」とも呼ばれる〕をアフガニスタンで使用したことが物語るように、トランプは自分が大将なのだと世界に誇示する誘惑に酔いしれている。旧ソ連時代に軍縮に向けて尽力したミハイル・ゴルバチョフ元大統領が『タイム』誌に寄稿して、今日「核の脅威が再び現実のものとなったように見える」と書いた理由もそこにある。「この数年来、大国間の関係は悪かったところからさらに悪い方向へと進んできた。軍拡論者と軍産複合体は、もみ手をしてこれを歓迎している」（しかもこれは、トランプが北朝鮮との緊張を高める前のことだった）

トランプの周辺、とくに国防セクターから直接政権入りした多くの人間が、さらに軍事的緊張を高めるべきだと判断しかねない理由はたくさんある。二〇一七年四月、トランプはシリアへのミサイル攻撃を指示し、就任以来最も好意的に報道された（この攻撃は議会の承認なしに行われたため、違法だと見る専門家もいる）。リベラルホークたちは、フォックス・ニュースに出演したトランプ応援団顔負けの熱狂で、トランプを褒めちぎった。一方、政権中枢は攻撃の直後に、これはホワイトハウスとロシアの間に何も不当なやりとりがないことの証拠だとした。トランプの三三歳の息子エリックは『デイリー・テレグラフ』紙に、「シリアが何か貢献をしたとすれば、ロシアとのつながりがないという事実を立証したことだ」と語っている（この発言は、これほど劇的な攻撃を行う決断の背後には「かわいらしい赤ちゃん」への同情以上のものがあった可能性を、図らずも露呈しているのかもしれない）。

エクソンの戦争

トランプ政権が安全保障上の危機をすかさず利用して、新たな戦争を始めたり、現在起きている紛争をエスカレートさせたりしかねない理由はもうひとつある。戦争や紛争は、とくにそれが原油の世界市場への供給に影響する場合、原油価格を高騰させる方法として最も早く、最も効率的だからである。

この点で最も懸念されるのは、国務長官レックス・ティラーソンと、価格高騰から最も直接に利益を得る巨大石油企業のひとつ、エクソンモービルとの関係である。たしかにティラーソンは、同社から投資を撤退させることと、一年間は同社に関係する判断には加わらないことに同意している。しかし同社との関係が密接であることに変わりはない。ティラーソンが四一年にわたるキャリア人生を通してエクソンに在籍していただけでなく、エクソンモービルは一億八〇〇〇万ドルという目の玉の飛び出るような退職手当を払うことに合意している。額の莫大さからすれば（とくにティラーソンCEOのもとで同社の資産がどれほど減少したかを考えれば）、国務長官が何らかの感謝の念を抱いたとしてもおかしくない（一億八〇〇〇万ドルの退職金を出してくれる会社があったら、それが当然というものだろう）。エネルギー経済財政分析研究所のトム・サンジーロ所長がいみじくも言うように、「誰かをエクソンから出すことはできても、その人間からエクソンを取り出すことはできない」〔一九六〇年代後半にヒットしたタバコ「セーラム」のテレビCMのもじり)のだ。

さらに、ティラーソンはエクソンモービルが明らかに利害関係をもつインフラに関連する決定(たとえばキーストーンXLパイプラインの認可など)には関与しないとしても、原油価格に影響を及ぼす可能性のある多くの外交政策――エクソンモービルにとって何十億ドルにも相当する可能性がある――の決定には関与しないわけにはいかない。本当にエクソンに関わる決定に関与しないというのなら、産油地域での軍事紛争に関するどんな議論にも、産油国指導者との直接の議論にも関与しないということになる。ティラーソンがそのような行動をとっていないのは誰の目にも明らかだ。

戦争と原油価格の関係は、決して仮想の話ではない。原油価格が下落すると、ベネズエラやロシアのような石油依存度の高い国では不安定性が高まる。反対に、ナイジェリアであれクウェートであれ、膨大な石油資産をもつ国で紛争が発生すると、市場が供給の縮小を予期し、原油価格は高騰する(トランプが二〇一七年四月にシリアへのミサイル攻撃を命令したときも、原油価格は小幅ながら上昇した)。「原油価格と紛争の間には密接な相関関係がある」と、ハンプシャー・カレッジで平和および世界安全保障研究を担当するマイケル・クレア教授は指摘する。このことを如実に物語っているのが二〇〇三年のイラク侵攻である。侵攻当時一バレル=約三〇ドルだった原油価格は、二〇〇八年には一バレル=一〇〇ドル以上に高騰した。そしてそれが、オイルサンド投資ブームと北極圏掘削ラッシュの引き金となったのだ。このダイナミクスは将来もくり返される可能性がある。戦争によって広大な国有埋蔵地からの原油供給が途絶えたり、石油輸出国機構(OPEC)の力が著しく弱まったりすれば、石油メジャーには恩恵となる。オイルサンドの埋蔵地とロシア北極圏で計画中のメガプロジェクトを抱えたエクソンモービルは、莫大な利益をあげることになろう。

こうした不安定性の高まりによって、エクソンより大きな恩恵を受ける者があるとすれば、ウラジーミル・プーチン——原油価格の暴落以来経済危機に陥った巨大な産油国の元首——をおいてほかにいない。ロシアは世界最大の天然ガス輸出国であり、サウジアラビアに次ぐ世界第二の石油輸出国でもある。石油が高価格で推移していたときはプーチンにとっていい時代だった。二〇一四年以前には、ロシアの国家予算の歳入のゆうに五〇％を、石油と天然ガスが占めていた。だがその後の原油価格急落により、ロシア政府は突然、数千億ドルもの財政赤字に陥った。この破局的な経済悪化によってロシア国民は大きな代償を払わされた。世界銀行によれば、二〇一五年のロシアの実質賃金は一〇％近く落ち込み、通貨ルーブルは四〇％近く下落、貧困層に分類される人の数は三〇〇〇万人から一九〇〇万人に増大した。プーチンは強力なリーダーを演じているが、ロシア国内ではこの経済危機によって弱い立場に追い込まれている。

したがって、ロシアが大きなリスクを冒してシリアに軍事介入する背景には、原油価格を再び高騰させたいという思惑があると見る者は少なくない。なかでもそれを声高に主張するのは、石油業界に身をおくウクライナ出身のイギリス人実業家アレクサンダー・テマーコだ。右派の論客でもあるテマーコは二〇一五年、『ガーディアン』紙にこう寄稿している。

中東で戦争が長引くことは、プーチンの利益に完璧にかなっている。紛争が深刻化し広範囲になればなるほど、世界の石油・天然ガス価格は上昇する可能性が増す。このことはロシアの国内経済の復活を実現し、制裁を無効化するのに役立つ。

国民の愛国心と士気を基盤にしたシステムの構築をねらうプーチンにとって、ロシア国内の状況を改善することは究極の目標である。プーチンの一大構想は、何よりも重要な石油・天然ガスによる収益の復活を図り、一億四〇〇〇万を超すロシア国民の忠誠を買うことにこそあるのだ。

（この見解はいささか単純化が過ぎる。プーチンがシリアにロシア軍を駐留させる理由はほかにもある――シリアの港湾、あるいは可能であれば石油・天然ガス田へのアクセスを確保することなど。それに戦争は、常に国内の悲惨な状況から目をそらさせるうってつけの手段なのだ）

このほかにも、エクソンモービルとロシア国営石油企業ロスネフチが、北極圏での石油掘削（プーチンが五〇〇〇億ドル相当と自慢する）に関する巨額の合弁事業に合意したことも取り沙汰されている。この事業は、オバマ政権下で科された対ロシア経済制裁によって大幅に遅れている。シリアでは対決姿勢をとる両国ではあるが、トランプが経済制裁を解除し、この事業の進展に道を開く可能性は大いにある。もしそうなれば、下降気味のエクソンモービルの株価は一転して上昇に転ずるだろう（トランプ就任から数カ月後、同社は対ロ制裁の適用免除を米政府に申請したが、認められなかった）（二〇一八年二月、エクソンモービルは経済制裁の長期化を理由にこの合弁事業から撤退した）。

だが仮に制裁が解除されたとしても、この事業の進展を阻む要因がもうひとつある――原油価格の低迷である。二〇一一年にティラーソンがロスネフチとの合弁事業に合意したとき、原油価格は一バレル＝約一一〇ドルまで高騰していた。当初の合意では、シベリア北部の海域――氷に閉ざされ、採掘は難しい――で石油の探査を行うことになっていた。その後原油価格が暴落すると、氷下の掘削ではコストがかさむこともあり、シェルやフランスのトタルなど他の石油メジャーは北極圏掘削から撤退した（北極圏掘削の損益分岐点は一バレル＝一〇〇ドルか、それ以上とも推定されている）。つまり、トランプ政権下で制裁が解除されたとしても、エクソンとロスネフチにとっては、原油価格が十分に高くならないかぎり、事業を推進する意味がないのだ。言い換えれば、両者には原油価格の再高騰を望む十分かつ重層的な理由が存在するのである。

したがってトランプ政権の中枢や周囲の要人たちにとって、不安定性や不確実性はなんら恐れるべきものではないということを、私たちは肝に銘じておかなければならない。それどころか、彼らの多くはそれを歓迎するはずだ。トランプの周辺にはティラーソンからムニューチンまで、混乱に精通した人物が控えている。そして混乱には、原油価格を押し上げてきた長い前歴がある。もし原油価格が一バレル＝八〇ドルかそれ以上に上昇すれば、融解しつつある氷の下にあるものをはじめ、最も環境負荷の高い化石燃料の掘削・燃焼ラッシュが再び始まるだろう。原油価格が再び跳ね上がれば、北極圏からオイルサンドに至るまで、新たな高リスク・高炭素の化石燃料採掘ラッシュが世界中で起きることになる。もしそうなれば、破局的な気候変動を回避する最後のチャンスが本当に奪われてしまうのだ。

したがって、戦争を回避することと気候変動を回避することは——このうえなく現実的な意味において——同じひとつの闘いなのである。

経済ショック

自らの反イスラム的な言動がテロの危険性を高めていることにトランプが気づいていないはずがないのと同様、トランプ政権による金融規制緩和ラッシュが、それ以外のショックや惨事の危険性を高めることを、政権内の多くの人々は百も承知なのではないかと私は思っている。トランプは、二〇〇八年の金融危機を受けて導入された最も実質的な金融規制法制であるドッド＝フランク法を解体する構想を発表している。ドッド＝フランク法は十分厳格とはいえないが、それでももし同法がなくなれば、ウォール街では新たな金融バブルが次々と生まれるにちがいない――やがてバブルは必ずはじけ、新たな経済ショックを生じさせる。

トランプの政権チームがこのことに気づいていないのではなく、気にしていないだけなのだ――こうした金融バブルがもたらす利益があまりにも大きいからである。さらに、金融危機後も大手金融機関は分割されておらず、今なお「大きすぎてつぶせない」存在だということを彼らは知っている。つまり、もし金融崩壊が起きれば、二〇〇八年とまったく同じように銀行はまた救済されるということだ（実際トランプは、納税者が再び銀行救済の負担を押しつけられないようにするドッド＝フランク法の規定の見直しを求める大統領令を出している。多くの元ゴールドマンサックス幹部がホワイトハウスの政策を立案していることを考えると、これは不吉な前兆である）。

一部のトランプ政権メンバーはまた、もしおあつらえ向きのショックが一つか二つ、市場を見舞えば、自分たちの熱望する政策が実現する可能性が開けると見ている。選挙戦中、トランプは社会保障やメディケア（高齢者医療保険制度）には手をつけないと公約して有権者の支持を得た。しかし大幅な減税が予定されていることを考えれば、その約束は守れない可能性が高い。また、もし経済危機が起これば公約を反故にするうってつけの口実をトランプに与えることになる。これは経済の終末的状況《アルマゲドン》だと国民に吹き込めば、ベッツィ・デヴォス教育長官が長年の夢――公立学校を利用券《バウチャー》やチャーター・スクールに基づく制度に置き換えるという――を実現するチャンスさえあるかもしれない。

トランプ軍団は、平時にはふさわしくない政策が並ぶ、長い〝願いごとリスト〟をもっている。たとえば新政権発足直後、マイク・ペンスはウィスコンシン州のスコット・ウォーカー知事と会見し、二〇一一年に公務員の団体交渉権の剝奪に成功した秘訣を聞き出した（ヒント――ウォーカーは州の財政難という名目を利用した。これを受けて『ニューヨーク・タイムズ』紙コラムニストのポール・クルーグマンはすぐさま、「あからさまなショック・ドクトリンだ」と書いた）。

構図は明らかだ。おそらく最初の一年では、この政権の経済的蛮行の全貌は見えてこない。それがあらわになるのはもっと後、財政危機や市場暴落のショックなどが起きるべくして起きてからだ。そうなればホワイトハウスは政府、そしておそらくは経済全体を救済するという名目で、企業の〝願いごとリスト〟にある項目のなかでも実施に困難が伴うものに次々と着手していくにちがいない。

気候ショック

トランプの国家安全保障および経済政策は間違いなく危機を生み出し、深刻化させるが、それと同じように、化石燃料の増産、大部分の環境法制の廃止、気候変動への国際的取り組みであるパリ協定からの離脱というこの政権の動きは、さらなる大規模な産業事故――そして言うまでもなく将来の気候変動がもたらす惨事――への道筋をつけるものである。大気中へのCO_2放出から、結果としての温暖化が全面的に生じるまでには約一〇年のタイムラグがあるため、トランプ政権の政策が気候に及ぼす最悪の影響は、任期終了までには現れない可能性が高い。

とはいえ、温暖化はすでに相当進行しているため、気候関連の大規模災害に直面せずに任期を全うできる大統領はいない。実際、トランプも就任後二カ月もたたないうちに、カンザス州で起きた大規模な山火事への対応を迫られた。この山火事で大量の牛が死に、ある牧場経営者はこれを「私たちにとってのハリケーン・カトリーナ」と呼んだ。

トランプはこの山火事にあまり関心を示さず、一回のツイートすらしていない。けれども、最初のハリケーンが上陸するときには、海沿いの物件の価値を熟知し、一パーセントの超富裕層のために建物を建てることにしか興味のなかった大統領から、まったく違う反応が返ってくるのを予期しておく必要がある。懸念すべきなのは言うまでもなく、カトリーナのときのような私腹を肥やす荒稼ぎや、「イラクの巨額の使途不明金」がくり返されることだ。あわただしく交わされる契約は腐敗の温床であり、その代償を払うのは避難した住民や作業にあたる人々なのだから。

デラックスな災害対応

しかし、トランプ時代に最も拡大するのは、おそらくは富裕層向けの災害対応サービスだろう。エヴァン・オスノスは二〇一七年一月の『ニューヨーカー』誌に「スーパーリッチ向けの終末の日の備え」と題する記事を寄せ、このことを報じている。私が『ショック・ドクトリン』を執筆していた当時、この業界はまだ産声をあげたばかりで、草創期の数社は事業が立ち行かなかった。たとえば同書で取り上げた航空会社ヘルプ・ジェットは、短命に終わった。同社はトランプがこよなく愛するウェストパームビーチに本社をおき、会員制の一連のゴージャスな救出サービスを提供していた。ハリケーンの襲来が予測されると、ヘルプ・ジェットはリムジンで会員を迎えにきて、どこか安全なところにある五つ星のゴルフリゾートやスパに部屋を取り、プライベートジェットで顧客を送り届ける。「列に並ぶ必要も、混雑に苛立つこともない、厄介な事態をバカンスに変える、まさにファーストクラスの体験」と同社のマーケティング資料は謳う。「悪夢のような避難騒ぎとは無縁の休日をお楽しみください」。今にして思えば、ヘルプ・ジェットはこうしたサービスの市場について判断を誤ったのではなく、ただ、時代を先取りしすぎていただけだったのだ。最近では、ニューヨークの高級不動産ディベロッパーは、将来の住人に個人専用の災害設備の売り込みにかかっている——緊急用照明から非常用発電機、給水ポンプ、高さ四メートルの防水ゲートに至るまで、ありとあらゆるものがそろう。マンハッタンのある高級分譲マンションは、ハリケーン・サンディのような暴風雨が再び襲来したときに備え、「潜水艦式」に密閉された防水ユーティリティルームを用意していると誇らしげに宣伝する。トランプのゴルフ場も準備怠りない。トランプ・インターナショナル・ゴルフ・リンクス&ホテルはアイルランドで、海面上昇と危険度を増す暴風雨から沿岸部の資産を守るために、長さ三キロ、高さ四メートルの防潮壁の建設申請を出している。

先の『ニューヨーカー』誌の記事によれば、シリコンバレーとウォール街では、本気でサバイバルを志向する富裕層の人々は、異常気象と社会崩壊に対する防衛手段として、カンザス州で旧ミサイル地下格納庫を利用して建設された地下マンション(重武装した傭兵によって警護されている)を購入したり、避難先としてニュージーランドの高台に家を建てたりしているという。そこに行くにはプライベートジェットが必要なのは言うまでもない。究極のグリーンゾーンである。

この風潮の最先端を行くのは、電子決済大手ペイパルの共同創業者でトランプに多額の献金を行う億万長者、政権移行チームのメンバーでもあるピーター・シールだ。シールは、二〇〇八年にパトリ・フリードマン（ミルトン・フリードマンの孫）が共同創設したシーステディング研究所というシンクタンクに多額の資金を提供した。同研究所がめざすのは、公海上に独立した国家軍――海に浮かんでいるため海面上昇の危険から守られ、完全に自給自足している――を建設し、そこに自国を離脱した富裕層が暮らすことだ。税金や規制はいらないという人は誰でも、「ぜひこちらへお引越しください」と、研究所のマニフェストには書かれている。シールは最近になってプロジェクトへの関心を失ったらしく、海上国家の建設のための物資調達は「実現がかなり困難」だと述べているが、それでもプロジェクトは継続している。

あまりにも突飛な印象を受けることはさておき、超富裕層のサバイバル戦略で懸念されるのは、金持ちが自分たち専用の贅沢な脱出ハッチを整備するにともない、貧富に関係なくすべての人を支援するために存在する災害対応インフラを維持する動機が薄れてしまうということだ。カトリーナに襲われたニューオーリンズで、避けられたはずの途方もない苦難を生じさせたのは、この力学にほかならない（サバイバル戦略家たちはFEMA（連邦緊急事態管理庁）を「実質的な（M）支援を（A）愚かにも（F）期待する（E）」の略だと馬鹿にするが、この冗談を笑えるのは自前で避難できる資力のある人間だけだ）。

こうした災害インフラの二層分化は憂慮すべきスピードで進んでいる。カリフォルニアやコロラドなど山火事の発生しやすい州では、保険会社が自社の顧客だけに「コンシェルジュ」サービスを提供している――顧客の邸宅が山火事の被害を受ける恐れが出ると、民間の消防隊を派遣して建物に難燃剤を塗布するというものだ。一方、公的領域はますます衰退していくばかりである。

カリフォルニア州を見れば、こうした事態の向かう先がどこなのかが垣間見える。同州での消防活動は四五〇〇人を超える刑務所受刑者が担っている。彼らに支払われるのは、火災の現場で命を危険にさらして山火事と闘っているときは時給一ドル、キャンプに戻ると日給約二ドルにすぎない。推計によれば、カリフォルニア州はこのプログラムによって年間約一〇億ドルを節約しているという。緊縮政策に大量収監と気候変動がミックスされると何が起こるかをまざまざと示す光景である。

暑くないよ——暑い？

富裕層向けの災害対策が増えれば、今日の経済システム下で大成功している人々にとっては、温暖化が進行して災害が頻発する未来の到来を食い止めるのに必要な、厳しい政策転換を支持する理由も減ることになる。そう考えれば、トランプ政権が気候変動危機を加速させることを何でもかまわずやろうとしている理由も、説明できるかもしれない。

これまでトランプによる地球温暖化対策の後退をめぐっては、トランプ自身やスコット・プルイット環境保護庁（EPA）長官など気候科学を積極的に否定する側近と、レックス・ティラーソンやイヴァンカ・トランプのように温暖化の原因が人為的要因にあると認める人々との間に亀裂があることにばかり話が集中することが多かった。だが、これでは重要な点が見過ごされてしまう。トランプの側近全員が共有しているものがひとつあるのだ——今後最悪のショックが起きても、彼ら自身にも彼らの子どもたちにも、さらにいえば彼らの階級にも何の問題もない、自分たちは富とコネで守られているのだから、という確信である。海岸沿いの不動産をいくつか失うかもしれないが、その代わりに山の中に新しい豪邸でも建てればいいだけの話なのだ。

重要なのは、気候変動の科学について、彼らがどんな見解を表明しているかではない。問題は、彼らのうち誰一人として気候変動を懸念しているようには見えないことである。初期の破局的な災害は、そのほとんどが、肌の色の濃い人々が暮らす世界の貧困地域で起きている。そして、もし災害が欧米先進国を襲ったとしても、富裕層にとって金さえ出せば相対的な安全が手に入る方策は増えている。トランプの就任後間もなく、共和党下院議員スティーヴ・キングは、「他人の赤ん坊ではわれわれの文明の活力を取り戻すことはできない」とツイートして物議をかもした。これは多くの面で示唆に富むコメントだった。気候変動が共和党にとって懸念材料にならないのは、権力の座にいる多くの人々が、それによってリスクを背負うのは「他人の赤ん坊」――自分の子どもほど大事ではない――だと明らかに考えているからなのだ。彼らのすべてが気候変動否定論者というわけではないかもしれないが、ほとんど誰もがどうしようもないほど無関心なのである。

この無頓着は、きわめて憂慮すべき傾向を示している。所得格差が拡大の一途をたどっている時代に、エリート層のかなりの部分が物理的にだけでなく心理的・精神的に、自分たちを自分たち以外の人々の運命から切り離しているのだ。人類という種から自分を切り離すこと――たとえ頭のなかだけでも――によって、彼らは気候変動対策の緊急性を軽視できるばかりか、現在および将来の災害や不安定性から利益をあげるための、ますます略奪的な方法を考え出すことができるのである。

私たちの社会は今、私が何年も前にニューオーリンズとバグダッドで垣間見たような将来に向かって、猛スピードで突き進んでいる。グリーンゾーンとレッドゾーン、そして協力しない者は誰でも押し込められる暗黒の場所とに峻別された世界である。行き着き先はブラックウォーター式の経済であり、そこでは民間業者が、壁の建設や市民の監視、民間セキュリティや民営化された検問所からせっせと利益をあげるのだ。

グリーンゾーンとレッドゾーンに分かれた世界

世界は今、懸念すべき速さでこのように分断されつつある。ヨーロッパ、オーストラリア、北アメリカではますます精巧な（かつ民営化された）国境警備体制を構築して、命がけで逃れてくる人々を寄せつけまいとしている。だがきわめて多くの場合、人々が逃れてくるのは、これらの国々が主要な原因となって招いたさまざまな力――略奪的な貿易協定や戦争、あるいは気候変動によって激化した環境災害など――の直接の結果にほかならない。

「移民危機」について懸念する声は聞かれるが、そもそも移民を引き起こした危機そのものを懸念する声ははるかに少ない。二〇一四年以来、ヨーロッパへ渡ろうとして地中海で溺死した人は推計一万三〇〇〇人に上る。なんとか渡れた人たちにとっても、安全が保障されるにはほど遠い。フランス北部カレーの大規模な移民キャンプは「ジャングル」と呼ばれていた――カトリーナで見捨てられた人々が「動物」扱いされたのをほうふつとさせる――が、トランプが当選する直前の二〇一六年一一月、このキャンプはブルドーザーで解体された。

だが人間の絶望を疫病のように扱うことにかけては、オーストラリア政府をしのぐものはない。二〇一二年以来五年間にわたり、オーストラリアに向かう難民の乗る船はすべて海上で拿捕し、難民たちを遠く離れたナウルやパプアニューギニアのマヌス島にある収容所に送り込むということが組織的に行われている。収容所の状況は拷問に等しいとの指摘が数多くなされたにもかかわらず、オーストラリア政府は無視を決め込んでいる。いずれにせよ、キャンプを運営するのは政府ではない――（当然ながら）民間請負業者が営利目的でやっていることなのだ。

ナウルでは二〇一六年、一週間に二人の難民が、収容所の過酷な状況を世界に知らせようと焼身自殺を図った。が、その訴えは届いていない。オーストラリアには広大な土地があるのだから、難民を歓迎しようという多くの国民の求めを、マルカム・ターンブル首相は拒否しつづけている。「感傷に流されてはいけない」とターンブルは言う。オーストラリア国民は「わが国の目的について、明確で断固とした姿勢をとらなければならない」

ナウルといえば、海面上昇による水没の危機にさらされている太平洋の島々のひとつだ。ナウル国民は、自国がソマリアやアフガニスタンなどから戦争を逃れてきた人々の収容所と化しているのを目の当たりにした後、今度は自分たちが移動を余儀なくされる可能性が大きい。ここでも、未来がすでにその姿を垣間見せている——明日にも気候難民となる可能性のある人々が、今日、難民収容所の看守として駆り出されているのだ。

戦闘機、ドローン、そして船

とりわけ皮肉なのは、今日多数の難民を発生させている紛争の多くが、すでに気候変動によって深刻化しているということである。たとえばシリアでは内戦が勃発する前、観測史上最悪の干ばつに見舞われ、約一五〇万人が国内避難民となっていた。避難した農民の多くは南西部の国境近くの都市ダルアーに移動したが、二〇一一年、たまたまこのダルアーで内戦の発端となった抗議デモが起きたのだ。国内の緊張が極限まで高まったのは干ばつだけが原因ではないものの、干ばつによって大量の難民が発生したことが内戦の重要な要因だったと、元米国務長官ジョン・ケリーをはじめ多くの人々が分析している。

実際、いま世界で最も激しい紛争が起きている場所――血みどろの戦闘が絶えないアフガニスタンやパキスタンの紛争地帯から、リビア、イエメン、ソマリア、イラクに至るまで――を見ていくと、それらが地球上で最も高温かつ乾燥した地域にあることがわかる。イスラエル出身の建築家エイヤル・ワイズマンは、欧米諸国によるドローン攻撃を受けた場所を地図上に記していったところ、「驚くべき一致」を見つけた。攻撃は、年間降水量が平均わずか二〇〇ミリの地域に集中していたのだ。降水量がこれだけ少ないと、わずかの異常気象でも干ばつに陥る恐れがある。言い換えれば、欧米諸国が爆弾を落としている場所は地球上で最も乾燥した場所であり、そこはまた、最も不安定化した場所でもあるのだ。

一〇年前に海軍分析センターが発表した米軍の報告書のなかに、このことが実に率直に語られている。「中東地域は昔からずっと、石油(その豊富さ)と水(その不足)という二つの天然資源と結びつけられてきた」。中東の石油、水、そして戦争といえば、長い時間をかけてあるひとつのパターンが明らかになってきた。まず、欧米の戦闘機が中東地域の豊富な石油を追いかけ、暴力と不安定化のスパイラルを引き起こす。次に欧米のドローンがやってきて水が不足している地域をなぞる――干ばつと紛争は重なり合っているからだ。そして爆弾が石油を追いかけ、ドローンが干ばつをなぞったように、今その両方の地域をたどっているのは船だ。そしてその船には、地球の最も乾燥した地域の、戦争と干ばつで荒廃した祖国を逃れてきた、あふれるほどの難民が乗っている。

爆弾やドローン攻撃による民間人死傷者を正当化するのは、「他者」の人間性を軽視する〝能力〟

である。その同じ能力が今、船に乗って——あるいはバスや徒歩で——やってくる人々に対しても向けられている。そして、身の安全を求めるこれらの人々を脅威と見なし、命がけの逃亡を侵略であるかのようにとらえているのだ。

この一〇年間に急速に高まっている右派ナショナリズム、黒人差別、イスラム嫌悪、そしてあからさまな白人優位主義のうねりは、戦闘機、ドローン、船そして壁が引き起こすこの巨大な渦と切り離すことができない。とうてい受け入れられないレベルの不平等を正当化する唯一の方法は、人種的序列の理論を振りかざすしかない——すなわち、世界のグリーンゾーンから締め出された人々は、そういう運命なのだという物語を吹き込むことだ。メキシコ人をレイプ魔で「悪いやつら《バッド・オンブレ》」、シリア難民を「隠れテロリスト」呼ばわりするトランプや、移民は「カナダ的価値観」をもっているかどうかで選別するべきだと主張するカナダの保守派有力政治家ケリー・リーチ、そして劣悪な難民収容所を、海で命を落とさないための「人道的代替策」だと正当化するオーストラリアの歴代首相のように。

建国に伴う罪の補償《リドレス》を一度もしたことのない社会——奴隷制も先住民の土地の収奪も、誇るべき歴史のなかのごく小さな汚点にすぎないと強弁してきた国々——にとって、世界の不安定化はこのように映っているのだ。結局のところ、奴隷制プランテーション経済も、グリーンゾーン／レッドゾーンの分断と大差ない。拷問が行われているプランテーションの畑から目と鼻の先の農場主の家では、舞踏会が開かれていた。それらのすべてが暴力的に奪われた先住民の土地の上で行われ、北アメリカの富はその土地の上に築かれたのだった。

かつてこうした暴力的な強奪は、産業化時代を創造するという目的のもと、人種的序列の理論によって正当化された。彼らが築いた富と快適さのシステムが、多方面で同時に破綻しはじめるなか、まさにそれと同じ理論が甦ってきたことが明らかになりつつある。

トランプは、この現象のひとつの——初期の、たちの悪い——表れにすぎないのだ。トランプだけではないし、トランプが最後になることもない。

想像力の危機

イラクにおけるグリーンゾーンとレッドゾーンの居住者間に存在する、特権と安全をめぐる巨大な格差をどう表現しようか探るうち、少なからぬジャーナリストが行き着いたのはSFだった。言われてみれば、まさにそのとおり。少数の富裕層が壁に囲まれた城塞の中で優雅に暮らす一方、城塞の外の大衆は生き延びるために相互に戦闘状態にあるという構図は、近年制作されるSFディストピア映画のお定まりの設定になっている。退廃したキャピトルとその周囲に植民地化した地区とが対峙し、植民地での反乱を抑えるために殺人サバイバルゲームが行われる『ハンガー・ゲーム』しかり、荒廃しスラムと化した地球から離れた宇宙空間に浮かぶ、超エリート層専用のまるでリゾートのようなスペースコロニーを舞台にした『エリジウム』しかり。このビジョンは、西洋の支配的宗教に深く組み込まれている——大洪水が世界を洗い清め、その後には新たな世界を始めるべく選ばれた少数者だけが残るという壮大な物語《ナラティブ》とともに。それは世界をなめ尽くし、不信心者を焼き尽くして正しき者を塀で囲われた天の都へと導く大火の物語でもある。これまで私たちは、人類の最後というと、こうした極端な勝者対敗者の結末ばかりを思い浮かべることに慣らされてきてしまった。だが今や、人類の歴史にそれとは違う結末を思い描けるようになることが差し迫った課題である——危機が起きたとき、人々がばらばらになるのではなく、ひとつにまとまるような結末、境界線を増やすのではなく取り去るような結末を。

なぜなら、このまま進んでいったらどこに行き着くか、私たちはみな薄々気づいているからだ。それはカトリーナがくり返し起きる世界、人類にとって最も破滅的な悪夢をなぞる世界にほかならない。ユートピアを描くSFもサブカルチャーとしては人気があるものの、現在主流のディストピア小説や映画は、ひたすらグリーンゾーン／レッドゾーンに分断された未来を描きつづけている。けれども、そうしたディストピア作品の意義は、さながらカーナビのように私たちが否応なく向かっていく先を示すことではない。そうではなく、私たちに警告を発し、目を覚まさせることにこそ意義がある——この危うい道の行き着く先にあるものをこの目で見て、進路を変える決断ができるようにすることだ。

「私たちは世界をもう一度初めからやり直す力を持っている」とは、一八世紀末のアメリカの政治思想家トマス・ペインの言葉である。ここには過去から逃れるという、植民地プロジェクトとアメリカンドリームの両方の中心にあった夢が凝縮して語られている。しかし実際には、私たち人間はそんな神のような再創造の力を持ち合わせていないし、かつて持ったことも一度もない。人間は自分たちが作り出した混乱や、犯した過ちとともに生きなければならないのと同時に、この地球が維持できる範囲内で生きなければならないのだ。

けれども私たちには、自分を変える力、過去の過ちを正そうとする力、そして人間同士の相互関係や、人類全員が共有する地球との関係を修復する力もある。それこそが、ショックへの耐性の基盤となるものである。

第四部　今より良くなる可能性を探る

それは地平線上にある……私が二歩進めば、それは二歩退く。
一〇歩歩けば、地平線は一〇歩向こうへ。
どれだけ歩いても、決してたどり着くことはない。
ユートピアなど何の役に立つのか。その答えは――歩くのにもってこいということだ。

――エドゥアルド・ガレアーノ『歩く言葉』（一九九五年）〔未邦訳〕

第10章　ショック・ドクトリンが逆襲されるとき

私が一〇代後半のとき、母は何度か脳出血を起こし（脳腫瘍が原因と判明した）、障碍が残った。最初の発作はまったくの不意打ちだった。当時母は今の私より若く、活動的でバリバリ仕事もこなしていた。自転車に乗っていたときに突然発作を起こし、次の瞬間には脳神経科の集中治療室に運ばれ、体を動かすことも、人工呼吸器の助けなしには呼吸することもできなくなった。

母が倒れるまで、私は手の焼けるティーンエージャーだった。両親には心を閉ざし、友だちと派手に遊び回り、嘘をつくこともしばしばだった。成績が悪くなかったのが取り柄といえば取り柄だったが、親子関係はよく言ってもぎくしゃくしていた。

でも母の人生が一変してしまった瞬間、私も変わった。自分にも人の役に立つことができることに気づいた。愛情を示すこともできると（ご想像ください）。一夜にして私は大人になった。開頭手術を受けた母は、少しは体を動かせるようになったが、元どおりには程遠かった。母が障碍者として、それまでとは違った人生に適応していくのを目の当たりにして、私は人が新たな強さを見出す力をもっていることについて、多くを学んだ。

たしかに人間は、危機に陥ると後ずさりしてしまうことがある。私自身、それもたびたび目にしてきた。ショック状態に陥り、それまでの世界観を激しく揺るがされると、多くの人は子どものように受け身になり、人の弱みにつけ込んでくる人を信じて頼ってしまう。けれども私は自分の家族が衝撃的な出来事をくぐり抜けた体験を通して、それとは逆の対応のしかたもあるということを学んだ。私たちは危機のなかで変わり、成長し、あらゆるたわごとを――すぐさま――退けることができるのだ。

抵抗、記憶、ノーの限界

このことは社会全体にも当てはまる。コミュニティが、そのメンバー全員が共有するトラウマや共通の脅威に直面したとき、ひとつに結束して健全で成熟した行動をとり、それに立ち向かうことがある。過去にはそういうことがあったし、今後も起きると期待できる、心強い兆候がある。

トランプ政権は、大多数の国民に対して一挙に攻勢をかけている――提案された大幅な予算削減の影響を被る何千万もの国民をはじめ、人権活動家、アーティスト、先住民、移民、気候学者などなど。好戦的な姿勢や環境を破壊する行為は、国境を越えて世界中に多大な悪影響を及ぼすものであり、世界の安定性と地球の居住可能性に戦いを挑むことにほかならない。これまでの多くのショック療法家と同様、トランプ軍団がこう踏んでいるのは明らかだ――「すべてを一挙にやる」戦略によって敵対する人々は散り散りになり、最終的には疲れ果て、無力感に襲われて諦めるに違いないと。

この電撃戦略は、過去にしばしば奏功したことがあるとはいえ、実際にはきわめてリスクが高い。いくつもの前線で同時に戦端を開けば、相手の士気を削ぐことに成功しなかった場合には、逆に相手を結束させてしまう危険性が高いからだ。

トランプがキーストーンXLパイプライン建設を許可する大統領令に署名した日、ポンカ・ネーションのメンバーであるメカシ・キャンプ・ホリネクがアリーン・ブラウンの取材に応えて語ったのは、まさにそのことだった。

大統領が次々に下している良くない決定について、大統領に感謝したい――ひどい閣僚を任命してきたこと、眠れる巨人の目を覚まさせたことについても感謝したい。自分のために立ち上がったことなど一度もなかった人々、自ら声をあげたことなど一度もなかった人々、体を張って抗議したことなど一度もなかった人々が今、怒りを募らせている。トランプ大統領、あなたの偏見や性差別に、そしてこの国に暮らす人々全員を立ち上がらせ、結束させてくれたことに感謝します。

アルゼンチンがノーと言ったとき

ショック戦術は、立て続けに起きる出来事によって人々が茫然自失となったことを利用する。そのため、人々の恐怖やトラウマにつけ込んで民主主義が弱体化された過去の出来事が集団的記憶として色濃く残っている場所では、激しい逆襲を受ける場合がしばしばある。そうした記憶がショックを和らげる緩衝装置のような役割を果たし、いったい何が起きているのかを人々が理解し、さらには逆襲するための共通の足がかりとなるのだ。

これは私が一五年以上前、ブエノスアイレスの街で未来を垣間見る（前章で述べたのとは別の種類の）

体験をしたときに学んだことである。二〇〇一年末から二〇〇二年初めにかけて、アルゼンチンでは経済危機が発生し、その深刻さは世界を震撼させた。

一九九〇年代のアルゼンチンは、国をあげて急速に企業中心のグローバリゼーションを推進し、国際通貨基金（ＩＭＦ）から優等生と目されるほどだった。首都ブエノスアイレスの高層ビル群には国際展開する銀行やホテルチェーン、アメリカのファストフードレストランのロゴが燦然と輝き、新しくできたリッチでファッショナブルなショッピングモールは、しばしばパリに比せられるほどだった。『タイム』誌の表紙には、アルゼンチンの「奇跡」という言葉が躍った。

しかしその後、すべてが音を立てて崩壊した。債務危機が悪化の一途をたどるなか、二〇〇一年、アルゼンチン政府は新たな緊縮政策を課そうとした。一二月には預金凍結の噂が流れ、長年かかって貯めた貯金を引き出そうと市民が押し寄せたため、これらの銀行は軒並み、窓やドアに板を打ちつけるありさまだった。抗議デモの波は全国に広がり、郊外ではヨーロッパ系チェーンのスーパーが略奪された。一二月一九日、混沌とした状況のただなか、フェルナンド・デ・ラ・ルア大統領が顔に汗を浮かべてテレビに出演し、「不和と暴力の拡大をもくろむ、秩序に敵対する集団」がアルゼンチンを攻撃していると言明。デ・ラ・ルアは三〇日間の非常事態を宣言し――これにより大統領は、報道の自由をはじめとする憲法で保障された権利を一時停止する権限を得た――、外出禁止令を発動した。

アルゼンチン国民の多くは、この大統領の宣言を軍事クーデターの予兆ととらえた――そしてこれは大統領にとって致命的な失敗だった。老いも若きも人々は自国の歴史をよく知っており、一九七六年の軍事クーデターが、内部の敵に対抗して治安を回復することを口実に起こされたことも十分承知していた。軍事政権は一九八三年まで続き、その間に三万人もの人の命が奪われたのだ。

人々は二度と祖国を失うまいとの決意を胸に、デ・ラ・ルアがまだテレビで外出禁止を命じている間にも、ブエノスアイレス中心部の「五月広場」に集結した。何万人もの市民が広場を埋め尽くし、鍋やフライパンをスプーンやフォークで叩きながら、大統領の指示に対して無言の、しかし大音響の非難を表明した。アルゼンチン国民は、秩序の名のもとに自分たちの基本的自由を明け渡したりしない――二度と再び、今度は絶対にしない、と。

このすばらしい集会は、やがて自らの声を見出した。孫のいる年齢の女性たち、高校生、バイク配達人、失業中の工場労働者……多様な人々で構成された群衆のなかから、ひとつの抵抗の叫びが湧き起こったのだ。それは、政治家や銀行家、IMFなど、アルゼンチンの繁栄と安定のための完璧な処方箋があると主張していた「専門家」に直接向けられた言葉だった。「ケ・セ・バヤン・トドス！」――みんな出て行け！　警察との衝突で抗議参加者に死者が出てもデモは解散せず、結局、全国で二〇人あまりが命を失った。混乱のさなか、大統領は非常事態を解除し、大統領官邸からヘリコプターで脱出することを余儀なくされた。新しい大統領が任命されると、人々は立ち上がり、きっぱりと拒絶した――もう一度、そしてさらにもう一度。わずか三週間で三人も大統領が辞任に追い込まれた。

アルゼンチンではその間、崩壊した民主主義の瓦礫のなかで、不思議な、そしてすばらしいことが起きていた。政治的指導者や安定した政府が不在のなか、近隣の者同士がアパートや家の窓から顔を突き出し、互いに話をしはじめた。そしてともに考えはじめたのである。一カ月後には、ブエノスアイレスのダウンタウンだけで約二五〇の「アサンブレアス・バリアレス」(大小の地区集会)が生まれていた。オキュパイ・ウォールストリートをほうふつとさせる動き――しかもそれが至るところで起きたのだ。道でも公園でも広場でも、人々は夜遅くまで集会を開き、将来について計画したり、議論したり、証言したりした。そして、アルゼンチンが対外債務を支払うべきか否かから、次の抗議デモをいつ行うか、閉鎖した工場の労働者たちが民主的な協同組合を作り、自主管理によって稼働させている運動をどう支援するかに至るまで、あらゆることを投票で決めた。

これら初期の集会の多くは、政治集会であると同時に集団療法の場でもあった。参加者たちは人口一三〇〇万人の大都市で自分がいかに孤立していたか、経験を語り合った。学者と商店主は互いに気にもかけなかったことを謝り、広告マネージャーたちは失業した工場労働者を見下していたことを認めた——失業したのは自業自得だと思い込み、経済危機が自分たち国際派の中流階級の銀行口座にまで及ぼうとは夢にも思っていなかったのだった。やがて、現在の間違った行いに対する謝罪は、独裁政権時代の出来事についての涙ながらの告白に変わった。一人の主婦が立ち上がり、三〇年前、誰かの兄弟や夫がまた軍事政権に連れ去られたと聞くたびに、徐々に他人の苦しみに心を閉ざすようになっていったと打ち明けた——「ポル・アルゴ・セラ」(ほかに理由があったに違いない)と自分に言い聞かせていたのです、と。人々はともに、過去に失ったものの大きさを改めて心に刻み、そうした過ちが二度とくり返されることのないよう、新たな関係を築こうとしていた。

こうして彼らは下から、国家《ネーション》/民族の物語を変えようとしていたのだ。

アルゼンチン市民の蜂起から生じた政治的変化は、ユートピア的なものとは程遠い。その後、二〇〇三年に大統領に就任したネストル・キルチネル、次いで二〇〇七年に妻のクリスティーナが率いた政府が民主主義を回復した。彼らは街頭のメッセージを的確に読み取り、その精神と要求をすくい上げて、一〇年以上にわたって進歩的な統治(スキャンダルまみれではあったにせよ)を行った。もし仮に、当時の大衆運動が権力を掌握する独自の構想を打ち出すことができていたら、あのかけがえのない政治的瞬間以降、どれほどのことが達成できたかについては、今日なお激しい議論が戦わされている。それでも、アルゼンチン国民がデ・ラ・ルアの緊縮政策に抵抗し、外出禁止令に逆らったことによって長年の経済的苦境から自らを守ったことは、否定できない事実である。

スペインがノーと言ったとき

歴史の記憶がいかにして強力な緩衝装置の役割を果たせるかを示すもうひとつの例が、アルゼンチンの数年後にスペインで起きた。二〇〇四年三月一一日、マドリードの三つの駅と列車で一〇回の爆発が起き、二〇〇人近くの死者が出た。マドリード市民ならほとんど誰もが利用する交通網への攻撃であり、誰が次の犠牲者になってもおかしくないという恐怖がたちまち街中に広がった――一〇年あまり後、パリで同様のテロが発生して街を恐怖に陥れたときと同じだった。

公式の捜査により、攻撃はアルカイダに賛同するテロ組織の犯行であることが判明し、スペインがアメリカ主導のイラク侵攻に加わったことに対する報復だと報じられた。ところが、ホセ・マリア・アスナール首相はすぐさまテレビに出演して、バスク分離独立を主張する組織「バスク祖国と自由」の犯行と断定したうえで――筋の通らない結論だが――イラク戦争への参加という不人気な決断への支持を呼びかけた。「スペイン全土で幾度となく死をまき散らしているこれらの暗殺者とは、いかなる交渉も不可能であり、望ましくもない。断固とした姿勢をとる以外にテロ攻撃を終わらせる方法はない」とアスナールは述べた。

9・11後のアメリカでは、大部分のメディアをはじめ多くの国民が、ジョージ・W・ブッシュとディック・チェイニーの「われわれの側につくか、テロリスト側につくか」というレトリックを強い指導力の証しと見て、終わりのない「テロとの戦い」を戦う強大な権限を彼らに手渡した(トルコの独裁的な大統領レジェップ・タイイップ・エルドアンは、二〇一六年に軍の一部が企てたクーデターが未遂に終わった後、いっそうの強権的政策を打ち出し、その後の国民投票によって大幅な大統領の権限拡大に成功した)。ところが、悲しみに沈むスペイン国民に向かってアスナールが同様の戦術を試みたとき、国民はそれを強い指導力の証しと見なすどころか、ファシズムが再び頭をもたげる不吉な兆候と見たのだ。「私たちの耳にはまだフランコの残響が残っている」と、マドリードの大手新聞編集長ホセ・アントニオ・マルティネス・ソレルは言う。ソレルは、三六年にわたって恐怖政治を敷いたフランシスコ・フランコ独裁政権下で迫害された経験をもつ。「アスナールは国民に向かって、その一挙手一投足、言葉一語一語で自分こそが正しいとアピールし、真実の発信者は自分であり、自分に異を唱える者は敵であると主張したのです」

祖国が恐怖に支配されていた時代を記憶するスペイン市民は、その後二日間にわたって大挙して街頭にくり出し、恐怖とテロに――そればかりか、政府の嘘とイラク戦争にも――ノーを突きつけた。これらはすべて総選挙直前の出来事だったため、有権者はその機会を逃さずにアスナールを敗北に追いやり、スペイン軍のイラクからの撤退を公約していた党に票を投じた。過去のショックについての集団的記憶があったからこそ、スペインは新たなショックに耐性をもつことができたのだ。

9・11と公式の忘却の危険

二〇〇一年九月一一日、ニューヨークの世界貿易センタービルに二機の飛行機が突っ込み、もう一機がペンタゴンに突っ込むというテロが起きた――が、その国には、スペインやアルゼンチンのような国民全体に共有される記憶はなかった。これは、アメリカの歴史にくり返されるトラウマが刻まれていないという意味ではない。アメリカは、先住民のジェノサイドから奴隷制、そしてリンチや大量収監に至るまで、国家によるテロが吹き荒れるなかで建国された国である。トラウマは今日まで絶えたことがない。さらに、そうした暴虐にはショックや危機がつきものだった。南北戦争の後、解放奴隷への経済的補償となるはずの土地再分配の約束はすぐに反故にされた。経済の荒廃と国の分断という言い訳は、「大不況」と呼ばれる一八七三年の金融危機でさらに固定化し、南部では解放奴隷に対して補償どころか恐怖による支配が行われた。一九二九年に大恐慌が起きると、経済恐慌のさなか、二〇〇万人にも上るメキシコ人やメキシコ系アメリカ人が国外追放された。一九四一年の真珠湾攻撃後、約一二万人の日系アメリカ人(その三分の二はアメリカ生まれ)が強制収容所に送られた。同様にカナダでも、日系カナダ人ほぼ全員が強制収容所に抑留された。

したがって、9・11後のアメリカの問題は、これまで衝撃的な出来事が民主主義や人権への攻撃に利用される経験がなかったということではない。問題はむしろ、こうした過去の衝撃的な出来事が、被害者のコミュニティ内では非常によく理解されていた一方、社会全体では十分に理解されていなかったことにある。それが国民全体の共有する物語《ナラティブ》に組み込まれていなかったのだ。もし組み込まれていれば、妥当な安全保障対策と恐怖に便乗して自らのアジェンダを進める政治との違いを、すべてのアメリカ国民が見分ける助けになっていたはずである。

だからこそブッシュ政権は、9・11のトラウマというショックを容赦なく利用して、国内では市民的自由を侵害し、国外では戦争——諜報の改ざんによって正当化されたものだったことが今ではわかっている——を始めることができたのだ。そしてだからこそ、ハリケーン・カトリーナの襲来時とその後の国家による無視と暴力は、多くの白人アメリカ人にとっては前代未聞のことに思えても、ニューオーリンズのアフリカ系アメリカ人住民には、さほどの驚きではなかったのである。

トランプの勝利に驚愕した人たちと、そうなると予想していた人たちの間にも、同じような人種的断層が横たわっている。

アメリカにおけるショック耐性

だがトランプ就任後に明らかになったのは、9・11後にテロの恐怖がどれほど利用されたかについての記憶は、決して失われていないということだった。トランプとトランプ支持者たちは、国民を支配し分断するために、イスラム教徒やメキシコ人、暴力的な「ゲットー」への恐怖をあおって、それを利用しようと躍起になったが、この戦術は再三にわたって逆襲を受けた。トランプの当選以来、数え切れない人々が生まれて初めて政治的な行動や集会に参加し、「他者」と位置づけられた人々との連帯を示したのだ。

それは新政権の初日から始まった。トランプの就任式当日、気候正義運動から「ブラック・ライブズ・マター」まで、さまざまな運動を代表する小規模なグループが、就任式に向かう道を封鎖しようとあちこちの交差点で座り込みなどを行った。そして翌日にはウィメンズ・マーチが全米約六〇〇の都市で行われた。これには推計四二〇万人が参加し、組織的な抗議行動としてはアメリカ史上最大規模のものだったと思われる。計画段階では大規模女性団体や経験豊富な活動家が力を貸したが、もともとはハワイに住む元弁護士で孫のいる女性の発案だった――彼女がフェイスブックで、数十人の友だちに「抗議のデモをするべきだと思う」と提案したのだ。

私も家族や友だちと一緒にワシントンDCを歩いたが、参加者の大半は女性であるものの、男性たちもパートナーや母親、姉妹、娘、友人の権利を守るために立ち上がり、何万人もが参加していることに強い感銘を受けた。当初は、これは女性による女性のためのデモ――自分の身体についての自己決定権を守り、男女平等賃金を求めることだけを目的とした――だと考えていた人もいたかもしれない。だがすぐに、この新しい時代には、女性の権利はそれよりはるかに広範なものだということが理解された。そこには、警察による暴力から自由になる黒人女性の権利や、国外退去の恐怖から自由になる移民女性の権利、そしてヘイトや嫌がらせ《ハラスメント》から自由になるトランスジェンダー女性の権利なども含まれるのだ。ウィメンズ・マーチの声明は高らかにこう謳いあげた――「このマーチは、新しい関係を基盤にして、さまざまなコミュニティを結束させるための最初の一歩であり、草の根レベルから変化を創造することを目的にしている」

これと同じ団結の精神は、トランプ政権、または同政権が野放しにした一連のヘイトクライムによって特定のコミュニティが標的にされたときにも示された。新たな積極的行動主義《アクティビズム》が最も鮮明になったのは、トランプがイスラム教徒に対する最初の入国禁止令を出した後だった。何万もの人々――宗派を問わず、無宗教の人も含めて——が街頭や空港にくり出し、「私たちはみなイスラム教徒だ」「彼らを入国させよ」と書いたプラカードを掲げて抗議した。

入国禁止の対象になった七カ国のうちのひとつはイエメンだった。ニューヨークではイエメン系アメリカ人の住民——「ボデガ」と呼ばれる街角の食料品店の多くを経営している——が、すばやく行動を開始した。彼らはもともと政治的に活発なコミュニティではなく、コミュニティを代表するような組織や労働組合もない。ところが数日のうちに最初の「ボデガ・スト」が行われ、市内の一〇〇〇以上のボデガが店を閉めた。路上で礼拝を行う人々もあった。彼らを支援しようと何千人もの家族や友人、顧客らが駆けつけた。

「分断統治」の戦術にとくに積極的に反対しているのは、宗教団体である。たとえばセントルイスとフィラデルフィアのユダヤ人墓地が荒らされたとき、イスラム教団体は当初の目標の八倍に上る一六万ドルの寄付を集め、修復費用として提供した。二〇一七年一月にケベックシティで白人至上主義者がモスクで銃を乱射し、六人が死亡、一九人が負傷する事件が起きたときには、ケベック州とカナダ全土で市民が力強い非難の声をあげ、バンクーバーからトロント、北東部バフィン島のイカルイトまでの各地で、何十もの追悼や祈りの会が——多くはモスクの前で——開かれた。

小さな行為もまた、恐怖と分断の雰囲気のなかで、私たちが共通してもつ人間性を主張することができる。パレスチナ系アメリカ人のリンダ・サスーアは、ワシントンのウィメンズ・マーチを企画した一人だが、トランプ支持者からネット上で、隠れテロ支援者、反ユダヤ主義者だという悪質な誹謗中傷を浴びせられた。これと同類のデマは、9・11後に多くの人の生活やキャリアを台無しにした。だが今回はうまく行かなかった。たちどころに #IStandWithLinda（私はリンダとともに立ち上がる）という反撃キャンペーンが開始され、その声は大きく、また広範囲に及んだため、誹謗中傷は影をひそめた。また、子どものときに両親と一緒にアメリカに来た二四歳のダニエル・ラミレス・メディーナが移民当局に逮捕されたときにも、釈放を求めるキャンペーンが開始され、メディーナはワシントン州の収容施設に六週間あまり拘束された後、釈放された。

もっと大きな規模では、何百もの都市や郡(そして学校、大学、教会、レストランなど)が立ち上がり、トランプ政権が国外退去させようとしている移民のための「聖域」となることを宣言した。この「聖域運動」(二〇一六年の選挙のかなり前から始まっていた)は、コミュニティ同士が力を合わせることによって、監視の目が届くかぎりは国外退去を防ぐことができるという信念に基づいたものだ。だが、多くの人が指摘するように、この方法では警察や国境警備隊が家宅捜索を行い、家族をバラバラにするのを防げないこともしばしばある。そのため、アメリカ自由人権協会(ACLU)は大統領選挙日から三カ月間にオンライン寄付を通じて八〇〇〇万ドル近くの資金を集め、州政府および市自治体に対してトランプの移民政策から移民を守るために、九つの基本政策を採用するよう働きかけるキャンペーンを行っている。すでに一カ月で一〇〇〇以上の自治体が、地元の法執行機関に対してこれに従うよう働きかけている(こうした要求だけでは十分ではないという批判もあることは指摘しておく必要がある)。

増大する排外主義者たちは、市民と移民との間に存在する相互依存関係を否定したがっているが、まさにそうした相互依存関係を強調することをめざす行動も数多くある。二〇一七年二月、さまざまな都市のさまざまな職種の労働者が「移民のいない日」に参加し、アメリカ経済が、トランプが追い出そうとしている人々にいかに依存しているかを浮かび上がらせた。主催者の一人はこの日のイベントについて記者にこう語っている。「われわれ移民が建物を建てたり、料理をしたり、清掃したりしなければ、この町は機能しないということを人々にわかってもらいたいのです」(オクラホマ州では、デモに参加したことで一二人のレストラン従業員が解雇されたが、近隣の少なくとも二軒のレストランが、すぐに彼らを雇うと申し出た)

事実による反撃

トランプ時代のもうひとつの顕著な特徴は、事実に戦いを挑むかのような事実の軽視である。新聞があたかも国民の敵であるかのように位置づけられているばかりか、科学的情報が政府機関のウェブサイトから消え、気候変動について政府の公式チャンネルを通して議論することは事実上禁じられている。これに対抗して、客観的事実を守るための創造的な取り組みもいくつか生まれている。就任式から何日もたたないうちに、バッドランド国立公園のツイッターアカウントがまず、政権による科学への弾圧に反旗を翻し、海洋酸性化や大気中のCO_2濃度についての事実をツイートした。これらは投稿後まもなく削除されたが、その間に、政府による禁止に従わない一連のツイッターアカウントが次々に登場した。

重要な科学研究の成果が政府のウェブサイトからいつの間にか姿を消すなか、そうした研究を「記憶穴《メモリーホール》」(ジョージ・オーウェルの『一九八四年』に描かれる、不都合な記録の抹消装置)から救い出そうと、国際協調による取り組みが生まれている。サンフランシスコに拠点をおく非営利のデジタルライブラリー、インターネット・アーカイブは、過去二〇年間一般市民向けのウェブコンテンツ保存に力を入れてきた(すでに何千億というウェブページがアーカイブされている)が、トランプ当選後まもなく、アメリカのデータをカナダのバックアップサーバに保存する計画を発表した。就任式の直前には「データ・レスキュー」と銘打ったイベントがいくつかの都市で行われ、研究者とボランティアが協力して、米環境保護庁(EPA)をはじめとする政府機関のウェブサイトからデータのバックアップを取った。二〇一七年二月にカリフォルニア大学バークリー校で行われた「ハッカソン」には二〇〇人が参加し、米エネルギー省やNASA(米航空宇宙局)地球科学プログラムをはじめとする公的機関のデータの保存に貢献した。

科学者は往々にして政治活動への参加に警戒心を示す。自身が研究している問題に関してある立場から主張を行えば、中立性を失った証拠と見なされる恐れがあるからだ。したがって科学者が慎重姿勢をとるのは当然といえるが、トランプ政権による科学的事実へのあからさまな攻撃と、不都合な研究を抑圧する厚顔無恥な試みを前にして、多くの科学者が態度を明確にする必要があるという結論に至った。著名な霊長類学者ジェーン・グドールは、科学に対する攻撃は、科学界に対する「緊急行動の要請《トランペット・コール》」だと表現する。

だからこそ、二〇一七年四月二二日のアースデーにワシントンで行われた「マーチ・フォー・サイエンス」には数万人の科学者が参加し、シカゴとロサンゼルスでも四万人以上がデモに加わったのだ。そしてこれ以外にも、六〇〇を超えるデモが全米各地、そして世界六八カ国で行われた。スタンフォード大学のある生物学者は『ガーディアン』紙にこう語っている。「事実をオープンに議論できなかったら、民主主義がどうして生き延びられるでしょうか。その基盤は公の場での議論と社会的真実への信頼にあるのに。だから私たちはデモをするのです」(くり返されたコールのひとつは「何がほしい?――証拠に基づく研究だ。いつほしい?――査読の後に」だった)。そして、そのちょうど一週間後の四月二九日には「ピープルズ・クライメート・マーチ」が行われ、うだるような暑さのなか、ワシントンには何十万人もが結集し（このときも何百ものデモが各地で同時開催された）、「気候、雇用、正義」の旗のもとに抗議の声をあげた。参加者は単に科学を尊重することだけではなく、科学に基づいて大胆かつ緊急の経済的・社会的改革が行われることを要求したのだ。

この初期の抵抗のうねりにおいて顕著だったのは、誰が「活動家」や「デモの主催者」で、誰がそうでないかを分ける壁が完全に崩れつつあるということだった。今まで政治的なことなど一度も企画したことのない人たちが、多くの人が集まるイベントを主催している。専門分野が何であろうと――弁護士であれ、レストランの従業員であれ――誰もがこの新たに生まれつつある抵抗のネットワークにおいて共有できる重要なスキルをもっているということに、多くの人が気づきはじめている。そしてどこに住み、どこで働いていようと――研究所であれ、ボデガであれ、法律事務所であれ、自宅であれ――他の人々と結束することによって、危険なシステムの歯車を狂わせるだけの力をもてるのだ。けれども同時に、現在求められている緊急性と事態の重要性を受けて立つには、いま欠けているスキルや知識を身に着ける必要があることに、多くの人が気づきつつある――歴史について、政治システムを変えるにはどうすべきか、さらには自分自身を変えるにはどうすべきかについてのスキルや知識である。そのため、目に見えるキャンペーンや抗議行動に加えて、市民教育の場がどんどん生まれている。多くの人にとって最初の一歩は、民主主義の仕組みを学び直すことだ。ハーバード大学の大学院生たちが、オンラインと実際に顔を合わせての両方の形で「抵抗教室」を開設し、新米活動家た

ちに「連邦、州、地方自治体の各レベルで反撃するために必要なツール」を伝授すると発表すると、五〇州すべてから五万人以上が受講を申し込んだ。

　トランプ当選からほどなく、元民主党議会スタッフ数人が二四ページのグーグル・ドキュメントを作成した。「インディビジブル・ガイド」〔indivisible は「不可分」「分断できない」の意味〕と名づけられたこの文書は、草の根保守であるティーパーティがオバマの政策を阻止するために各行政区でしたことから得た教訓を集約した、いわば抵抗のためのマニュアルである。これが大反響を呼び、トランプ就任直後の一〇〇日間で全米各地に七〇〇〇以上の「インディビジブル」支部が結成された。そこに集まったのは大半がゴリゴリの活動家ではなく、自分たちの代表である議員がトランプの政策の推進に手を貸していることに怒った教師や退職した人たちだった。「インディビジブル・ガイド」は、草の根民主主義のわかりやすい手引書であるだけではない。「ガイド」とそれに触発された積極的行動主義《アクティビズム》が与えてくれるのは、「単に政治的なコミュニティではなく、思いやりのあるコミュニティ」なのだと、バージニア州でインディビジブルの活動に関わる人物は言う。「人々がここに結束するのは、道を踏み外そうとしているこのシステムに対する市民としての共通の責任感からなのです」

　また白人の間では、自分自身、あるいはコミュニティや家族のなかにある人種偏見に、もっと立ち向かう必要があるという意識が高まっている。「ショーイング・アップ・フォー・レイシャル・ジャスティス（人種的正義のために姿を現す）」のようなグループでは、研修やワークショップへの関心が高まっており、ニューヨーク・アラブ・アメリカン協会などのグループは、ヘイトクライムや人種ハラスメントへの効果的な介入のしかたを学ぶための充実した内容の研修を実施している。

　さらに、トランプ政権がDVを受けた女性を保護するシェルターや家族計画、女性に対する暴力に関わるプログラムなどの予算を大幅に削減する準備を進めていることに対抗して、草の根での資金集めの取り組みも開始された。人工妊娠中絶や避妊など女性の権利を保護するNGOプランド・ペアレントフッドの報告によれば、選挙直後の一カ月で二六万人もの人から寄付があり、その四分の一近くは「マイク・ペンス」の名前で行われた（選挙戦中、ペンスは一九七三年に最高裁が妊娠中絶を女性の権利と認めたロー対ウェイド判決を「歴史のくずかご」に捨てたいと発言していた）という。

これらの連帯行動と団結の表明はすべて、この数十年間の政治運動の「タコツボ」化の末に、トランプ主義を打ち破るにはひとつの運動だけでは不可能であり、互いに協力するしかない——という事実に気づく人が増えていることの反映にほかならない。重要なのは結束すること、互いを助け、守る関係をかつてない形で作っていくことである。トランプの閣僚指名承認公聴会が始まったとき、多種多様な闘争に関わっている五〇以上の進歩派グループが結束し、「ユナイテッド・レジスタンス（団結した抵抗運動）」宣言を行った理由はまさにそこにある。この宣言は、「街頭でも、権力が行使される場でも、あるいは日々のコミュニティでの暮らしにおいても、互いを支援するために行動し、互いに説明責任を果たし、連帯してともに行動する」ことを誓い、「一人が標的にされれば、それは私たち全員が標的にされたことだ」と述べている。

そして、ひとつの領域だけに視野を絞る余裕も私たちにはない。ワシントンのウィメンズ・マーチでアンジェラ・デイヴィスは力強い演説をこう締めくくった。「トランプ政権のこれからの一四五九日は、抵抗の一四五九日になります。現場で抵抗し、教室で抵抗し、職場で抵抗し、アートと音楽において抵抗する。これはまだ始まったばかりです。かのエラ・ベイカーが言ったとおり、「自由の尊さを信じる私たちは、自由が手に入るまで休むことはできない」のです」

トランプによる弱い者いじめを拒絶する声はアメリカ国内だけでなく、北米大陸全体に広がっている。イスラム教徒に対する入国禁止令が発表されると、カナダでもイスラム教団体や移民の権利擁護団体の主導で数千人がただちに行動を開始し、アメリカへの入国を拒まれた移住民や難民に対してカナダが避難場所を提供することを求めた。アメリカを逃れ、極寒のなかを徒歩で国境を越えてカナダ入りする移民が増えており、彼らを受け入れる支援運動も生まれつつある(凍傷で手足の指を失ったという恐ろしい話も耳にする)。

カナダの難民法制は、現時点ではアメリカを「安全な」国として扱っているため、アメリカからカナダに逃亡し、亡命を求めることは合法とは見なされない。だが現在、多くの人々がこうした規則を変えるよう、署名やデモを通してカナダ政府に働きかけている。法学者のグループが出した書簡が指摘するとおり、トランプの行動は「偏見に凝り固まった、排外主義的・移民排斥主義的な恐怖の悪用そのものであり、国際的な難民保護体制の目的はまさにこうしたものを抑止することにある」のだ。

メキシコでも一〇以上の都市で、数万人がトランプの移民政策とメキシコに対する民族的中傷に抗議している。抗議のうねりは北米だけにとどまらない。イギリスでは二〇〇万人近くが、トランプの公式訪英を阻止することを求める公式の嘆願書に署名した(トランプは王室の金の馬車に乗ることを要求していると伝えられている)。また、パリ協定で約束した温室効果ガス排出削減目標を守らなかったとして、アメリカに貿易制裁を科すことを各国政府に求める国際運動も広がりつつある。さらにトランプ・ブランドを阻止する運動も、各地のトランプタワーにテナントとして入っている企業のボイコットを求める国際的呼びかけや、都市の高層ビルにトランプの名を冠しないよう開発業者に求める運動など、広がりを見せている。

……そして世界中で

近年、世界のほとんどの国で白人至上主義やネオファシストが台頭してきているが、こうした動きに対する市民の抵抗が起きていることを示す兆候も数多い。ヨーロッパでは反移民の風潮に対抗して移民を歓迎することを表明する大規模なデモが、ベルリンからヘルシンキに至るまで大陸全土で行われている。バルセロナでは、(住宅立ち退きに反対する活動家出身の)新市長の呼びかけに応じて、一〇万人を超える市民が「ボレム・アコリール」(私たちは移民を歓迎する)という横断幕を掲げてデモ行進した。

政府の無策に対抗して、直接の援助を提供する草の根団体も数多く生まれている。二〇一五年に多数の移住民が漂着しはじめた当時、ギリシャ国民は「五年にわたる緊縮政策というショック療法の結果、生活レベルの低下に苦しみ、社会的・政治的権利も労働者の権利も失っていた」と、社会学者テオドロス・カリオティスは言う。ところが人々は、残ったものを必死に守ろうとするのではなく、「あふれるような連帯の心」で移民たちを迎え入れた。何千人ものギリシャ人が難民に自宅を開放し、何百万食もの手料理が難民キャンプに届けられ、地方自治体が運営する診療所では無料で医療が提供され、労働者が運営する工場の倉庫が衣服やベビーフードなど寄付された物の集積所として開放された。

ドイツでは、移住民を学校の体育館や空きオフィスビル、空き倉庫、兵舎、さらにはかつてのナチスの強制収容所など劣悪な環境に入居させる案が浮上すると、安全な場所を求める移住民の家族と、自宅に空き部屋のある地元住民とをマッチングする「難民のためのＡｉｒｂｎｂ《エアビーアンドビー》」が組織された。こうした取り組みは現在、ほかの一三カ国に広がっている。カナダでもすばらしい難民支援運動が展開しており、何千人もの市民がシリア人家族を支援している。移民たちが新しい言葉や文化、気候に適応するまで一年間にわたって経済的支援を行い、個人的な人間関係も結ぶというもので、『ニューヨーク・タイムズ』紙はこの取り組みを、「世界で最もパーソナルな定住プログラム」と評している。

　最も心強いのは、トランプの台頭によって他国の選挙でも極右の勝利が連鎖的に起きるのではないかという当初の懸念に反して、正反対の結果が出ている国があるということだ。トランプの醜悪な政権の発足を目の当たりにして、一部の有権者はこの流れをなんとしても食い止めようと心に決めたのだ。オランダでは二〇一七年三月に総選挙が行われ、事前の予想では反イスラム、排外主義を掲げるヘルト・ウィルダース率いる極右自由党が勝利するとの見方が優勢だった。ところが、ウィルダースの支持は突然急落し、与党自由民主党が、ほぼそれまでの議席を維持した。だが選挙の最大の勝者は、四議席から一四議席へ躍進したグリーンレフト党だった。党首のイエッセ・クラファーはモロッコとインドネシアの血を引いており、大胆な反人種主義のメッセージを打ち出して選挙戦を戦った。選挙当日、クラファーは右派ポピュリズムとファシズムの復活に直面するヨーロッパの政治家にこう呼びかけた。「有権者をだまそうとしてはいけない。原理原則を曲げないこと。率直であること。難民の側に立つこと。ヨーロッパの側に立つこと。……ポピュリズムは食い止めることができるのです」

数カ月後、フランスで多くの人が心に留めたのが、このアドバイスだった（最終的には十分多いとは

言えなかったが）。極右のマリーヌ・ルペンが大統領選で勝利するかもしれないという脅威に直面した多くの人が、クリントン対トランプの二の舞になることを恐れて中道候補を支持するのをやめ、代わりに左派ポピュリスト候補ジャン＝リュック・メランションを支持したのだ。メランションは、反自由貿易、平和主義、そして思い切った所得の再分配という公約を掲げて選挙戦を戦い、集会にはほかのどの候補より多い七万人もの聴衆が集まった。当初、支持率はわずか九％と報じられていたが、予想を裏切って第一回投票で一九・六％の票を獲得、決選投票までわずか二％弱に迫るという躍進を遂げた。決選投票では、新自由主義者で元投資銀行家のエマニュエル・マクロンがマリーヌ・ルペンを破ったが、ルペン率いる極右国民戦線はそれでも過去最多の票数を獲得した。棄権ないし無効票によって、ルペンとマクロンのどちらも支持しないことを表明した有権者は約三分の一に上った。一方スペインでは、バルセロナとマドリードの市長選で社会運動に深く関わった経歴をもつ候補が勝利し、難民受け入れやホームレス問題、そして環境汚染と同時に取り組むための具体的な政策を導入しはじめている。

大きなショックに見舞われたとき、連帯は生き延びられるか

これらの動きは、9・11後に打ち出された「分断統治」政策（あまりにも大きな成功を収めた）から見れば、飛躍的な進歩である。これまでのところトランプのショック戦術は、反対陣営に動揺や混乱を引き起こしてはいない。それどころか、国内外で多くの人々の目を覚まさせる効果を発揮している。だがアメリカに生まれつつあるこの新しい連帯は、言うまでもなく、まだ大規模な安全保障危機や緊

急事態を経験したことがない。本当の試練は、「大きな危険が迫っている」とか「連帯を表明している組織が、先週起きた爆弾テロの実行犯をかくまっているかもしれない」などという情報が流れたとき、それまでと変わらない勇気や連帯が保たれるかどうかである。

とはいえ、政権発足後間もない時期に築かれた関係の多くは、たとえ非常事態が起きて不可避の恐怖が忍び寄ってきたとしても、十分それに対抗できる強さをもつと信じるだけの理由はある。もしトランプが危機的な出来事を利用して、過酷な政策を無理やり押し通そうとすれば、この新しい抵抗勢力が立ち上がり、壁として立ちはだかる用意はできている。そしてこう言うのだ——「ノー、今度こそノーだ」と。

第11章 「ノー」では十分でなかったとき

問題がひとつある。ショック戦術を食い止めるには、ただノーと言うのでは――少なくともそれだけでは――十分でない場合がしばしばあるということだ。これは『ショック・ドクトリン』を出版した翌年、ウォール街が一九二九年の大恐慌以来最悪の危機に見舞われたときに私が学んだ教訓である。二〇〇八年の金融危機は、明らかに金融部門で強欲が野放しにされた結果だったが、それが世界中――とくに南ヨーロッパ――で一般市民に過酷なショック・ドクトリン式の譲歩を強いるために利用されたことを、私たちはこの目で見てきた。ヨーロッパの人々は、こうした陰険な戦術に対して、信じられないほどの粘り強さと勇気(トランプ政権下のアメリカで人々がこれまで見せたものをはるかにしのぐ)をもって抵抗した。彼らは広場を占拠して、何カ月もとどまった。ゼネストを打って都市機能を麻痺させ、ろくでなしを選挙で駆逐することまでした。ヨーロッパの外に目をやれば、チュニジアでは食糧価格が急騰し、それをきっかけにして「アラブの春」と呼ばれることになる蜂起のうねりが起きた。

この時期、都市の街頭で叫ばれたスローガンのひとつ(イタリアで始まり、やがてギリシャやスペインに広がったもの)に、「あなたたちの危機には金は出さない!」というのがある。大多数の人々にとって、金を出せと言われていることは明らかだった。人々は銀行家から請求書を押しつけられ、彼らの犯した罪を償うよう――生活費の上昇と賃金の下落という代償によって――迫られていたのだ。だから彼らはノーと言った。大きな声で、はっきりと、おびただしい数の声をあげた。

しかしそれだけでは足りない場合がほとんどであり、経済的懲罰は次々に押し寄せた。それでも時には、途方もなくひどい緊縮政策が街頭デモによって撃退できることもある。二〇一二年、ケベック州の学生たちは学費値上げを阻止したし、二〇一一年、チリの学生は崩壊した教育制度の全面的見直しを勝ち取った。だが緊縮政策のアジェンダは容赦なく推進された。

さらに重要なのは、こうした抗議デモや占拠の波が、現行の経済モデルに根本的な変革――グリーンゾーンとレッドゾーンに分断された世界へと突き進む道から脱するような変革を起こせなかったことだ。現行モデルが、大恐慌以来なかったほど明らかにその失敗を露呈したというのに、私たちはみなで力を結集してその瞬間をとらえ、歴史の舵を握って方向を変えることをしなかったのだ。

その責任は私たち全員にある。誰か一人の人間や一つの政党に、その責任を負わせることはできない。ただ、二〇〇八年の金融崩壊後における失敗が最も顕著だった国はアメリカだった。漸進的ではない思い切った改革を行うのに有利な要因が数多く揃っているように思われたからだ。したがって、この時期について少し深く掘り下げてみることは十分に価値がある。犯人探しをするためではなく、あのような貴重な政治的チャンスを逃すのがどんなことなのかを理解するためである――次に経済的ショックが起きたとき、同じ間違いをくり返さないように。

時計の針を二〇〇九年初めに戻してみよう。バラク・オバマが初のアフリカ系アメリカ人大統領としてホワイトハウスに入ったところだ。それはブッシュの八年間への明確な非難の表れにほかならなかった。オバマはいともたやすく一般投票を制し、続く二年間は民主党が上下院ともに多数派を占めることになる。

オバマは、ずたずたになった経済を小手先で修正するのではない、根本的な変化を起こす明確な民主的負託を得ていた。就任前の三カ月間に、アメリカではほぼ二〇〇万の雇用が失われ、二〇〇九年に入ってからの見通しも暗いままだった。ウォール街と対決するという姿勢は圧倒的に支持されていた(それは今も変わらない)。多くの人が家や仕事を失い、こつこつと貯めてきた貯金が消えてなくなった原因は、大手金融機関が世界経済を崩壊させたことにあったからだ。銀行を擁護する者はなく、幹部たちは事実上、身を隠していた。選挙戦中、オバマは「ウォールストリートの強欲と無責任」に立ち向かい、「勤勉に働き、犠牲を払っているメインストリートの人々のためになるように経済を立て直す」と力強く語った。

オバマ新政権はまた、気候変動危機と闘うための負託も得ていた。八年にわたるジョージ・W・ブッシュ政権下での否定と妨害を経て、オバマは炭素価格付け(カーボンプライシング)とグリーン雇用の創出――大規模投資により再生可能エネルギーとハイブリッドカー分野などで五〇〇万の雇用を創出すること――を公約に掲げていたのだ。民主党予備選で勝利を収めると、歓声をあげる聴衆に向かってオバマはこう語りかけた――今、この瞬間は、海面上昇の速度が鈍り、「地球が癒されはじめた」ときとして記憶されることになるだろう、と。たしかに細部では弱点が目立ったものの、これは普通の選挙ではなかった。そこに大胆な変革を求める民主的な負託があったことは疑いない。

政府の言いなりの銀行

振り返ってみると、下院で過半数を失うまでの二年という短い期間、オバマと民主党が経済に関してもっていた力は、実に驚くべきものだった。まず、メインストリートを立て直すための景気刺激策を策定する――そして必要に応じて拡大する――フリーハンドを得た。社会支出が容赦なく削減されてきた数十年を経て、突如、連邦政府は経済を不況から脱出させる必要があるというコンセンサスが生まれたのだ。景気刺激策は八〇〇〇億ドルという巨額なものになったが、それでも当時は少なすぎるとの批判が相次いだ。

メインストリートを立て直すという公約を実行するためにオバマが手にしていたツールは、それだけではなかった。直接の救済とローン保証の形で数兆ドルの公的資金の注入を受けた銀行は、もはや政府の言いなりの状態にあり、銀行をその強欲が招いた結果から救った見返りに政府は何を要求すべきかをめぐって、アメリカ国内のみならず世界中で激論が交わされていた。経営幹部の給料に上限を設けるべきか？　商業銀行と投資銀行の分離を定めた大恐慌時代の法律、グラス＝スティーガル法を復活させるべきか？　世界的経済危機を招いた責任のあるCEOを刑務所に送るべきか？　銀行を恒久的に国有化し、公共トラストとして運営するべきか？　今日ではかなり過激に聞こえるものもあるかもしれないが、二〇〇九年当時は『フィナンシャル・タイムズ』紙のような筋金入りの保守派新聞においてさえ、これらのことが実際に議論されていたのだ。さらに、アメリカ政府に救済を求めていた大手自動車メーカーをどうすべきかについても、同様の議論があった。その年、ビッグスリーのうち二社、GMとクライスラーは破産宣言を余儀なくされ、政府の管理下に入った。

ここでいったんズームアウトして、何が起こりえたかを考えてみよう。オバマには真の変革を求める有権者の負託があった。景気刺激策を策定する事実上の白紙小切手もあった。経営破綻の危機にあるアメリカ経済の二つの部門――銀行と自動車業界――に対して、大いに必要とされる変化を要求する機会もあった。

もし民主党が、二〇〇九年から二〇一〇年にかけて手にしていた力をフルに使い、救済を継続することの見返りとして、銀行と大手自動車メーカーに実質的な再建に本気で取り組むよう求めていたら、どうだっただろう。メインストリートを立て直し、気候変動問題を解決し、経済を安定させるという公約を掲げて当選したオバマが、銀行と自動車業界を経済再生の統一的なビジョンに組み込み、格差と気候変動問題に同時に取り組んでいたらどうなっていただろうか。

もっと具体的にいえば、もし自動車メーカーに、来るべき低炭素社会のための乗り物――電気自動車や電気バス、軽量軌道鉄道――の生産に向けた再建を要求していたらどうだっただろう。金融危機のさなか、製造業では二〇〇万の雇用が失われ、数百の工場が閉鎖に追い込まれた。もしそれらの工場が改修され、設備が再編成されていたら？　これと似た例は、第二次世界大戦中にアメリカ国内の工場が軍需生産に転換したときに実際にあった。

たしかに費用はかさんだだろう。だが銀行に対して、救済資金のかなりの部分をこうした産業転換に必要な融資の提供に充てるよう求めることはできたはずだ（実際には、銀行は現金を貯め込んでいた）。さらに景気刺激策予算を使って、労働者が必要な研修を受けてこの移行に十分参加できるよう支援することや、グリーン経済の公共インフラ――交通網やエネルギーグリッド――を建設することもできたはずだ。たしかにオバマのインフラ法案にはグリーンエネルギーやグリーン・プロジェクトへの重要な支援が含まれていたが、公共交通や軽量軌道鉄道など未来を見すえたクリーンインフラは、いつの間にか高速道路など環境負荷の高い従来のインフラにすり替わってしまった。そして銀行と自動車業界に救済の見返りとして思い切った変化を求める機会は、ほぼ完全についえた。あれほどの失策の後でさえ、米政府の姿勢は何も変わらなかった——いちばん良くわかっているのは銀行であり、自動車メーカーなのだから、政府の仕事はただ、これらの業界をできるだけ早く立ち直らせること、そして少しばかり修正を加えた〝いつもの仕事〟に戻れるようにしてやることだ、というメンタリティから一歩も出られなかったのである。

起こらなかった雇用革命

変革の道筋がとられなかったことのもつ意味は重い。なぜなら現在、本格的な気候変動対策にとって最大の障害のひとつは、化石燃料企業が自分たちこそ給料の良い雇用を創出し、電気を提供しつづけることができる唯一の存在だという位置づけに成功していることだからだ。オバマと民主党は、そのような主張を永遠に葬り去ることができたはずなのに。

同じ時期、それを葬ることに成功した国もある。ドイツ政府はこの一〇年間、グリーン経済の振興こそが製造業部門を復活させる主要な方法だというスタンスをとってきた。その過程で、グリーン経済は四〇万の雇用を創出し、再生可能エネルギーが全エネルギーの三〇％を占めるまでになった。経済も、ヨーロッパで群を抜いて最強を誇っている。とはいえドイツのエネルギー転換はまだ不完全であり――いまだに石炭への依存度が非常に高い――、ドイツ政府は自国は別の道を進みながら、他国には容赦ない緊縮政策を課している。しかし、もしアメリカがドイツのような国内政策をとっていたら、今ごろは再生可能エネルギーを基盤にする経済が大きく進展していたはずであり、たとえトランプがどんなに多くの大統領令に署名をしても、流れを元に戻すことは不可能だったはずだ。それどころか――神のみぞ知ることではあるが――もし十分な製造業雇用が生まれ、インフラが整備されていたとしたら、そもそもトランプが当選することなどありえなかった可能性は十分ある。

たしかにこうした変革と再建を実現するには、並々ならぬ集中力と強固な意思が必要だっただろう。もしオバマが就任早々、破綻した銀行と自動車メーカー、そして見境のないエネルギー部門に対して変革的なアプローチをとっていたら、途轍もなく激しい反発が起こり、耐え難いものになったにちがいない。共産主義者とか、アメリカのウーゴ・チャベスといったレッテルが貼られたとしてもおかしくない。しかし一方で、広範囲にわたる変化を求める負託と当選を歓迎するあふれんばかりの好意に加えて、めったに得られないほど大きな経済の力を手にしていたのだから、経済的公正さと気候の安定という新しい時代の幕を開けることは十分可能だったはずなのだ。

アメリカがこの稀有なチャンスをみすみす逃したことについて、民主党だけに責任を押しつけても始まらない。オバマ就任後の一年間、大半の進歩派団体は、ようやくブッシュがいなくなり、一〇年ぶりに与党に耳を傾けてもらえるようになったことに安心し、政府との間にパイプがあることが権力であるかのような錯覚に陥った。その結果、オバマ政権一期目には、過去に大きな政治的勝利を推進してきたような外からの圧力が不在だったのだ。いくつかの果敢な取り組みはあったものの、歴史上稀に見るチャンスを最大限活用して、雇用や人種的正義、きれいな空気と水、行き届いた社会サービスなどの面で思い切った政策を実行するようオバマに圧力をかける、統一的な進歩派連合は存在しなかった。これは大きな誤りだった。偉大な(今こそいてほしい)歴史家のハワード・ジンがかつて書いているように、「本当に重要なのは、ホワイトハウスに誰がいるかではなく、誰が抗議しているかということだ——街頭で、カフェテリアで、政府機関の建物で、工場で。誰が抗議しているか、オフィスを占拠し、デモをしているかということだ。それこそが時代の流れを決めるのだ」

ひとことで言えば、二〇〇九年当時、私たちは理論家としてもオーガナイザーとしても未熟だった。大多数の人が、変化が上からもたらされるのを、ただ待っていただけだった。そしてそのような変化がどれだけ不十分なものか、大半の人が気づいたときには、変革のチャンスは失われ、ティーパーティがすでに台頭していたのだ。

飛躍のときを思い起こす

一九八〇年代にショック・ドクトリンが標準的政策となる以前は、金融部門の強欲と企業の不正が明らかな原因で危機が起きれば、多くの場合、まったく違う反応が起きた。それどころかそうした危機こそが、近代史において最も重要な進歩的勝利をもたらしてきたのだ。

アメリカでは大量殺戮が行われた南北戦争と奴隷制が終わりを告げた一八六五年以後、黒人とラディカルなその支持者たちが経済的正義と社会的権利の拡大を求める運動を展開した。その結果、すべての子どものための無料の公教育をはじめ、大きな勝利を手にした——ただし学校における人種隔離撤廃までには、それからまだ一世紀の年月を要したが。

一九一一年、ニューヨーク市のトライアングル・シャツウェストの工場で大火災が発生し、一四六人の若い移民労働者の命が奪われた。この事件をきっかけにして、何十万という労働者が労働環境の改善を求めて立ち上がり、やがて州の労働法の全面的見直し、残業時間の上限の導入、児童労働に関する新たな規則、画期的な衛生・防火安全に関する規制などにつながった。

さらに重要なのは、ニューディール政策も、一九二九年の大恐慌に対する下からの集団的な抗議がなければありえなかったということだ。トラック運転手のストに端を発した一九三四年のミネアポリスでのゼネスト、同年の港湾労働者による西海岸四港での八三日にわたる封鎖、また一九三六年末から一九三七年初めにかけてのミシガン州フリントのGM自動車工場での座り込みストなど、一九三〇年代半ばに起きたストライキの波によって産業労働組合の力が確立され、経営者は労働者への富の分配を大幅に増やすことを余儀なくされた。同じ時期、大恐慌がもたらした苦境への対応として、社会保障制度や失業保険などの包括的な社会制度(ただしアフリカ系アメリカ人の大半や多くの女性労働者は排除されていた)を要求する大衆運動が起きた。さらに同じ時期に、金融部門を規制する厳しいルールが導入され、野放しの利益追求に歯止めをかけた。アメリカのみならず世界中の先進工業国で、社会運動の圧力によってニューディールのような政策がとられる状況が生まれた。とりわけ顕著だったのは電気・ガス・水道、交通網、住宅などの公共インフラに対する大がかりな投資で、その規模は今日、気候変動危機が求めるものに匹敵する(第二次世界大戦による荒廃も、同様の触媒となった)。

一九六九年、カリフォルニア州サンタバーバラで石油流出事故が発生し、美しいビーチが原油に覆われた。これは環境問題にとって大恐慌に匹敵する意味をもつものであり、何百万もの人々がこの衝撃的な出来事に動かされて根本的な変革を求めた。空気や水、絶滅危惧種を守るための北米の厳しい法律は、元をたどればこの惨事に対して市民が爆発させた怒りにある。

　これらすべての例において共通するのは、重大な危機が警鐘の役割を果たし、より公正で安全な社会に向けた有意義な法制が導入されたということだ。その陰には、ショックに見舞われる何年も前から地固めをしてきたオーガナイザーたちの地道な努力があったのは、言うまでもない。これらは完璧なものとは程遠く、全面的な改革でもない。だがそれでも、今日の社会的セーフティネットや、多くの労働者と住民の健康を守る規制の多くが生まれるのに直接貢献した。人々がこれらを獲得するのに、独裁政治による策略など必要ではなかった。有権者の間で圧倒的な支持を受けていたため、危機の名目のもとにこっそりもち込む必要などなく、力強い社会運動によって声高に要求されたのだ。それは民主主義の破壊ではなく、深化にほかならない。

　だとすれば、これらの危機がこれほど先見性のある変化を生み出したのに、ハリケーン・カトリーナやサブプライムローン危機、ＢＰのディープウォーター・ホライズン原油流出事故など、もっと最近の危機が進歩的な公共政策につながらなかったのはなぜなのだろうか。

ユートピアが力となるとき

　考えられる説明がひとつある。根本的な変容が起きた時代には常に、壮大な夢と生活に密着した勝利との相互作用があった。南北戦争後や大恐慌のただなかでの労働者とその家族、そして一九六〇年代から七〇年代初めにかけての公民権運動や環境保護運動が勝ち取った画期的な成果は、単なる危機への反応ではなかった。それらは、人々が壮大な夢を見ることを恐れなかった時代に起こったのだ

——声を大にして、堂々と夢を見ることを恐れなかった時代に。それはユートピアを思い描く想像力の爆発にほかならなかった。

一九世紀末の「金ぴか時代」、労働者を踏みつけにして莫大な富がかき集められていることに怒ってストライキを行った人々にとって、原点は一八七一年にパリの労働者が二カ月あまりにわたって樹立した革命的自治政権、パリ・コミューンだった。彼らの理想は「協同連邦」、すなわち労働はあくまで人生の一要素で、余暇や家族、芸術のための時間が十分にある社会だった。当時、エドワード・ベラミーの『顧りみれば』〔岩波文庫、一九五三年〕など、社会主義ユートピア小説がベストセラーの上位を占めた（トランプ就任以来、ジョージ・オーウェルの『一九八四年』、マーガレット・アトウッドの『侍女の物語』、シンクレア・ルイスの『ここではそんなことは起こるはずがない』〔未邦訳〕といった古典的なディストピア小説が再びベストセラーリスト入りしているのとは対照的だ）。大恐慌時代の労働組合運動のオーガナイザーたちはマルクスだけでなく、黒人運動指導者W・E・B・デュボイスについても勉強していた。デュボイスは、虐げられた人々が団結して不公正な経済システムを変革するために闘う、全労働者階級運動のビジョンの持ち主だった。歴史家ロビン・D・G・ケリーが指摘するように、一九世紀末は「黒人主導による、人種を越えた民主的、民衆主義的、急進的な運動」が促進された時代だったのである。

公民権運動時代にようやく闘い取った勝利についても同じことが言える。この運動が追い求めた途方もない夢——マーティン・ルーサー・キングJrの演説に現れていたものであれ、学生非暴力調整委員会（SNCC）のビジョンに現れていたものであれ——こそが、草の根レベルで人々が結集する余地を生み出し、そこに刺激を与え、やがては具体的な勝利をもたらしたのだ。同様に、一九六〇年代後半から七〇年代初めにかけてのカウンターカルチャー運動――若者たちはそこでありとあらゆることを問い直した――の盛り上がりから生まれたユートピア的な熱狂が、フェミニズムやLGBT、環境保護運動といった画期的な運動とその成果の基礎を形づくったのである。

ここで思い起こすべきなのは、ローズヴェルト大統領がニューディール政策を採用したのは、まさにこうした進歩的な左派の闘争が花開いた時代だったということだ。したがって、今日の基準では急進的に見えるこれらの政策は、当時、全面的な革命を阻止する唯一の方法に思われたのだ。これは非現実的な話ではなかった。一九三四年、『ジャングル』(松柏社、二〇〇九年)など社会の腐敗をえぐり出す著作で知られる作家のアプトン・シンクレアがカリフォルニア州知事選に出馬したが、その選挙戦はまさにバーニー・サンダースをほうふつとさせるものだった。シンクレアはニューディール政策よりさらに左派寄りの政策を支持し、貧困に終止符を打つカギは、州が全面的に労働者協同組合に資金提供することだと主張した。彼は九〇万近い票を獲得したが、当選には至らなかった(歴史の授業で習わなかったという方があれば、偶然ではないかもしれない。チェコの作家ミラン・クンデラの有名な言葉のとおり、「権力に対する人間の闘いとは、忘却に対する記憶の闘いである」)。

マトリックスに囚われて

ところが、二〇〇八年に金融危機が起きたときには、そうしたユートピア的想像力はほぼなくなっていた。金融危機に対しては道徳的な怒りを向けるべきであり、銀行に何兆ドルも献上しておきながら、責任者を訴追することなく、貧者や高齢者に最も高いツケを払わせるのはまったく道理に合わない――ということは、大多数の人にはわかっていた。

しかし、新自由主義のもとで育った世代にとって、自分が馴染んできた世界以外のものを思い描くことはなかなかできなかった。これは、記憶の力とも関係があるのかもしれない。産業化時代の腐敗に対抗しようと労働者が立ち上がったとき、多くの人々のなかには別の種類の経済の記憶が残っていた。あこぎな債権者に家族農場を奪われたり、産業資本主義の拡大によって小規模家内工業が一掃されたりするなか、それまでの生活様式を守ろうと懸命に闘っている人たちもいた。彼らは目の前のものとは違う「何か」を知っていたからこそ、根底から変革された、より良い未来を思い描くことも、そのために闘うこともできたのだ。奴隷にされることやアパルトヘイトしか知らなかった人々でさえ、――多くの場合、支配層には真意が見抜けないように創意工夫を凝らした歌やダンスなどの文化形式を通して――自由と自治、そして民主主義の夢を育み、それを絶えることなく生かしつづけた。ドミニカ共和国出身のピュリッツァー賞作家ジュノ・ディアスは、二〇一六年の選挙直後に、厳しい時代の到来を予測してこう書いている。

私たちの先祖は動物のように所有され、繁殖させられた。だから私たちはそういう未来について、嫌というほど知っている。ひとつには、それは私たちの過去でもあるからだ。そして、何も――本当の名前さえも――もっていなかった私たちが、あらゆる不利をものともせずに闘ったことで、世界をすっかり変えたことを私たちは知っている。先祖たちは徒手空拳でそれをやってのけたのだから、それより多くをもっている私たちも、同じことをしなければならない。

二〇〇八年に「ノー」という叫びが世界中に響きはじめて以来、多くの場合に欠けていたのは、この想像力、現在とは根本的に違う世界を思い描く能力だった。欧米では、どんなものであれ、人々は今とは違う経済システムの記憶をほとんどもっていない。特定の文明やコミュニティ――とりわけ先住民のコミュニティ――のなかには、土地の所有や際限のない利益の搾取に基づかない、違う生き方のモデルとその記憶を注意深く保ち、存続させてきたところもある。けれども、そうした伝統の外にいる大部分の人々は、資本主義のマトリックスのなかに丸ごと取り込まれてしまっている。だから現状に対して少しばかりの改善を求めることはできても、まったく別の何かを思い描くことは至難の業なのだ。

近年始まった新しい運動では、ヨーロッパの「広場運動」からオキュパイ・ウォールストリート、さらにはエジプトの革命に至るまで、人々は明確な「ノー」を突きつけた――銀行家の強欲に「ノー」、緊縮政策に「ノー」、そしてエジプトでは独裁に「ノー」を――が、その「ノー」の先にある世界についての明確で魅力的なビジョンが欠けていたことは否めない。その理由の一部は、以上述べたようなことにある。

そしてビジョンを欠いたまま、ショックは次々と発生した。

白人至上主義と女性蔑視《ミソジニー》が歯止めなくはびこり、地球の生態系が崩壊の瀬戸際にあり、公的領域の最後の名残りが資本によって呑み込まれようとしている今、ただ越えてはならない線を引いて、「ノー」と言う以上のことが必要なのは明らかだ。そう、それをすることが必要であり、そして同時に今とは違う未来に向けての、情熱をかき立てるような確かな道筋を描くことが必要なのだ。その未来とは、単にトランプが出てくる前に私たちがいた世界――つまり、私たちにトランプをもたらした世界——ではありえない。それは、私たちがまだ行ったことのない〝どこか〟でなければならない。

それがどんな場所なのかをイメージするには、過去にあまたの卓越した社会運動に生気を吹き込んだユートピア的伝統を取り戻すことが必要だ。それは、今とは違う世界を描き出す勇気をもつということを意味する。その世界は、たとえ私たちの心のなかにしか存在しないとしても、勝ち目のある闘いに挑む私たちに力を与えてくれる。オスカー・ワイルドは一八九一年にこう書いている。「ユートピアを含まない世界地図など一瞥にも値しない。その地図には、人間がくり返し上陸している国が抜け落ちているからだ。人間はそこに上陸すると、あたりを見渡し、もっと良い国を発見して、船を出すのである」

その航海とは、ただ単に望ましい未来について話したり書いたりするだけではない——そうした未来を築きながら進んで行くものなのだ。

私がスタンディングロックで見たのは、まさにこの原理が人々の行動——そして祈りと歌——のなかに息づいていることだった。

第12章　スタンディングロックから学んだこと

――夢見ることを恐れない――

トランプの当選から一カ月も経たない頃、私はノースダコタ州のスタンディングロックへ向かった。激しい吹雪となる予報で、到着したときにはすでに雪が降りはじめ、周囲の山々も低く垂れこめた空も、白一色だった。

その数日前、同州知事は、ダコタ・アクセス・パイプラインの建設を止めようとスタンディングロック・スー保留地周辺に集結した数千人の「水の保護者たち」が拠点にしているキャンプの強制撤去を行うと発表していた。建設業者は、スタンディングロック・スー族の唯一の水源であるオアヘ湖へと注ぎ、一七〇〇万人に飲料水を提供しているミズーリ川の地下に、石油パイプラインを建設する姿勢を崩していなかった。もしパイプラインが破損すれば、スタンディングロック・スーの人々は安全な飲み水を得られなくなり、聖地が冒瀆される。ラコタ語で「ムニ・ウィコニ（水は命）」という運動のスローガンは、世界中にこだましていた。

数カ月にわたる民間警備会社と軍隊並みに重武装した警察との衝突の末に、州知事はトランプ就任が間近に迫った今こそ、抗議運動を力で押しつぶすチャンスだと見ているようだった。すでに弾圧は何カ月も前から行われており――キャンプが取り壊される時点での逮捕者はおよそ七五〇人にも上った――、私が着いたときには、スタンディングロックはアメリカ現代史上類を見ない、州による暴力的な弾圧の場と化していた。立ち退き命令の退去期限が二〇一六年一二月五日であることから、多くの人がこの日を「最後の抵抗」の日と呼び、私も大勢の支持者とともに現地に向かったのだった。

驚いたことに、二〇〇〇人以上の元軍人が車を連ねて、スー族に連帯するためにスタンディングロックにやってきていた――元軍人たちは必要とあれば、仲間というべき制服警官と対峙することも辞さない構えだった。自分たちは憲法に「奉仕し、それを保護する《サーブ・アンド・プロテクト》」ことを誓約したのだと彼らは言う。平和的な先住民の「水の保護者たち」が容赦なく警察犬をけしかけられ、氷点下の気温のなかで放水砲を向けられ、ゴム弾や催涙スプレー、ビーンバッグ弾を浴びせられる映像を見た元軍人たちは、今、憲法を守る義務を果たすには、かつて自分たちを戦場へ派遣した政府に抵抗するべきだと決断したのだ。

私が着いたとき、キャンプには何百ものテントやティーピー、ドーム型移動テントなどが立ち並び、そこに一万人ほどの人が寝泊まりしていた。子どもたちが何十人も、雪の斜面でそり遊びをしている。メインキャンプでは作業が粛々と途切れなく行われていた。ボランティアが数千人分の食事を作り、新鮮な材料を積んだトラックが一日中、ひっきりなしに到着する。メディアの有名人や、世界的に有名なミュージシャン、ハリウッド俳優らが刻々と変わる情勢を発信し、世界中のファンに向けて対決の現場の様子を伝える。大きめのテントやドーム型の大型テントでは、脱植民地支配や非暴力のセミナーが行われ、聖なる火の周りにはドラマーの一団が陣取り、火を絶やさないよう見守っていた。

道路を少し先に行ったところでは、新たに到着した元軍人たちが、アフガニスタンやイラク、そして何人かはベトナムで培ったスキルを活かして、みるみるうちにキャンプを設営していく。考えてみれば、米軍兵士とこれほどの時間を一緒に過ごしたのはバグダッド以来だ。イラクでは、同じ制服を着た若い男女が、たまたま世界有数の原油埋蔵量をもつ国を占領するために送り込まれていた。米軍兵士がこれまでずっと、石油と天然ガスの生み出す富を守るため、そして国内外で先住民に戦争をしかけるために駆り出されていたことを思うと、私は目の前の光景に胸が押しつぶされるほどの感動を覚えた――これらの兵士たちは、水を汚染し、気候を不安定化させる化石燃料プロジェクトに反対する先住民主導の闘いに加わるために、自らの意志で、武器を持たずにやってきたのだ。

スタンディングロックで私が最初に言葉を交わした一人は、伝説的なラコタの長老ラドナ・ブレイブブル・アラードだった。自らの土地であるセイクリッド・ストーンに最初のキャンプを設けた彼女は、多くの点でこの抵抗運動を始めた人物だといえる。それは二〇一六年四月のことだった。八カ月後の今も彼女は同じ場所にいて、この歴史的運動に参加するために世界中からやってきた人々の指導者であり保護者の役割を果たしている。その目の輝きは衰えることなく、疲れた様子もまったく感じさせなかった。

キャンプは今や何百人、いや何千人もの人たちにとっての家であり、コミュニティなのだと彼女は私に話した。そして野戦病院にもなっていた――警察による弾圧の負傷者だけでなく、トランプの登場によってそれまで抑えられていたものが表に出てきたことに恐怖を感じ、精神的に参っている人々にとっても。

生活を通した学び

スタンディングロック・スー族の公式歴史家でもあるブレイブブル・アラードは、このキャンプが何より、先住民の若者と非先住民の両方にとって学びの場となったと言う。自分たちの文化とより深く結びつき、大地に根ざした儀式を重んじる暮らしを求める先住民の若者たちも、そしてほとんどの人がもっていないスキルや知識が、今まさに求められていることに気づいた非先住民も、ここで多くのことを学んでいると。

「孫たちは、白人のなかに何も知らない人たちがいるのが信じられないようでね」と彼女は笑いながら、とがめる様子もなく言った。「孫が走ってくるんですよ。『ばあちゃん！ 白人の人たちは木の切り方、知らないんだよ、教えてあげていい？』って。私は『ああ、教えてあげなさい』って言うんです」。ブレイブブル・アラード自身も何百人もの人に、彼女の考える〝生きるための基本的なスキル〟を根気よく教えた。殺菌作用をもつ薬草セージの使い方や、ノースダコタの激しい吹雪のなかでどうやって体を濡らさず冷やさないでいられるか（「一人当たり、少なくともタープ〔防水シート〕六枚が必要」と彼女は断言する）などなど。

パイプラインを止めることは非常に重要だが、ここではもっと大きな意味のあることが起きている――そのことに気づいたと、彼女は私に話した。キャンプは今や、先住民と非先住民がともに大地と深く関わり、共生する生き方を学ぶ場になっていると。重要なのは技術的能力だけではない。何百年にもわたる先住民の人と文化に対する大量殺戮を経てもなお、途絶えることなく守られてきた伝統と儀式を、ここを訪れた人たちに伝えるべき時でもあるのだと、彼女は言う。そのためにこそ、伝統は激しい暴力に耐えて生き延びてきたのだと。「この日が来ることを私たちは知っていた――すべての部族がひとつになる日が。……私たちは大地と水を守るためにここにいる。だからこそ、まだ生きているのです。今している、まさにこのことをするために。大地に逆らうのではなく、もう一度大地とともに生きるにはどうすればいいかという、最も差し迫った問いに人類が答える手助けをするためです」

もう待っている時間はない、と彼女は言う――異常気象がすでに起きはじめているからだ。非先住民の人たちが地球の生命維持システムをどうやって守り、保護するかを学ぼうとしなければ、私たちはみな釜ゆでになってしまう。そのことを踏まえ、ブレイブブル・アラードはこのキャンプをほんの始まりにすぎないと見る。パイプライン建設反対に勝利した後、スタンディングロック・スーは自ら、グリーンエネルギーと持続可能な生き方のモデルにならなければならない、と彼女は言う。

ただ抵抗するだけの運動ではなく、前へ進むための道を示し、自らそのモデルになるというビジョンを、運動の中心人物の多くが共有している。その一人がスタンディングロック・スー部族の協議会メンバー、コディ・トゥーベアーズだ。黒字で「Ｗａｒｒｉｏｒ（戦士）」と書かれた赤いトレーナーを着た彼は、ヨーロッパ人がこの土地にやってきた初期の頃のことを語った。先祖たちは来訪者たちに、厳しい未知の気候のなかでどう生活したらいいかを教えた。「作物の育て方から、暖かく暮らす方法、ロングハウス〔木造、樹皮張りの長屋〕の建て方まで」。ところが際限のない搾取が行われた――大地からも、先住民からも、多くのものが奪われた。そして今、「事態はますます悪化している」とトゥーベアーズは言う。「だから、この土地に最初に住んでいた私たちは、この国にどう生きるべきかをもう一度教えなくてはならない。環境を痛めつけることなく、再生可能エネルギーを使い、創造者がくれた恵み――太陽と風――を活かして生きていくことを。それをまず先住民の土地で始める。そしてこの国のほかの場所に、その生き方を示していくつもりです」

「保護者」たちの時代

スタンディングロックで私は、「保護者《プロテクター》」であることは何を意味するかについて、考えさせられた。運動のリーダーたちが第一日目から強調したのは、自分たちはトラブルを起こす「抗議者」ではなく、それ以外のすべてのトラブルを断固として食い止めようと心に決めた「水の保護者」だということだった。それから「To Serve and Protect（奉仕し保護する）」と書かれたTシャツを着た元軍人たちは、その誓約を守ることが、この大陸のファーストピープルの権利を「保護」する最前線に身をおくことだと判断してやってきていた。そして私自身の「保護者」としての務めについても考えた――息子やその友だち、そしてこれから生まれてくる子どもたちを、私たち大人が確定的なものにしてしまった、困難の多い未来から「保護」することについて。

「保護者」の役割は、間違った使い方をすれば、致命的な結果をもたらす場合もある。危機が起きたとき、強力な権限をもつ者がいともたやすく介入してきて、弱者をあらゆる悪から「保護」すると表明し、その見返りに絶対的権力への盲目的服従を求めるといったケースだ。一方、スタンディングロックのキャンプに満ちあふれていた「保護の精神」には、こうした全権を握る家父長的人物像と共通する点はまったくない。ここにある「保護」は人間の弱さを熟知するところから生まれたものであり、途轍もなく悪い方向に行く恐れのある一方通行の受け身的な「保護」ではない。この「保護」は相互的であり、いっさいの分断を消し去るものなのだ。水と大地と空気が、私たちみなを保護し、支えてくれる——とすれば、私たちにできるせめてものことは、それらが(つまりは私たちが)危険にさらされたとき、それらを(つまりは私たち自身を)保護することである。キャンプの人々が「ムニ・ウィコニ」と声を合わせてコールしながら、重装備の戦車や機動隊と対峙するとき、彼らはまさにこの基本的原理に声を与えているのだ。水を守れ——なぜなら水が私たちを守ってくれるのだから、と。

元軍人たちをここに導いたのも、これと同じ人間の弱さと相互性に対する自覚だった。二〇一六年一二月五日、オバマ政権は、スタンディングロック・スー族の水源の地下にパイプラインを通すことを許可しないと発表。その晩、保留地では「赦しの儀式」が営まれた。数時間に及んだ儀式では、何百人もの元軍人が次々に長老たちの前にひざまずき、自分たちが所属していた軍部が数世紀にわたって先住民に犯した罪に対して赦しを請うた。

スタンディングロックの抗議に参加した元軍人代表団の主要なオーガナイザーの一人、ウェズリー・クラークJrは次のように語った。

私たちの多く、そして私自身も、長年にわたってみなさんを傷つけてきた部隊に所属していました。私たちはここにやってきて、みなさんと闘い、土地を奪いました。条約に署名したにもかかわらず、それを破りました。聖なる山々から鉱物を盗み出し、そのうちのひとつの山を爆破して私たちの大統領の顔を彫りました。それからさらに多くの土地を奪い、子どもたちを連れ去り、そして……神が与えてくださった、創造主がみなさんに与えてくださった言葉を取り上げようとしました。みなさんに敬意を払わず、大地を汚し、数え切れないやり方でみなさんを傷つけてきました。私たちはそれに謝罪するためにここに来ました。

怒りを突き抜けて

あふれる涙とセージの燃える煙のなか、私たちはこれが歴史的瞬間であることを感じていた。そしてそれ以外のこと――やり場のない怒りと悲しみをどう扱ったらよいのかについても、感じることがあった。あまりに分断的で荒っぽい選挙が終わったばかりだったから、それは途轍もなく大きな安堵をもたらした。もう何週間も、私の生活のあまりに多くの部分はパソコンやスマートフォン、テレビの画面で占領され、そこには和らぐことのない怒りが渦巻いていた。画面上では、自分たちが陥っている混乱の真の原因は誰に、あるいは何にあるのかについて、怒りに駆られた、堂々めぐりの議論が交わされていた。トランプが勝ったのはアメリカの人種主義が原因に決まっている、と誰かが言い切れば、そうじゃない、大企業寄りの民主党のエリート主義のせいだ――バーニーなら何もかも解決したはずなのに、と別の人が声を荒らげる。ノー、いちばんの原因は資本主義だ――人種差別や白人至上主義は副次的なものにすぎない。ノー、アイデンティティ政治こそすべてを破壊した元凶だ、文句ばかり言う分断主義者め。ノー、原因は女性蔑視《ミソジニー》にあるんだ、この馬鹿者。ノー、悪いのは化石燃料企業だ――地球をどれだけ不安定化させてもおかまいなしに、最後の甘い汁を吸おうとしている連中だ……。妥当な指摘も多々あったが、際立っていたのは、ほとんどの議論の目的が互いの考え方を変えることや、共通の基盤を見つけることにはなかったという点だ――それはただ相手を言い負かすためだけの議論だった。

　ところがその毒気が、ものの数分で雲散霧消した。そんな議論は、突如、このコミュニティの飲料水源の地下に石油パイプラインを通すことと同じくらい無意味なものになった。パイプラインは当初、白人居住者が多数を占めるビスマーク〔ノースダコタ州第二の都市〕を通ることになっていたが、安全性への懸念から却下された。このキャンプで、世界最強の業界と四つに組んで闘ってきた人々に囲まれていると、さまざまな問題が互いに対立して存在しているという考えがスーッと消えていく。スタンディングロックでは、それらすべてが問題であり、全部が合わさってひとつのシステムとなっていることが、明々白々になるのだ。住民の同意も気候変動もおかまいなしに断固としてミズーリ川の地下にパイプラインを通そうとしたのは、環境破壊《エコサイド》資本主義にほかならない。ビスマークでは不可能と判断されたものがスタンディングロックでは可能だとされ、凍てつく寒さのなか、水の保護者たちを虫けらのように放水で追い散らしたのは、人種主義以外の何ものでもない。近代資本主義、白人至上主義、化石燃料は、同じ一本の紐を構成する糸であり、分けることはできない。そしてこの凍りついた大地の一画で、そのすべてが縒り合わされているのだ。

　偉大なアニシナーベ族の作家でオーガナイザーのウィノナ・ラデュークは、この抗議行動についてこう書く――「これは、極端な企業の権利と極端な人種主義が、勇気と祈り、そして断固とした意志と対峙した瞬間だ」と。この闘いに国境はない。世界中で、脆弱な生態系を企業による猛攻撃から守る聖なる闘いに取り組んでいる人々は、汚い戦争に直面している。人権監視機関グローバル・ウィットネスの報告によれば、「二〇一五年には一週間に三人以上の人が、自分たちの土地や森や川を破壊的な産業から守ろうとして殺害された。……抗議に立ち上がったコミュニティが、企業の雇った警備会社や国家の軍隊、急成長する〝殺人〟請負市場の標的になるケースが増えている」。この報告の推定では、犠牲者の約四割は先住民だという。

選挙が終わってからずっと、私は進歩派の思想家やオーガナイザーたちが何らかの形で集まれたらいいと強く願ってきた。みなで集まって戦略を立て、結束し、トランプが日々攻撃をくり出すこれからの四年間をどう切り抜けるかについて話し合いたいと。選挙当日、私が滞在していたオーストラリアでは、まさにそのような議論が行われていたが、あまりにも突然、中断されてしまった。私はそうした議論が、大学や大会場で行われるものだと思い込み、スタンディングロックにそんな場所があるとは思いもよらなかった。けれども、まさにそこで私は自分の求めていたものを見出した。キャンプでは行動と熟考が組み合わされ、ブレイブブル・アラードをはじめ数多くのリーダーたちが手本となり、常に行動を通じて学ぶことが実践されていたのだ。

スタンディングロックでは結局、パイプラインを止めることはできなかった――少なくとも、今はまだできていない。条約と先住民の土地権原に対する目に余る裏切りとして、トランプはオバマの決定を覆し、スタンディングロック・スー族の同意を得ないまま、オアヘ湖の地下にパイプラインを通す許可を事業者――軍隊化した警察が脇を固めている――に与えた。本書を書いている今、スタンディングロック・スーの飲料水源の地下を原油が流れており、パイプの破断はいつ何時起こってもおかしくない。この甚だしい侵害に対して法廷で異議申し立てが行われており、パイプライン建設プロジェクトに出資した銀行にも強い圧力がかけられている――融資を行った銀行からは、すでに約八〇〇〇万ドル（現在も増加中）が引き出された。

しかし原油は依然として流れている。

何カ月にもわたる抵抗運動の末、オバマ政権がついにパイプライン認可を拒否したというニュースが届いたときのメインキャンプでの経験を、私は決して忘れない。そのときたまたま私の隣にいたのは、この抗議運動のスタートに貢献したスタンディングロック・スー、トカタ・アイアン・アイズだった。強固な意志といたずらっぽさが同居する一三歳だ。私はスマートフォンで速報のビデオを見せ、どう思うか訊いた。「自分の未来を取り戻せた気がする」——そう言うと彼女は泣き出した。私も泣いた。

トランプのおかげで、あのときのトカタの安堵感は再び失われてしまった。それでも、あの土地で何カ月間にもわたって人々が経験した深い学びは、トランプが何をしようと消すことはできないし、消えることもない。差し迫った脅威に対して「ノー」と言う一方で、私たちが望み、必要とする世界に「イエス」と言い、それを作り上げるためにたゆまぬ努力をつづけること——スタンディングロックはまさに抵抗運動のあるべき姿を示している。

第13章　跳躍のとき
――小刻みの歩みではどうにもならない――

「これ以上組合員に犠牲を強いるわけにはいきません。あまりにも失うものが多い。パイプラインの仕事はどうしても必要です――組合としては何か提供できるものがなければならないんです」

こう訴えたのは、カナダの石油・天然ガス業界で働く多くの労働者を抱える大規模労働組合の幹部だった。

円陣を組んで座っていた六〇人ほどの参加者は、話に耳を傾けながら落ち着かない様子でもぞもぞと体を動かしている。この組合幹部の話は否定しようがなかった。まともな仕事に就く権利は誰にでもある。そして、エネルギー業界の労働者たちが苦境にあるのも事実だ。

だが同時に、たとえ一本でもパイプラインを増設するのは、もはや環境保護活動家との駆引き云々の問題ではないことも、集まった人々は重々承知していた。それは科学と化学を相手にした駆引きであり、そこに勝ち目はない。新規の化石燃料インフラを建設しながら、気温をまがりなりにも安全なレベルに保つ可能性を残すことなど、不可能に決まっている。

そのとき、アーサー・マヌエルが口を開いた。ブリティッシュコロンビア州のセクウェプメク・ネーションの元首長で、先住民の知識人として名高い人物だ。マヌエルは、身を乗り出して組合幹部の目を見つめ、ほとんどささやくような声で言った。

「犠牲を払ってきたのは、あなた方だけだとお思いですか。私の民族がどれだけ石油・天然ガス企業や鉱山企業からの金や仕事を断ってきたか、ご存じか。何千万ドルという金ですよ。われわれがそうしてきたのは、お金より大切なものがあるからです」

その瞬間、部屋中が固唾をのんだかのように感じられた。これは二〇一五年五月、トロントで開かれた二日間の会合で何回か見られた、胸が痛むほど率直なやり取りのひとつだ。この話し合いには、西海岸のハイダ・グワイ・ネーションから東海岸のハリファックス・ネーションまで、さまざまな問題とアイデンティティに関わる運動を代表するリーダーやオーガナイザーたちが参加していた。

この会合の目的は、今それぞれが直面している危機に通底しているものは何かを探り、重なり合う問題の多くを同時に打開することのできる、全包括的な将来のビジョンを描くことだった。スタンディングロックでもそうだったように、多くの人がこうした問題同士の関連に気づき、それについて語りはじめている。たとえば、国内外を問わず最も強力に戦争遂行を要請する経済利益集団は、地球温暖化に最も大きな責任がある勢力と同じだとの指摘がされている。先の組合代表が訴えた経済的不安定性と、アーサー・マヌエル(二〇一七年初めに急逝)が語った先住民の土地権原や地球そのものに対する侵害は、同じ根――人間の幸福や地球の健全さより利益を優先する有害な価値体系――をもつ問題だということも指摘されている。アメリカにおいて、利益追求が政治プロセスを蝕むという事態をもたらし、そのあげくにスキャンダルまみれの金権政治家軍団がホワイトハウスの支配権を握ることを可能にしたのも、この同じ価値体系なのだ。

今やあまりの緊急事態の多さに、私たちは時間と注意力の分散を余儀なくされているが、それらあまたの問題の間につながりがあることは明らか——いや、火を見るより明らかだと言ってもいい。それにもかかわらず、資金提供者から圧力がかかったり、「クリック」するだけでいいキャンペーンを志向したり、あまりに急進的な印象を与えると事態が絶望的だと思われてしまうことを懸念したり……といったさまざまな理由から、私たちの多くは、この当たり前のつながりを断ち切り、タコツボ化した個別の「問題」にだけ取り組むことを身に着けてしまった。だから、反緊縮財政を唱える人々が気候変動を取り上げることはまずないし、気候変動問題に取り組む人々が戦争や占領の問題を取り上げることもめったにない。ファーガソンやオタワといった都市の路上で黒人の命を奪っている銃が、世界中で褐色や黒い肌をした人々の故郷を破壊している壊滅的な干ばつや海面上昇と関係があるということが、環境保護運動の内部で取り上げられることもまずない。力の強い男たちが、女性の身体を利用し、暴力的に扱う権利があると考えることと、それと同じことを人間が地球に対してする権利があるという、広く受け入れられている考え方とが結びつけられることも稀である。

私たちが直面している危機のきわめて多くは、根底にある同じ病理——人間と地球を使い捨てできるものとして扱う、支配に基づく論理——の症状にほかならない。この会合が開かれたのは、こうした分断、タコツボ化した思考が根強く続いているために、進歩派は事実上あらゆる前線で後退し、今という歴史的瞬間に根本的な変革が必要であることは誰もがわかっているにもかかわらず、断片的な闘いを余儀なくされているという現状認識からだった。この分断とタコツボ化——自分たちが対峙しているシステムそのものを名指しで問題にすることに及び腰な姿勢——によって、私たちはもてる能力をフルに発揮できず、長続きする解決など決して手に入らないという諦めに追いやられているのである。

私たちが集まりをもったもうひとつの理由は、こうした分断を乗り越えること、すなわちさまざまな問題や運動を貫いている共通の糸を見つけ、強化することこそ、最も緊急の課題だと考えたことにある。つながりを見つけ出すことによって、この数十年間見られなかったような広がりのある、強力な進歩派の連合が生まれ、機能不全に陥ったシステムの個々の症状だけではなく、うまく行けばシステムそのものと対決する力をもてるかもしれない、と。会合の目的は、私たちが望まない世界を描き出すだけではなく、私たちが望む世界はどんなものかを描き出すという壮大なものだった。

参加者の顔ぶれが多様だっただけに、やりとりはしばしば激しさを帯びた。けれどもこれまで幾度となく協力が頓挫し、信頼関係が壊れてきた長く苦痛に満ちた年月の末に、人々がようやくともに夢を思い描く余地をもとうと決意したのだから、それは当然のこと。望ましい世界がどんなものかを想像するのは、楽しく容易なことと思われるかもしれない。ところが実際には、それが最も難しい——同時に、それが唯一の希望でもある。すでに見たように、トランプとその軍団は、あらゆる領域で一挙に世界を後戻りさせようとしている。そうした勢力に対抗できるものがあるとすれば、多様な領域でその力に抗して私たちを前に進ませるビジョンしかない。この部門横断的なアジェンダを描き出すための実験的試みは、カナダで始まり、今やアメリカ、イギリス、オーストラリア、ヨーロッパ全域、さらに他の国々へと国際的な広がりを見せている。そこでは同じ結論に達する人が日々増えている。世界の国々に蔓延する政治的な害毒と直接闘うことができる共通のアジェンダを核にして、今こそ団結すべき時が来たと。ノーだけでは足りない——大きく大胆なイエスを見つけ出し、その周りにみなが結集する時が来たのである。

民衆によるショック・ドクトリン

二〇〇八年の金融メルトダウン以来、私は目の前の危機に対し、真に進歩的で民衆主義《ポピュリズム》的な対応を成功させるには何が必要なのかと頭を悩ませてきた。

ある時点では、気候科学の事実が明らかになること――人々がそれを真に理解することが必要だが――が触媒になるかもしれないとも考えた。早い話、現行システムが機能していないことを示すのに、これ以上明白な兆候はありえない。今までどおりのやり方がこのまま続けば、地球上で人間が生活するのに適した場所はますます狭くなる。すでに見たように、気候変動に効果的に対応するには、企業寄りの経済ルールを丸ごと放棄する必要がある。だからこそ、右派イデオローグの多くは気候変動の現実を断固として否定するのだ。したがって私には、大恐慌と第二次世界大戦の後に大規模な社会変革が行われたのと同じように、人類に対する存在論的脅威としての気候変動が、世紀に一度の社会的・経済的変革のチャンスになるかもしれないと思えたのである。

気候変動危機の緊急性ということも、大がかりな仕事を成し遂げるのに非常に役立つものを与えてくれる――厳然とした、揺るぎない、科学的根拠に基づく期限である。何度もくり返すが、もう時間はない。何十年も問題を先送りにしつづけた結果、もう手遅れ寸前のところに来てしまったのだ。言い換えれば、破局的な地球温暖化を回避するためには、今すぐ大規模な経済的・政治的転換を始めなければならない。

ところが、誰もが知っているとおり、気候変動は市場暴落や戦争のようには作用しない。ますます頻発する猛烈な暴風雨を除けば、気候変動は少しずつ緩慢にしか進まないために、そこからの警告は潜在意識のなかに――危険なほどたやすく――押しやられ、より明白な日常的な緊急事態の陰に隠されてしまう。二〇一五年の春に私たちがトロントで集まった理由も、気候変動だけではなかった。もうひとつは当時、新聞の一面の見出しを賑わせていた原油価格の暴落である。これはエクソンモービル、レックス・ティラーソン、それにウラジーミル・プーチンにとって大問題であるとともに、カナダ国民にとっても、政府がアルバータ州の高コストのオイルサンドの増産に大金を注ぎ込んできたことから、壊滅的な経済的打撃となりつつあった。投資家がオイルサンドから撤退しはじめ、何万人もの労働者が職を失い、雇用の創出にも歳入の増大にも、プランBは存在しなかった。

カナダ国民はこれまで長年にわたり、健全な環境と力強い経済は両立しない、どちらかを選ばなければならないと聞かされていた。ところが今や、どちらも失ってしまったことが明らかになった。アルバータ州の広大な土地はオイルサンド採掘のために掘削されたうえに汚染され、先住民の土地権原は無残に裏切られた一方で、経済も低迷していた。それどころか、経済が低迷している理由はまさに、ジェットコースターのように価格が乱高下する商品に過度に依存したことにあったのだ。

私を含め何人かが、全国レベルの会合を開こうではないかという話を始めたのは、そんな状況あってのことだった。原油価格の暴落が気候変動の緊急性と重なれば、もしかしたら私たちの社会と経済のきわめて多くの領域で必要とされる根本的な社会変革を起こす触媒となるかもしれない――そう考えたのである。複数の危機が重なるこのタイミングをとらえて、人々の暮らしを大幅に向上させ、貧富の差を埋め、給料の良い低炭素の雇用を数多く創出し、草の根から民主主義を再活性化する政策を推進できるのではないか。つまり、ショック・ドクトリンを逆手にとるわけだ。それは下からの一撃、民衆によるショック療法にほかならない。

そこで私たちは「価格ショックからエネルギーシフトへ」と題する手紙をカナダ全土のさまざまな団体や運動のリーダーたちに送り、二日間、みなで円陣を組んで座り、大きく夢を見ようではないかと呼びかけた。どうしたら分断を乗り越えられるか、多くの人が模索している今、私たちの経験が役に立つかもしれないとの願いから、その後の展開をお伝えしようと思う。

政党のない綱領

呼びかけに応じて多くの人が集まった。労働団体や労働組合の指導者、大規模環境団体の代表、先住民運動やフェミニズム運動のシンボル的リーダー、そして移住民の権利、オープンテクノロジー、食の正義、住宅問題、宗教などさまざまな分野の主要な理論家やオーガナイザーたちだった。呼びかけてから開催までわずか数週間だったにもかかわらず、これほど多くの参加者が集まったのは、これが貴重な――二〇〇八年の金融危機に匹敵するほどの――政治的機会だという認識を彼らが共有していたことの表れだった。そして今回は、チャンスをみすみす逃すまいと、みな心に決めていたのだ。

この会合が緊急性を帯びたもうひとつの要因は、連邦総選挙が迫っていたことだった。それまで一〇年間、非常に石油業界寄りのスティーヴン・ハーパー率いる保守党が政権の座にあったが、ここへきて国全体の空気が変わりつつあり、政治状況にも変化の兆しが見えていた。だがその段階では、新しい国政のビジョンを掲げて有権者を惹きつけることに成功していた政党は見当たらなかった。気候問題に関しては、主要野党――ジャスティン・トルドー率いる中道の自由党と中道左派の新民主党

（ＮＤＰ）──はともに、新規のオイルサンド・パイプライン建設を支持する従来どおりの主張を掲げ、原油価格暴落にも気候変動危機にも真正面から取り組む姿勢に欠けていた。

というわけで私たちはこの会合で、カナダでは過去何十年間、どの運動も試みてこなかったことをやろうと決めた。ある特定の有権者層だけでなく、大多数の有権者層のニーズを同時に反映するような「綱領」、すなわち「みんなの綱領《ピープルズ・プラットフォーム》」を作成し、それをもって総選挙に介入することである。私たちはこれが、人間と地球の関係を見直すだけでなく、カナダ建国にまでさかのぼる、植民地主義と人種主義による傷を癒すためのきっかけになればと考えた。

さらに、別のことも頭にあった。気候と経済の不安定化を招いている現在の私たちの生活様式が、ほかの危機も生み出しているということだ。世の中に不安と絶望が疫病のように蔓延し、それが処方薬依存の増加から高い自殺率、ロード・レイジ〔運転中に突然キレたり暴力を振るったりすること〕から「ネット依存症」に至るまで、さまざまな病理となって表れている。そこで、私たちは自らにこう問いかけた──もっと幸福で健康的なコミュニティを作るのに必要なものは何だろうか？　そしてそれは、地球をより健全にするものと同じだろうか？

私たちは目標を高く掲げた。それが唯一の倫理的になすべきことだと、細胞レベルのどこかで感じられたのだ。移民問題やホームレス問題、先住民の土地権原、あるいは気候変動と、どんな問題に取り組んでいるのであれ、参加者の誰にとっても、これほど重みのある問題を目の前にしたことはまずなかった。

この会合の目的は、具体的で心を奮い立たせるようなビジョンを作り上げ、有権者が事実上、二つのことを同時にできるようにすることにあった。第一は投票に行って、自分の望まないもの〔目にあまるほどひどい現政権）に反対票を投じること。そして第二に、たとえ選挙政治の枠外であったとしても、多くの国民が本当に望んでいるものを反映する――と考えて私たちが作成した――ビジョンに、イエスと言うことだ。そのためには、「みんなの綱領」に自分の名前を連ねるか、それ以外の方法で支持を表明すればいい。

この綱領に十分な勢いをつけることができれば、選挙で選ばれた議員に一定の圧力をかけられるかもしれないと、私たちは考えた。だがその前にはまず、綱領に掲げる項目について合意がなければならない――ところがそれは、容易なことではなかった。

競争ではなく結びつきを

第一回目の会合では、暗黙のものも含め、いくつかの基本ルールができた。

その第一は、「私が取り組んでいる危機のほうがあなたのより重大だ」と言ったり、気候変動危機が緊急かつ広範囲に及ぶからといって、貧困や人種主義など他の重要問題より優先すべきだと論じたりすることは、絶対にしないということだった。問題を序列化するのではなく、今の時代は複数の危機が重なり合っていて、すべての危機が緊急なのだから、順番に解決していく余裕などない、という前提から出発することにした。そして求めるのは統合的な解決であり、CO_2の排出を大きく減らすと同時に、組合のある雇用を数多く創出し、現在の採掘経済のもとで酷使され、排除されてきた人々に意味のある正義をもたらすにはどうすべきかについての具体的なアイデアだった。

第二のルールは、互いを尊重したうえでの意見の対立は、新たな地平に到達するプロセスとして健全かつ必要なものだということだ。議論になるのは、話が進んでいるということなのだから！

参加した人々や団体の多くが口にしたのは、これまでにも他の組織と連合した経験はあるものの、そのほとんどが「ノー」と言うための連合だったということだ。企業優先のとんでもない貿易協定にノー、懲罰的な緊縮財政にノー、とびきり悪質な政治家にノー、石油パイプラインや水圧破砕《フラッキング》にノー。だが進歩派の人々が「イエス」を言うため――とりわけ、新しい経済へ転換するための包括的なビジョンにイエスと言うため――に集まったことは久しくなかったことに、私たちは気づいた。だから意見の対立が起きるのは当然だったし、参加すべき人が参加していないことを考えれば、なおさらだった。完璧な会合などどこにもないのだ。

その一方で、穏やかで歓喜に満ちた瞬間もあった。「公正な転換」のためのアイデアが後から後から湧き出し、ホワイトボードが提案と問いかけでびっしり埋まっていったときがそうだった。

- 無料で質のいい保育
- 車に乗ることを減らす
- 仕事を減らし、音楽や庭の手入れ、家族と過ごす時間を増やす
- 超高速鉄道、ソーラー道路〔路面にソーラーパネルを埋め込んで太陽光発電する道路〕

二日間ではとうてい解決できず、この先何年もかけて考えていくべき課題も出てきた。

- 所有の問題に取り組まずに、どうやって公平性の正義が実現できるだろうか？

- 所有している物がその人間を守るという考え方をどうやって乗り越えるか？　安心・安全は所属するコミュニティや他者との連帯から得られるものだ。安心・安全の基盤は、その人がどれだけ信頼できる結びつきをもっているかにあり、どれだけ所有しているかにはない。
- 一般市民《パブリック》が、自分もその一部だと感じられるような公共《パブリック》部門をどうやって構築するか？　公共住宅や公共のリソースは、誰もが自分のものだと感じられなければならない。
- 介護や保育などのケアワークや家事、土地の手入れ《ケア》などに関連する非公式な無給労働が、「公正な転換」において認知され、評価されるようにするにはどうすればいいか？
- 最低賃金の保証はどのような形であるべきか？
- 気候正義は脱植民地支配と切り離すことができない。採掘産業や気候変動によって最も影響を受けている人々に対する補償をどう考えたらいいか？

そして何万、何十万という人々が故郷を離れ、安全な土地を求めて難民になっている今、私たちすべてにとっての気がかりは次のことである。

- 移住民は気候変動の危機を見ているのではなく、そのただなかにいる。

政策ではなく価値観を指針に

この会合での私の役割は、二日間にわたる討論に耳を傾け、共通のテーマを探し出し、叩き台となる最初の綱領草案を作ることだった。その後は、誰でもその草案に修正を加えることができる。これは物書きとなって以来、最も難しい仕事だった(たった一人との共著でも苦労するのだから、まして六〇人ともなると……)。それでも、非常に明確な共通のテーマがいくつか浮かび上がってきて、なんとかまとめることができた。

テーマのひとつは、現在の私たちの社会は際限なく取り、採取／搾取すること、最大限に収奪することに基づくシステムだということだった。現行経済は、労働者から際限なく搾取し、時間枠をますます厳しくする一方で、労働者にますます多くのことを求めている。ところが雇用者はその見返りとして、ますます不安定な雇用と、ますます低い賃金しか提供していない。多くのコミュニティも、同様の限界点へと追い込まれつつある。この何十年間、学校や公園、交通などのサービスはリソースを削られつづけており、住民側がそのギャップを埋める時間もなくなっている。そして言うまでもなく、私たち人間は地球の再生サイクルを保護することなく、自然の恵みから際限なく奪い取るシステムの一部であり、しかも汚染物質をどこに捨てるか――生命を支える水系の中へか、気候システムのバランスを保つ大気中へか――には、危険なまでに無頓着なのだ。

生涯勤めた労働者が最後は解雇され、移民が劣悪な状況下で無期限に拘束され、先住民の知恵や文化が無視され、攻撃の対象になる……といった話をいくつも聞いているうちに、私たち全員にはっきりと見えてきたことがある。それは、目先の利益や富に依存するシステムは、人間と地球を限界まで採掘できる資源として、あるいは海の底や刑務所の独房のような、はるか遠くの目の届かないところへ捨てるゴミとして扱うことを、構造的に求められているということだ。

これと明確な対照をなすのは、人々が自らの望む世界について語るとき、「ケア」とか「ケアテイキング」という言葉がくり返し出てくることだった——土地をケアする、地球の生命システムをケアする、そしてお互いをケアする……。そして討論するなかから、すべてがそこに収まるひとつの枠組みが浮かび上がってきた。地球からも人間同士の間でも際限なく「取る《テイク》」ことに基づくシステムから、「ケアする《ケアテイク》」ことに基づく文化へ移行する必要性である。ケアテイキングとは、何かを「取る《テイク》」ときには、きちんと「配慮《ケア》」をし、お返しをするという原則だ。それは一人ひとりが大切にされるシステムであり、そこでは人間や自然が使い捨てであるかのように扱われることはない。

力ずくで採取／搾取的に行動するのではなく、ケアと同意をもって行動すること——それが草案全体をひとつにまとめる考え方となった。草案はまず、大地と水と空気のもともとのケアテイカーである先住民の人々の知恵と固有の権利の尊重、というところから始まる。当初、私も含めて多くの参加者は、この会合の目的は政策目標のリストを作成することだと考えていた。けれども、私たちが描き出そうとしていたことの核心は、この価値観の転換であり、倫理観の転換であったことに私たちは気づいたのである。

具体的な政策はすべて、この価値観の転換から生まれてくる。たとえば、「グリーン雇用」というと私たちはふつう、ヘルメットをかぶってソーラーパネルを設置する人を思い浮かべる。たしかにこれは重要なグリーン雇用のひとつに違いない。だが、グリーン雇用はこれだけではない。高齢者や病人の介護は大量の炭素を燃やさない。アートの制作も同じだ。教育も低炭素だし、保育園もそうだ。ところがこうした仕事——担っているのは圧倒的に女性——は往々にして過小評価され、低賃金で、しばしば政府の予算削減のターゲットになる。そこで私たちは従来の定義を意図的に拡大して、「グリーン雇用」というなかに、大量の化石燃料を燃やさず、コミュニティを豊かにする有益な仕事は何でも含めることにした。ある参加者の言葉を借りれば、「看護は再生可能エネルギーだし、教育も再生可能エネルギー」なのだ。ひとことで言えば、これは破壊の上に築かれた経済を、愛の上に築かれた経済に置き換える方法を示す試みなのである。

ノスタルジーとの訣別

綱領の草案では、人々が求める価値観の転換を反映する問題(受け入れる移住民の数を大幅に増やすことから、「成長」か環境保護と国内雇用創出かの二者択一を迫るような貿易協定はもうやめにすることまで)に、できるだけ多く言及しようとした。だが一方では、考えつくかぎりすべての要求を網羅するようなリストは作らないようにしようとも決めていた。そうではなく、今ある問題――とその解決――の多くがいかに相互に関連しているか、ということを示す枠組みを強調することにしたのだ。そうすればその枠組みを、このビジョンが適用されるどんな場所やコミュニティにも拡大できるからである。

しかし同時に、参加した団体にはそれぞれ個別に、綱領にどうしても入れてほしいという項目があった。先住民の参加者にとって、それは「先住民族の権利に関する国連宣言」――「自由で事前の、情報に基づいた合意」なしに先住民族の土地を開発することはできないと述べられている――の全面的な実現を求めることだった。気候変動問題の活動家は、新規の化石燃料関連施設の建設を認めないということを、労働組合関係者は、労働者に新しいグリーン雇用の研修を単に受けさせるだけでなく、民主的に研修に参加できるようにすることを、それぞれ盛り込むように求めた。

参加者の多くにとって、絶対に守るべき一線はノスタルジーとの訣別だった。「みんなの綱領」は、土地の強奪と、有色人コミュニティの多くを組織的な形で経済的・社会的に排除することに常に依存してきた「国」というものの美化された記憶を頼りにしてはならない。発想の源は、私たちがともに描く未来の姿にこそなければならないのだ。草案の共同起草者の一人で、ケベック州のカヌサタク・ネーションの著名な先住民活動家であるエレン・ガブリエルは、自分にとって草案起草のプロセスは「人類の新生」を意味していたと話す。復活ではなく新生、つまり生まれ変わることである。

いまだ消えない奴隷貿易の影響について考察した力強い著書『通夜／航跡／目覚め』〔未邦訳〕の著者で、タフツ大学英語教授のクリスティーナ・シャープは、「みんなの綱領」をめぐって最近行われた討論の場で、重要な発言をしている――今なすべきことは「結びつけることであって、崩すことではない」と。言い換えれば、きわめて多種多様な経験や問題をめぐって一致できる点や共通点を探すことはできるし、探す必要もあるが、すべてを最小公倍数的な塊のなかに一緒くたにしてしまうことはできない、ということだ。統一的なビジョンを紡ぎ出すためにひとつの場に集まっていても、個々の運動のもつ一貫性やコミュニティの経験の固有性は反映され、守られなければならない。

開かれた社会へ

ある意味で、私たちはこう自問したと言える――人間の資質で最も大事にすべきものは何なのか、と。それは寛容さであり、歓待の心、温かさ、そして知恵だった。その次にはこう自問した――これらの資質が公の場で政策となったときには、どのような形をとるだろうか。そこで気づいたのは、これらの資質が〝開かれた〟状態の表れだということだった。言い換えれば、よそから来た人や知らない人を恐怖や疑いの目で見るのではなく、困っていれば誰でも迎え入れる文化、そして年長者と、彼らが生涯をかけて蓄積してきた知識を大切にし、ごく最近考案された「カナダ」というものより、はるかに昔から存在する知の様式を大切にする文化を育むことにほかならない。
トロントでの二日間の会合から生まれた組織の共同代表ビアンカ・ムジェニは、気候と移民に関連して、この原則を次のようにまとめている。

私たちが今、目にしている難民の流れは、今後起きることを垣間見せるものにすぎない。気候変動と移民とは密接な関係にあり、今後何十年間かに、私たちは世界中で海面上昇や異常気象による膨大な数の人々の移動を目にすることになる。そこで私たちに突きつけられるのは、これが私たち全員の問題なのかという問いである。機会さえあれば、ほとんどの人はそう思うはずだと私たちは考える。危機のときには、私たちは何度もそれを目にしている。人々は同じコミュニティに属する人だけでなく、まったく見知らぬ人たちのためにも進んで行動するのだ。現在の移民・国境・社会支援体制は、この考え方に追いつかなければならない。「みんなの綱領」は、私たちのなかにある良心に語りかけるものなのである。

補償を伴うエネルギー移行

今日、私たちが使っているエネルギーはごく少数の企業によって所有されており、それらの企業がエネルギーを生成するのは、株主の利益のためだ。企業の第一の目標、すなわち信任義務は最大の利益を生み出すことにある。だからこそ、ほとんどのエネルギー企業は再生可能エネルギーへの転換にきわめて消極的なのだ。では、もし――と私たちは考えた――エネルギーが普通の市民によって所有され、民主的に管理されていたらどうだろう？　エネルギーの種類と所有の構造の両方を変えたら、どうなるだろうか？

そこで私たちは、たとえエクソンモービルやシェルが再生可能エネルギーを提供しても、そこからは買わないようにしようと考えた。発電は一般市民、コミュニティ、あるいはエネルギー協同組合によって所有されるのが望ましい。エネルギーシステムを民主的に所有することで、その収入を、保育園や高齢者介護、コミュニティセンター、交通網など、その地域や市町村で必要とされている社会サービスの拡充に（たとえば、レックス・ティラーソンのような人物への退職金として一億八〇〇〇万ドルも無駄遣いする代わりに）使うことができる。地域コミュニティが管理するエネルギーへの転換は、一九八〇年代のデンマークがパイオニアであり、デンマーク政府は協同組合所有の風力発電を奨励し、補助金を出す政策をとった。さらにドイツでも、この方式は大規模に採用された（ドイツの再生可能エネルギー施設の約半分が農業者や市民団体および約九〇〇のエネルギー協同組合の所有である。デンマークでは二〇〇〇年の時点で、国内の風力発電施設の約八五％を農業者や協同組合などの小規模事業者が所有している）。両国の例は、このモデルにきわめて大きな社会的利点があり、しかも急速な転換に対応できることを示している。デンマークでは、日によって風力発電量が需要をはるかに上回ることがあり、余剰電力はドイツやスウェーデンに輸出している。

この両国のモデル――そして創出された何十万という雇用――に私たちは大いに示唆を与えられたが、アメリカにも同様に示唆的な例が存在する。気候正義同盟といったネットワークを通して、低所得の有色人コミュニティが展開している運動がそれだ。彼らは、これまで最も汚染され、なおざりにされてきた地域が大規模なグリーンエネルギーへの移行の恩恵を真っ先に受けることを求めて闘っている。カナダでも同じパターンが明確に見てとれる。過去数百年間、社会が環境負荷の高いエネルギーに依存してきたことの最大のツケは、最も貧しく、脆弱な人々――圧倒的に先住民と移民――が払わされているのだ。彼らの土地は奪われ、化石燃料の採掘によって汚染されてきた。その居住地の近くには、最も環境を汚染する製油所や発電所が建設されてきた。したがって私たちは、ドイツのような「エネルギー民主主義」を求めるだけでなく、エネルギー転換の中心に「修復的正義」をおくべきだと考えた。具体的には、先住民をはじめ汚染や破壊の最前線におかれているコミュニティ(石炭火力発電所による大気汚染が生じている移民の居住地区など)が、自分たちのグリーンエネルギー・プロジェクトを立ち上げ、運営するための公的資金を真っ先に受け取れるようにすることを求めている。正義に基づいたエネルギー転換とはさらに、高炭素部門の労働者――炭鉱や製油所で健康被害を受けてきた者も少なくない――が、民主的で完全な参加者でなくてはならないということも意味する。原則は、一人の労働者も置き去りにしないということにある。

私たちの構想をひとことで言えば、この国をよりクリーンな国へと根本的に転換するプロセスにおいて、今までよりはるかに公正な国にする歴史的機会も手にできるということだ。化石燃料から脱却すると同時に、先住民に対する途轍もない不正行為の補償《リドレス》に手を着け、経済・人種・ジェンダーの格差を大幅に縮小し、移民労働者に関する目に余るダブルスタンダードをなくすことができるうえに、グリーン部門や土地と水の改善、さらにはケアに携わる仕事で、安定した給料の良い雇用を大量に創出することができる。有害な空気を吸わずにすむため、子どもたちは健康になり、高齢化の進むなかでより健全なコミュニティ生活が可能になる。そして、渋滞に巻き込まれることも長時間労働も減り、友だちや家族と過ごす時間が増える。言い換えれば、今より幸せな、バランスのとれた社会が実現できる。この場合の「幸せ」の定義は、際限なく拡大する消費サイクル――ブランディングの論理の根底にあるものであり、ドナルド・トランプの台頭を後押ししたもの――から解放された社会ということだ。なかなかいいものができたと考えた私たちは――カナダ人らしくもなく――このマニフェストが国境を越えて、同じように広範な基盤をもつ連合体のモデルになればいいという大胆な願いを抱いたのだった。

財源はある

私たちの作成した綱領にとって最大の障壁となるのは、緊縮財政に関する考え方だということはわかっていた。人々はこの数十年間、政府の財政破綻はもはや恒常化しているのだから、真に平等な社会の実現など夢見たところで始まらない、というメッセージを叩き込まれてきたからだ。このことを踏まえて、私たちは経済学者のチームと協力し、この構想を実現するための資金をどうやったら捻出できるかをはじき出した。

その主要な方法は次のとおりである。化石燃料への補助金の打ち切り（全世界で約七七五〇億ドル）。取引税を課すことによって金融部門の莫大な収益から公正な取り分を確保する（欧州議会によれば全世界で約六五〇〇億ドルになる）。化石燃料採掘のロイヤリティの引き上げ。法人税、富裕層への課税の強化（まだまだ大きな余地あり。国連によれば億万長者に一％課税するだけで、全世界で四五〇億ドルを集めることが可能)。累進的な炭素税の導入(先進国で排出されるCO_2一トンあたり五〇ドル課税すれば、年間四五〇〇億ドル集まると推計される)。そして軍事費の削減(ストックホルム国際平和研究所の報告によれば、軍事費上位一〇カ国が軍事予算を二五%削減すれば、三二五〇億ドルが浮く)。残念なことに、租税回避地《タックスヘイブン》の閉鎖を求めるのは見送った——ひょっとするとこれが、最大の潜在的財源かもしれないのだが。

答えは明白だ——この重要な転換のための資金はある。必要なのは、それを追求する度胸のある政府だけだ。

というわけで、これが私たちの構想の概略である。人々の生活の質を明らかに向上させる部門に投資し、思いやりに富んだ社会を創造すること——「緊縮財政」という名の作られた危機を口実にして、そうした投資を減らすのをやめることだ。そして転換のすべての側面で確実に正義を実現することである。

「取引の極意」とは正反対のもの

綱領の起草プロセスを振り返ってみると、トランプの「取引の極意」(『トランプ自伝』の原題)——「どうやって人をだませるか」——とは、これ以上かけ離れたものはないというほど違うものだったことに、改めて胸を衝かれる思いがする。自分の望んだものを全部手に入れた人は一人もいなかったし、そうしようと考えた者もいなかった。重大な意見の不一致はあったが、最終的な文書に到達するために誰もが譲歩した。無視された者もいなかった。このギブアンドテイクの精神は、私たちの議論から生まれた原則と価値観を映し出していた。際限のない収奪と蕩尽に基づく社会から、思いやりと再生に基づく社会への移行をめざすのであれば、人間同士の関係はすべて、これと同じ相互依存とケアの原則に基づいたものでなければならない——なぜなら、人と人の関係こそが最も貴重なリソースであるからだ。これは、相手を威嚇して自分に従わせようとすることの対極にある。

「イエス」へのイエス

数週間にわたる文言についてのやりとりを経て、最初の会合の出席者ほぼ全員が賛同する綱領の最終草案ができあがった(その全文は本書の末尾に掲載した)。綱領の名称についても合意ができた。「リープ・マニフェスト——地球と人間へのケアに基づいた国を創るために」。「跳躍《リープ》」という言葉を選んだのは、中道派の漸進主義にきっぱりとノーを突きつけるためだ。漸進主義は「慎重な」姿勢を標榜するが、実際のところ、気候変動危機がここまで進んでしまった現段階においては、きわめて危険である。私たちが今いる地点と、目標とする地点とのギャップはあまりに大きく、残された時間はあまりに少ない。したがって小刻みの歩みではどうにもならない——跳躍《リープ》が必要なのだ。

私のパートナーで、綱領の共同起草者の一人であるアヴィ・ルイスは次のように書く。

「リープ・マニフェスト」に示された構想は、危機の規模に匹敵する大きさをもっている。私たちの多くにとって、それは宇宙のように壮大な安堵をもたらす。この社会がどれだけ大きく、どれだけ速く変化しなければならないのか、その認識に立った声明がようやくできあがったのだ。「リープ・マニフェスト」が真実味をもつのは、気候変動危機を、エンジニアが解決する技術的問題としてではなく、システムそのものの問題、経済哲学の危機だと捉えているからである。「マニフェスト」は気候変動危機の根源的な原因を、現代の支配的な経済論理にあると断定している。それは、際限のない消費に基づいて恒久的な成長を助長するための採取／搾取主義《エクストラクティビズム》にほかならない。……これは、尻込みしたくなるほど大きな変化だが、嘘偽りないものだ。そして人々は直感的に、これこそが必要な変化であることを確信している。

マニフェストを公開するにあたって、私たちは多くの団体や信頼できる著名人に、発起人になってほしいと依頼した。承諾の返事が続々と返ってきた——「イエス、これこそ私たちの望むものだ。この国の政治家に圧力をかけよう。慎重な中道主義などまっぴらごめんだ」と。国民的スターもためらうことなく、立ち上がってくれた。ニール・ヤング。レナード・コーエン（二〇一六年一一月に他界したが、このときはまだ存命だった）。小説家ヤン・マーテルからはこんな返事が来た——これは「カナダ中のすべての広場で、すべての町の触れ役に大声で読み上げてもらう」べきだ、と。

マニフェストは、グリーンピースやオックスファム、国内最大の労働組合であるカナダ公務員組合、労働組合の組合であるカナダ労働会議といった大規模団体から、ブラック・ライブズ・マターのトロント支部やノー・ワン・イズ・イリーガルのコースト・サリッシュ・テリトリー（カナダ北西沿岸のバンクーバー周辺のコースト・サリッシュ族居住地域で、一部ワシントン州とオレゴン州も含む）支部といった正真正銘の草の根団体、そしてカナダで最大の会員を擁する市民団体であるカナダ人評議会までが、そろって署名することができた貴重な文書となった。最初の推薦人のなかには、全政党の支持者がおり、無党派もいた。もし主要政党が、今私たちが直面する複合的な危機に見合う構想を提供できないのなら、それは選挙政治の外から出されるべきだという考えをすべての人が共有していた。

発表から数日のうちに、「リープ・マニフェスト」には数千人が署名し、やがてその数は数万人に増え、推薦団体は二〇〇をゆうに上回った。これは大きな驚きだった。これまで何十年間、オイルサンド・パイプラインから政治献金、企業優先の貿易協定、過酷な安全保障関連法案まで、自分たちの望まないものに反対して闘ってきた数多くの人々が今、自分たちの望む世界を作るために結集しようとしている。この賛同の嵐を前にして、私は二〇〇三年にアルゼンチンで混乱のなか行われた大統領選の選挙戦で聞いたスローガン、「私たちの夢は、あなたたちの投票箱には収まらない」を思い出した。マニフェストに署名した人々が言いたかったのは、まさにこのことだ――たしかに自分は、この欠陥と制約だらけの選挙制度で票を投じるつもりだが、その一票が私の望む世界を表していると誤解しないでもらいたい、と。「リープ・マニフェスト」は、歴史の現時点において、選挙政治は大多数の人の夢も差し迫ったニーズも、どちらも反映できないことがあまりにも多いということを、はっきり表明する余地を生み出したのだ(とはいえ本当に重要なのは、カナダでもアメリカでも他のどこでも、そうした夢を可能なかぎり早く、勝てる戦略をもって、投票にかけることなのだが……)。

投票箱を破裂させる

大手メディアからの反応は、困惑(政党なしの綱領などありうるのか? なぜ選挙戦の真っ最中に発表するのか?)から憤激までさまざまだった。カナダの全国紙の一紙は、地球と人間への思いやりに基づく国を創造しようという「リープ・マニフェスト」の呼びかけを「狂気の沙汰」と一蹴した。「国の自殺行為」だと評した新聞もあった。

私たちは驚かなかった。自分たちの提案が、主流の政治的議論において政治的に可能だと見なされていることの枠に収まらないのは、初めからわかっていた。私たちが「リープ・マニフェスト」で――きわめて明白に――やろうとしているのは、投票箱を破裂させてしまうことだ。もし投票箱に、私たちの安全と種の生存の可能性をもたらす余地がないのであれば、その投票箱には何か途轍もない問題がある。もし今日、政治的に可能と見なされているものが、明後日には気候カオスという未来に私たちを追いやるのなら、これまで政治的に可能と見なされてきたもののほうを変えるべきなのだ。

数多くの人が明らかに賛同してくれた。当惑した主流メディアの記事がいくつか出たにもかかわらず、続々と署名が集まり、「リープ・マニフェスト」と書いたローンサイン(選挙の前に支持する政党や候補者を家の前庭に出す標示板)がほしいという人は引きも切らず、住んでいる都市や町、または学校や労働組合にマニフェストの支部を自主的に組織する人々も続いた。そうした人々から、マニフェストの勉強会や座り込み《シットイン》、集会の写真が私たちのもとに続々と届いた。マニフェストにインスピレーションを得た歌を送ってくれた人もいた。全国世論調査では、自由党、NDP(新民主党)、緑の党の三つの中道および中道左派政党の支持者の過半数が、「リープ・マニフェスト」の主要な提案に賛成であることがわかった。保守派のなかでも支持者は二〇%に達した。

選挙の結果、保守党のスティーヴン・ハーパーが敗れ、一〇年ぶりの政権交代が実現したが、最大の敗者は中道左派政党NDPだった。NDPは及び腰の選挙戦を行い、ジャスティン・トルドー率いる自由党に左から出し抜かれたのだ(自由党は、具体的な政策に欠ける部分を、進歩的であることをアピールするCMで補った形だ)。数カ月後のNDP党大会で、若手党員たちが内乱を起こした。もっと大胆な政策を打ち出していればＮＤＰは勝てた可能性があるとの信念から、彼らは、「リープ・マニフェスト」の精神を公式に支持するよう他の党員たちに呼びかけたのだ。この決議は採択され、主要政党が外部の社会運動が作成した綱領の採用を検討するという異例の展開となった。

命を吹き込まれた「リープ・マニフェスト」

「リープ・マニフェスト」は発表されて以来短期間のうちに、進化する生きたプロジェクトとなっている。支持者のコミュニティが広がるなか、マニフェストには常に修正や追加が行われ、より豊かなものになっている。私たち作成チームは、同様の実験をスタートさせている世界中のオーガナイザーたちとも密接に連絡を取り合っている――トランプ当選前夜に私がオーストラリアで会合をもった団体、「リープ・マニフェスト」に触発されたマニフェストを自ら起草したヨーロッパの緑の党の連合、そしてカナダ北極圏ヌナブト準州からアメリカ南部メキシコ湾岸地域（テキサス、ルイジアナ、ミシシッピ、アラバマ、フロリダ各州）、ニューヨークのブロンクス地区に至るまで、マニフェストの枠組みを地元のニーズや最も差し迫った危機にどう適応させるか探っているコミュニティの数々。刑務所にも「リープ・マニフェスト」支持者のコミュニティがある。コネチカット州にある、成人と同じ裁判を受ける少年犯罪者の拘置施設では、少年たちのグループが自分たちのような若者が犯罪を犯さなくてすむための方法として、化石燃料からの正義に基づいた脱却を図るにはどうしたらいいかを考えている。

「生きたリープ」と私たちのチームが呼んでいるもののなかでも、私がとくに注目しているのは、カナダの郵便局従業員組合の運動だ。世界中の郵便労働者と同じように、彼らも職場の閉鎖や郵便配達事業の縮小、さらに場合によっては郵便事業のＦｅｄＥｘへの売却といった事態と対決している。お決まりの緊縮財政と民営化。しかし彼らは、この破綻した論理のもとで条件闘争するのではなく、「リープ・マニフェスト」チームやフレンズ・オブ・パブリック・サービスというNGOと協力して、カナダ国内のすべての郵便局をグリーンエネルギーへの移行の拠点にするという、先見の明のある構想をまとめている。「コミュニティ・パワーの配達」と名づけられたこの構想は、組合が長期にわたって要求してきた銀行業務の実施と組み合わせたもので、郵便局を二一世紀型のネットワークとすることをめざす。そこでは住民が電気自動車を充電することもできるし、個人でも事業者でも、大銀行に行かずにエネルギー協同組合を立ち上げるための融資を受けることができる。職員は郵便を配達するだけではなく、地元産の農産物を配達したり、高齢者の見守りをしたりもする。言い換えれば、彼らはケアワーカーとなり、気候変動対策ワーカーとなる――そしてその仕事を、カナダ製の電気自動車に乗って行うのだ。

当初、「リープ・マニフェスト」チームに対して、このマニフェストを公約として自前の政党を立ち上げるとか、既成政党に候補者を出すようにという圧力がかなりあった。でも私たちは、そうした要請には応じなかった。「リープ・マニフェスト」運動の根本を守りたかったし、このマニフェストがある特定の政党のものになることを望まなかったのだ。今日――とくにトランプの当選以来――「リープ・マニフェスト」は、カナダ国内外における地域での取り組みや選挙公約の基盤として、このマニフェストを利用している多くの人々のなかに息づいている。たとえば、長く林業を主産業としてきたオンタリオ州北部の都市サンダーベイでは、地元の「リープ・マニフェスト」支持グループが市議会に複数の候補者を立てることを決め、独自の公約を作成した。そこには、ホームレス問題と取り組み、先住民の土地権原を守りながら、同市がグリーン製造業の拠点となるための構想が打ち出されている。また二〇一七年三月には、接戦となったペンシルベニア州下院議員選挙に、住宅や貧困問題の伝説的活動家シェリ・ホンカラが「「リープ・マニフェスト」を基にした綱領」を作ることを公約にして出馬し、「気候変動、格差、人種主義の危機に同時に」取り組むことの必要性を訴えた。

ユートピア――待望の再登場

「リープ・マニフェスト」は、政治的な時代精神の転換の一角を占めるものだ。今や多くの人々が、私たちの未来は、苦痛に満ちた分断を乗り越えてともに結集できるかどうか、そしてこれまで最も排除されてきた人々を指導的地位に就けられるかどうかにかかっていることを理解しつつある。それぞれが自分の領域に閉じこもり、多様な闘い同士の結びつきを明確にすることもなく、人々が必要とする未来の倫理的基礎となるべき概念や価値観についての明確な考えももたずに闘うタコツボ型の政治運動は、もはや行き詰まっているのだ。

だからといって、家族、人間の身体、コミュニティ、個人の権利など、特定の標的に対する攻撃への抵抗が、してもしなくてもよいものになったわけではない。当然ながらそれらには抵抗する以外にないし、連邦レベルから地元の教育委員会まであらゆる行政レベルにおいて、反対を表明する進歩派の候補者を出すしかない。この先何カ月、何年かにわたって、本書で述べてきたような多様な抵抗戦術が、かつてないほど必要とされることになるのは目に見えている。街頭デモ、ストライキ、訴訟、安全な避難場所づくり、人種やジェンダー、性同一性による分断を越えた連帯……それらすべてが不可欠になるに違いない。また、化石燃料から刑務所、戦争、占領に至るまで、さまざまな形の収奪によって利益をあげている企業からの投資撤退《ダイベストメント》を、大学や都市、財団、NGOなどの機関に求めつづけることも必要だ。けれども、もし仮にこれらの抵抗の闘いすべてに勝利したとしても——ありえないことはわかっているが——、極右が台頭する前に私たちがいた場所に戻るだけでしかない。システム全体の危機——トランプはその毒性の強い一症状にすぎない——の根本原因に取り組む機会は、それだけでは手にすることはできないのだ。

今日のさまざまな運動のリーダーや有力なオーガナイザーの多くは、このことをよく理解しており、それを踏まえて構想を立て行動している。ブラック・ライブズ・マターの創始者の一人、アリシア・ガーザはトランプの就任式前夜、こう語った。

オキュパイ・ウォールストリートであれ、ドリーマーズ〔未成年時に親に連れられて米国に不法入国した若者の救済を求める運動〕であれ、ブラック・ライブズ・マターであれ、「五年間にわたる社会運動の拡大を経て」……私がとくに願っているのは、これらすべての運動がひとつに統合して、これ以上ないくらい強力な、実際にこの国を統治できるほどの勢力になることです。私が力を入れているのはそのことであり、ほかの人たちもみな同じ考えであることを願っています。

そう考えている人は数多い。そしてみなが考えているなかで、過去数十年の社会運動に欠けていたユートピアへの夢に再び火がつきつつあるのを、私たちは目にしている。時給一五ドルの生活賃金、炭素税、警察官による銃殺と移民の強制退去をなくすことといった目前の差し迫った要求と並んで、暴力的で持続不可能な現在よりましな未来というだけではない、本当の意味ですばらしい未来を求める呼びかけが行われている。そして、その頻度は増しつつあるのだ。

アメリカでの、この新しいユートピア主義の最も大胆で、大いに気持ちを鼓舞してくれる例は、二〇一六年夏、黒人主導の五〇以上の団体の連合であるムーブメント・フォー・ブラック・ライブズが発表した包括的な政策綱領「ビジョン・フォー・ブラック・ライブズ」である。綱領は、こう宣言する。「私たちはうわべだけの解決を拒否し、人間より利益を優先して多くの人を窒息させている現行システムの徹底的な変革が達成できると信じている」。さらに、現行の経済システムが黒人と有色人コミュニティに戦争をしかけ、彼らを失業と社会サービスの削減、環境汚染の最前線に立たせているという認識に立ち、警察による銃撃と大量収監をその文脈のなかに位置づける。その結果、膨大な数の人々が公式経済から排除され、ますます軍隊化する警察の餌食となり、過密状態の刑務所に押し込まれているというのである。綱領は、刑務所の予算削減、学校での警察官常駐の廃止、警察の非武装化といった一連の具体的な提案を行うとともに、奴隷制と組織的な黒人差別に対する賠償プログラムも提案している。これには、大学の授業料無償化と学生ローンの返済免除が含まれる。それだけではない。税制改革から銀行分割まで、合わせて四〇近くにも上る政策要求が盛り込まれている。『アトランティック』誌は、大統領選挙戦の真っ最中に出されたこの綱領について、「その徹底した内容において政党の綱領にも匹敵するもの」と評している。

トランプ就任後、ムーブメント・フォー・ブラック・ライブズは他の運動との結束を深めるうえで中心的な役割を果たした。その結果、何十もの団体が「ザ・マジョリティ（多数派）」の旗のもとに結集し、キング牧師が暗殺された日である四月四日からメーデーまで一カ月にわたって、わくわくするような一連の行動をとった。全米各地で「人種差別と闘い、賃上げを求める」デモが行われたが、これは急速に拡大している「最低賃金一五ドルを求める」運動や移民に対する攻撃の激化への抗議と、人種的正義を結びつけるものだ。この新しい連合はこう言明する。「トランプの大統領就任という状況において、すべての人のために、経済的正義と労働者の正義についての真の共同的ビジョンを打ち出すことが不可欠である」

そして二〇一七年六月には、多様な層を代表する数千人の活動家が、シカゴで開催された全米看護師組合の企画によるピープルズ・サミット第二回年次総会に出席し、広範な「ピープルズ・アジェンダ」について、引き続き徹底的な討論を行った。ミシガンやノースカロライナでは、州レベルで同様の連合が展開している。ノースカロライナ州では二〇一三年以降、「モラル・マンデー運動」(同州知事と議会による保守的政策に反対して、毎週月曜日に議会の建物に立ち入る抗議行動)にさまざまな組織が結集している。この運動の指導者の一人であるウィリアム・バーバー牧師は言う。「一瞬《モーメント》の時ではなく、運動《ムーブメント》を作り出さなくてはなりません……モラル・マンデー、ファイト・フォー・フィフティーン(時給一五ドルを求める闘い)、ブラック・ライブズ・マターなどの運動はすべて、人々が引き下がるのではなく立ち上がろうとしているという希望の兆しに違いありません」

カナダでも同様だが、気候変動危機は、政治的変革の構想に先延ばしできない厳しい期限を設けることを迫っている。一〇〇をゆうに超える幅広い組織が集まる強力な連合、ニューヨーク・リニューズはニューヨーク州に対し、二〇五〇年までに一〇〇%再生可能エネルギーに移行することを強く求めている。アメリカでこのような大胆な目標を採用する州が増え、他の国々も同様であれば(たとえばスウェーデンは、二〇四五年までにCO_2排出量をゼロにすることを目標にしている)、トランプ政権の非道な政策をもってしても、地球を気候カオスに陥らせるには至らないかもしれない。

正真正銘の、前に進む道が見えてきた。経済的公正を求める闘いと、人種主義や女性蔑視《ミソジニー》が現行システム――人間と地球を踏みつけにして、すでにとんでもない富を手にしている人々をさらに富ませるもの――を強化する手段として利用されていることについての深い分析を、最初から結びつけて考える新しい政治的連合が生まれつつある。この連合は、初めて社会活動に参加し、組織作りに関わっている何百万もの人々にとってのホームベースとなり、共通の社会変革構想で結ばれた、人種や世代を超えた連合をともに紡ぎ出すことを可能にするものだ。

住む国がアメリカであるかどうかを問わず、トランプ主義を打ち破るための構想が具体化しつつあり、それは選挙に出馬する進歩派の救世主を見つけて、その人物をただ無批判に支持することをはるかに超えている。さまざまなコミュニティや運動が団結して重要な政策を提示し、彼らの支持を求める政治家はそれを支持せざるをえないのである。

「みんなの綱領」が主導権を握り、政治家はそれに従わないわけにはいかない――そういう状況が生まれつつあるのだ。

終章 「ケア」する人々が多数派になるときは近い

今は楽観主義が必要だ。悲観主義はもっといい時代にとっておこう。
――ジャン＝クロード・セルヴェ（ベルギーの漫画家）

私は本書をショック、、、という言葉で始めた。アメリカ大統領選挙当日もその後も、大多数の人がこの言葉で気持ちを表現したからだ。けれどもこの数カ月、本書を執筆しながらこの言葉について考えているうちに、今の文脈でこの言葉を使うのが正確かどうか、疑問に感じるようになった。

ショック状態が生じるのは、あるひとつの物語が破れ、今何が起きているのか誰にもわからなくなったときである。だが本書でこれまで見てきたように、多くの点でトランプは断絶ではまったくない。彼の出現は、私たちの文化が非常に長い間語りつづけてきた多くの危険な物語の行き着いた先――論理的な帰結――にほかならない。いわく、欲望は良いことだ。市場こそ至上のものである。人生で大切なのはカネだ。白人男性はそれ以外の人間より優れている。自然は略奪するためにある。弱者にはそういう運命がふさわしく、一パーセントの人間には金色《こんじき》の塔がふさわしい。公共のもの、共有されているものは何であれ邪悪であり、守るに値しない。私たちの周りは危険だらけなのだから、各自が自分の面倒だけ見ればいい。以上のことに代わる選択肢はない、というのである。

これらの物語が、私たちの多くにとって吸っている空気の一部になっていることを考えれば、トランプの登場は実際にはショックであるはずはない。女性の性器を相手の承諾なしにつかめると豪語し、メキシコ人を「レイプ魔」呼ばわりし、障碍者を嘲笑う億万長者の米大統領は、超富裕層に見苦しいほど大幅な免除を与え、〝勝者独り勝ち〟の競争にうつつを抜かし、あらゆるレベルで支配を基盤にする論理の上に築かれた文化の当然の帰結であり、その表象にほかならない。私たちはトランプの出現を予測しておくべきだった。実際、欧米流の人種主義や女性蔑視《ミソジニー》の暗部に直に影響を受けている人々のなかには、ずっと前からトランプの登場を予想していた人も少なからずいた。

したがって、一部の人々が「ショック」と表現している感情の深層には、より正確に言えば「恐怖」が隠れているのかもしれない。それも、よくできたディストピア小説を読んだり、良質のディストピア映画を観たりしたときに感じる、認識の恐怖だ。こうした物語では常に、今ある動向を取り上げ、それが行き着く先まで追っていく。そして、その当然の結末を読者／観客に突きつけ、こう問うのだ——「あなたは今見ているものを望んでいるのか?」「本当にこの道を進みつづけたいのか?」と。こうした悪夢のような未来が恐ろしい理由は、まさにそれがショッキングではないことにある。それは時代の底流にある物語からの断絶ではなく、それが現実として成就したものにほかならないのだ。とすれば、アメリカ始まって以来の〝核武装したリアリティ番組大統領〟も、同じように——すなわちディストピア小説や映画が現実になったものとして——捉えるべきだと私は考えるようになった。トランプはアメリカだけでなく、世界の目の前に掲げられた鏡なのだ。今見えているものを望まないのなら——多くの人は間違いなくそう思っている——何をすべきかは明らかである。

私たちはトランプだけでなく、トランプを不可避の産物として生み出した物語そのものを問いたださなければならない。下品で救いようもなく無知なトランプ個人に対して、表面的に異議申し立てをするのでは不十分だ。立ち向かうべきなのは、トランプをさんざん持ち上げ、報奨を与えて、世界一大きな権力をもつ人物にまでした深層の風潮であり、リアリティ番組や手っ取り早い金儲けのハウツー本、億万長者の救世主、資本主義的慈善家などを通して私たちに押しつけられてきた価値観である。破壊されたセーフティネットや、爆発的に増加する刑務所、常態化したレイプ文化、民主主義を破壊する貿易協定、海面上昇と災害対応策の民営化、そしてグリーンゾーンとレッドゾーンに分断された世界に見てとれるのも、まさにこれと同じ価値観なのだ。

だが一方で、私たちがトランプにほんの少しだけショックを受けるのは許される――いや、健全だと言ってもいいかもしれない。というのも、トランプを生み出した物語には、常に異議が唱えられていたからだ。そこにはいつも別の物語が存在していた――金だけが大切なのではない、人間の運命はみな密接に関連しあい、人間を取り囲む自然の健全さとも結びついているのだということを強調する物語。トランプに代表される勢力は、この別の物語――古くからある自明の真理――を抑圧し、自分たちの物語が圧倒的な直感や証拠を押しのけて優位に立てるようにしてきたのだ。

こうした別の物語が消えることなく存続してきたことを考えれば、トランプは現在の新自由主義システムの論理的帰結には違いないものの、現在の新自由主義システムが人類の紡ぎ出す物語の唯一の論理的帰結ではないということを、改めて思い起こさざるをえない。だからこそ、私たちが今すべきことのひとつ――きわめて重要な部分――は、単なる抵抗ではない。ただ「ノー」と言うことだけではない。もちろんそれも必要だ。だが、夢を見、より良い世界を構想する余地を断固として保つことも必要である。これはわがままなどではない。どうやってトランプ主義を打ち破るか、その不可欠の部分なのだ。

内なるトランプを消し去る

少々奇異に聞こえるかもしれないが、私にとってトランプの登場は、内面的な問い直しを迫るものでもあった。自分のなかにいる〝内なるトランプ〟を消し去る決意を固めさせてくれたのだ。すでに見たように、トランプ政権の誕生は、数多くの人々にとって自分自身の内に潜む先入観や偏見――過去において私たちを分断してきたもの――について考え、乗り越えようとするきっかけとなった。この内面的な作業は、私たちが抵抗と変革のために結集するとき、決定的な重要性をもつ。

内なるトランプと向き合う――言い換えれば、自分の習慣のなかに何かほんの少しでもトランプ的なものがあれば、それと向き合うためにできることは、往々にして見逃されがちだが、ほかにもある（念のため言っておくが、そうした怠慢のせいで、私たちがみな二〇一六年の選挙結果に責任を負っているなどと言うつもりはない。ここでは、誰が誰になぜ投票したかを問題にしているのではない）。内なるトランプとは、集中力持続時間が一四〇字に細切れにされ、「フォロワー」を自分の味方と勘違いしてしまう部分かもしれないし、自分をコミュニティのなかの人間としてより、市場における一ブランドと見てしまうようになった部分かもしれない。あるいは、同じような仕事をしている他の人々を、多様な才能を必要とする闘いで味方になりうる相手とは見ずに、希少な市場シェアを取り合う競合商品と見なす部分かもしれない（トランプの大統領就任が、企業ブランド戦略にひそむ植民地支配のロジックの帰結であることを考えれば、そんなものはすべて、とっくに捨て去っていなければならないのだろうが）。あるいは、自分と意見の違う人々を侮辱し、攻撃する――ときに冷酷無比な個人的中傷や爆発寸前の激しさが伴うこともある――集団に加わりたい衝動を抑えられない部分かもしれない。まさにそうした攻撃を招く現実的なリスクを覚悟で言えば、この習慣もまた、「ツイッター司令官」に不愉快なほど近いと言えるのではないか。

あるいはまた、億万長者が救世主よろしく助けにきてくれるのを待っている部分かもしれない――ただし、この億万長者は心優しく寛大で、気候変動にも女の子のエンパワーメントにも関心をもつ人物ではある。このリベラル派億万長者の救世主は、トランプとはかけ離れているように見えるかもしれないが、巨万の富とスーパーヒーローのもつ力をイコールで結んでいる点では同じである。そしてこれもまた、「マール・ア・ラーゴ省」と少々居心地悪くなるほど近い。

もし、以上のような衝動や傾向が自分の思考回路に組み込まれているとしても、それは私たちがひどい人間だからではない。それは、私たちの大多数が生きているシステムが常にこう語りかけてくるからだ――すべての人が繁栄し豊かに暮らせるだけの資源などないのだから、たとえどんな犠牲が伴おうと、人を押しのけて上をめざすべきだ、と。好むと好まざるとにかかわらず、メディアを消費し、生産する人は誰しも、リアリティ番組と、個人のブランド化と、注意力を細切れにするノンストップのメッセージに満ちあふれた文化の海を泳いでいる。これはまさにドナルド・トランプを生み出した海そのものだ。この悪臭を放つプールはもちろん一様ではなく、監視員のいないところもあれば、水の媒介する病気がほかよりはるかに多い場所もある――それでも完全にプールの外に出るのは難しい。このことを認めれば、自分たちが何をなすべきかは少しは明確になるかもしれない。世界は変えられるという希望をもつには、まず自分自身を変えようとする意志をもたなければならないのだ。

朗報は、トランプ的なるものを解毒すれば——たとえば、顔と顔を突き合わせての人間関係をもつ時間を少しだけ増やしたり、自我をいくらかでも手放して何か大義のために尽くしたり、お金で買ったり売ったりできないたくさんのものの価値を認めたりすれば——、その過程でより幸せになれるということだ。それがあるからこそ、ゴールラインも見えず、それどころか生涯ずっと抜け出すことのできない闘いを続けていくことができる。

選択

選択と言ったのは、私たちが右派デマゴーグの世界的な台頭と闘おうとするとき、それには二つの方法があるからだ。ひとつの方法は、世界中の中道政党が支持するエスタブリッシュメント・オプションである。これは、保育園を多少なりとも増やし、組織のトップにおける女性や有色人種の割合を増やし、おそらくはソーラーパネルも少しは増やすことを約束する。だがこのオプションには、十年一日のごとき緊縮財政のロジックも市場への妄信もついてくるし、歯止めのない消費と幸福が相も変わらずイコールで結ばれ、ぱっくりと口を開けた傷口にただ絆創膏を貼るだけの対症療法しか期待できない。

この限界のあるビジョンが世界中で起きている極右の台頭を食い止めることに完全に失敗している理由は多々あるが、いちばんの理由は、提供できるものがまったく不十分だからだ。現実的で正当な不満——それがスケープゴート探しを過熱させているのだが——への取り組みはなされず、右派の台頭で最も危険にさらされている人たちに、より良い未来への希望を示すこともできていない。極端な格差と露骨なネオファシズム的風潮、そして気候の不安定化によって社会は病んでいる。新自由主義は、これらの危機をもたらしたおもな要因のひとつにほかならず、治療法としては著しく無力である。責任を負うべき勢力に対しては弱々しい「ノー」しか突きつけられず、飛びつくに値する「イエス」を欠いている。

非常に多くの人々は、もうひとつのアプローチに期待している。すなわち、日々の生活を目に見えて改善する構想を提示する、魅力的な「イエス」だ。そこでは再分配や補償といった力強い言葉も恐れることなく使われる。そして、消費者という孤立した殻に閉じこもって際限のない快適さを求めることイコール「良い人生」だと見なす——地球の限界がどこにあるかとか、内面的な深い満足感は何によってもたらされるかなどにはおかまいなしに——欧米文化に対し、本気で異議申し立てをするのだ。

ひょっとすると私たちは、この野心的な希望を新たに見出したことについて——少なくとも部分的には——トランプに感謝すべきなのかもしれない。トランプの厚顔無恥な企業クーデターは、システム全体が変わる必要があることを痛感させるのに大きく貢献した。もしアメリカ産業界の大物たちがこの男を——その醜悪な憎悪や金権体質、虚栄、中身の空虚さにもかかわらず——熱心に支持し、もしウォール街が、地球を燃え上がらせ、高齢者を飢えさせる彼の構想を応援し、そしてもし多くのメディアが、トランプがチョコレートケーキを食べながら巡航ミサイルの攻撃命令を出したこと（二〇一七年四月、習近平中国国家主席との会食中にシリアへのミサイル攻撃命令を出したことをトランプ自身が明かした）を「大統領にふさわしい」と称賛するのであれば、そんなシステムにはもう加担したくない

——多くの人がそう心を決めつつある。最も品性卑しい人間が最も高い地位に引き上げられたことで、最大限に採取／搾取し、際限なくつかみ取っては捨てるこの文化は、ある限界点に達した。今、対決しなければならないのは、明らかにこの文化そのものである。政策の一つひとつではなく、その根っこにあるものと向き合わなければならないのだ。

　アメリカやフランスをはじめとする国々では、反体制を唱える左派の候補者や政党が出現してきたが、彼らはすべての答えを見つけ出した完璧な政治家でも、完璧な綱領をもつ政党でもない。これらの指導的な人物のなかには、未来ではなく過去の話をしているかと思うような人もいるし、彼らの選挙公約がその国の多様性を——少なくとも十分には——反映していないということもしばしばだ。それでも、こうした長期的展望をもつ候補者や、その多くは新しく生まれたばかりの政治的組織が、権力にすぐ手の届くところまできている——世論調査会社や既成のアナリストたちを何度も驚かせた——ということ自体、ひとつの非常に重要な事実の証しである。それは新自由主義が公的言説を支配していた何十年もの間、否定され、隠蔽されてきた事実、すなわちシステムの進歩的な変革は、多くの人に——それもほんの一、二年前までほとんどの人が考えていなかったほど多く——支持されているという事実なのだ。

　私たちは次のことを理解し、骨の髄まで叩き込む必要がある——新自由主義の呪縛は、生きた経験の重みと山のような証拠によって解かれたのだ。その結果、これまで何十年も口に出せなかったことが、今や何百万もの票を獲得する候補者たちによって声高に語られている——大学の授業料無償化、最低賃金の倍増、技術的に可能なかぎりすみやかな一〇〇％再生可能エネルギーへの移行、警察の非軍事化、刑務所を若者の居場所にするな、難民を歓迎しよう、戦争はすべての人の安全を脅かす、などなど。そして聴衆も、大きな同意の声をあげている。これほどの後押しがあるのなら、その次も期待したくなる。その次は何だろう？　奴隷制と植民地支配に対する補償？　女性への暴力と闘うマーシャルプラン？　刑務所の廃止？　グリーン雇用プロジェクトの中心を担う民主的な労働者協同組合？　「成長」を進歩の物差しとしないこと？　いいではないか！　長きにわたって進歩的な想像力を抑え込んできた知のフェンスは、今やひん曲がって地面に倒れているのだから。

この二年間に、左派が勝利目前まで行きながら達成できなかったことは、決して敗北ではない。それはいわば、根底からのイデオロギー的再編成の〝初期微動〟であり、そこから進歩的多数派が誕生する可能性は十分にある。それは、政治的スペクトルの右側での全体主義やネオファシズムの台頭と同等の地政学的な意味をもつ。それどころか、左派の候補たちの弱点や失敗には絶望ではなく、真の希望を見出すべきである。それは、はるかに大きな政治的〝テント〟が可能だということを意味しているからだ——重要なのはただ、スタートから全員で注意深く、正しい〝支柱〟を立てるということ。今日、多くの運動のリーダーたちが主張しているとおり、出発点としてきわめて有効なのは次のような前提を受け入れることだ——経済格差の拡大と気候災害は、人間を常に人種とジェンダーに基づいて序列化してきたシステムと切り離せない関係にあり、人間を肌の色や宗教やセクシャリティに基づいて互いに敵対させる能力こそが、この死に至る秩序を守り、維持する唯一最強のツールだったということである。そしてもし、このことを口に出して言う勇気だけでなく、新しいテクノロジーやグローバル貿易を、人間的で民主的なものにする大胆な構想ももった政治組織が形成されれば、またたく間にポピュリストの基盤を右派から取り戻すに違いない。それは、過去からの反撃というよりも、今まで一度も試されたことのない心躍る未来への道筋として感じ取られるものだ。徹底した多様性と、断固たる前向きな姿勢をもったキャンペーンを打ち出せれば、勝利できる可能性は十分にある。

それはあまりに楽観的だと思われる方がいたら、思い起こしていただきたい。アメリカでは現在、政治運動に参加する人の数は、運動の主催者がかつて見たことがないと言うレベルにまで膨れ上がっている。女性の権利擁護であれ、移民の強制送還反対であれ、黒人の人権擁護であれ、記録的な数のデモが行われている。進歩派の政治的会議や講演、タウンホール・ミーティング、集会などは会場から人があふれるほどの大盛況だ。何か力強いものが動きはじめている。この動きの限界がどこにあるか、わかっているかのような予測には、トランプが勝つことはありえないとか、ブレグジットは負けるに決まっていると言っていた世論調査専門家と同じ程度の信憑性しかない。タコツボ化した政治の時代に、このように広い〝テント〟を構築するのは大変な労力を要する。苦痛に満ちた歴史と正面から向き合う意志をもたないかぎり、進歩は望めない。けれども、恐れをなしたくなるほどの賭けと、これほど豊かな可能性が共存している今この瞬間に、試してみる以外にどんな選択肢があるだろうか。新しい可能性が拓けるたびに跳躍《リープ》してみる以外に?

たとえば、オバマ政権下で成立した医療保険制度改革法(オバマケア)を廃止する法案が最初に頓挫したことを受けて、アメリカ全土で国民皆保険を求める運動が展開し、「メディケア・フォー・オール」(高齢者向け公的保険制度を国民全体に拡大する案)という構想が、過去数十年に見られなかったほど多くの人にとって重要な意味をもつに至った。たとえワシントンで何が画策されようと、現在、カリフォルニアをはじめとする大きな州で、このモデルの採用を求める動きが活発になっている。

トランプは計画はしても、その実行力はシュールなまでに欠如しているため、今後はこうした機会がもっと生まれるはずだ。もし北米自由貿易協定(NAFTA)の再交渉の可能性が出てくれば、同じような地殻変動が起きるかもしれない。トランプが再交渉を決めれば、労働者階級の支持者たちに苦い失望をもたらすことになろうが、再交渉はありえないと言われていた協定が再交渉になれば、その事実そのものが労働組合や環境保護運動にとって、真の意味で公正な貿易の青写真を掲げて一歩前進し、それに対する支持を構築する機会になることは間違いない。こうした可能性の一つひとつ――これからはたくさん出てくるはずだ――が、右派ポピュリズムに代わる現実的なオルタナティブとはどのようなものであり、どのようなものであるべきなのかについて、具体的に示す機会となる。真の「みんなの綱領《ピープルズ・プラットフォーム》」の一項目となるのだ。

最後にひとつだけ、忘れないでほしいことがある。トランプ政権の惨事便乗型資本主義者たちはアメリカ政府の非常に強力な部分をコントロールしてはいるが、すべてをコントロールしているわけではないということだ。市や州のすることはコントロールしていない。多くの場合、議会がすることもコントロールしていない。大学や宗教団体、労働組合がすることも、もちろんコントロールしていない。司法がすることも(今のところは)コントロールしていない。他の主権国家が何をするかもコントロールしていない。そして、世界中の人々が個人として、集団として何をするかもコントロールしていない。

ワシントンで起きていることがこのうえもなく危険だからこそ、これらのトランプ化されていない空間で私たちが集団としてまとまって何をするかが、かつてない重要性を帯びている。二〇一六年の民主党全国大会でミシェル・オバマが語った、「向こうが下劣なら、こちらは品位を高く保つことだ」という言葉は、鮮烈な印象を残した。彼女が意味したのは、トランプの行動というより、物の言い方についてであり、自分の家族は最低の次元にいるトランプとその軍団には断固として加わらない、ということだった。今、この精神を、物の言い方から行動へと転換する時がきている。向こうが下劣なら、私たち一人ひとりが高みをめざす必要がある。トランプがコントロールしていない多くの領域で、私たちはさらに高い野望を掲げ、行動によってより多くを実現していくことだ。破滅的な気候変動を食い止めるためにもっと行動しなければならないし、移住民や難民に開かれた都市を創造するためにもっと行動しなければならない。軍事的拡大を防ぐためにもっと行動しなければならないし、女性やＬＧＢＴＱコミュニティの人々の権利を守るためにもっと行動しなければならない。向こうがますます下劣になるのなら、私たちはさらに上をめざすことが必要なのだ。

ショックを逆転させる

過去何十年にもわたって、エリートたちはショックの力を利用して悪夢を押しつけてきた。ドナルド・トランプは、何度でもそれがくり返せると思っている――明日になればみな、昨日自分が言ったことなど忘れてしまうだろう(そんなことを言った覚えはないと、トランプは言い訳するのだ)。みな、起きた出来事の衝撃に圧倒され、やがてばらばらになって降参し、自分の欲しいものは何でも自由につかみ取れるようになるのだ、と。

だが、すでに見てきたように、危機は常に社会を後退させ、諦めさせるわけではない。そうではない、第二のオプションがある。重大な共通の脅威に直面したとき、人々は結集し、前進のために跳躍《リープ》することができるのだ。ウィリアム・バーバー牧師の言葉を借りれば、それは「この時代の倫理的なＡＥＤとなってこの国の心臓にショックを与え、抵抗と希望と正義と愛の運動を作り上げていく」ことである。言い換えれば、私たちは自分でも仰天するようなことをやってのけることができる――団結し、集中し、決意を固めることによって。あの使い古されたショック戦術に屈するのを拒むことによって。そして、どんな試練を受けようと、決してひるまないことによって。

本書で述べてきた企業クーデターは、あらゆる次元において、地球規模の影響を及ぼす危機であり、その影響は地質学的時間にわたって残存する可能性がある。

この危機にどう対応するかは私たち次第だ。

だから第二のオプションを選ぼう。

ともに跳ぼうではないか。

リープ・マニフェスト——地球と人間へのケアに基づいた国を創るために

このマニフェストの出発点は、カナダが近年の記憶のなかでも例のない深刻な危機に直面しているという前提にある。

「真実と和解委員会」は、カナダが遠くない過去に行った暴力について詳細にわたる衝撃的な事実を認めている。貧困の深刻化と格差の拡大は、この国の現状に刻まれた傷痕である。さらにカナダが気候変動に関して行ってきたことは、人類の未来に対する犯罪である。

これらの事実は、先住民の権利の尊重、国際協調、人権、多様性、共生に基づく環境管理など、わが国が公然と明らかにしている価値観とはあまりにかけ離れており、きわめて厄介だと言わざるをえない。

現在のカナダはその価値観を体現していない——しかしそうなることは可能である。

私たちは、すべての電力を再生可能エネルギーによって賄い、アクセスしやすい公共交通が整備され、さらにはそうした社会の転換によって生み出される雇用や機会が、人種やジェンダーによる不平等を一掃するものであるような国で暮らすことができる。互いをケアしあい、地球をケアすることは、最も急速に成長する経済部門となりうる。多くの人が今より賃金が高く労働時間の短い仕事に就き、家族をはじめ大切な人たちと一緒に過ごし、コミュニティに貢献する時間も十分もてるようになる。

この大いなる転換のためにかけられる時間は短い。気候学者によれば、破滅的な地球温暖化を阻止するには、この一〇年に決定的な行動をとらなければならない。小刻みな歩みでは、もはや目的を達することはできないのだ。

この跳躍《リープ》は、もともとこの土地をケアしてきた人々がもっていた固有の権利と権限を尊重することから始まるものでなければならない。先住民コミュニティは最前線に立って、抑えのきかない産業活動から川や海岸、森、大地を守ってきた。私たちはそうした役割を支え、先住民との関係を修復するために、**「先住民族の権利に関する国連宣言」の完全な実現をめざさなければならない。**

私たちは、「太陽が輝き、草が育ち、川が流れるかぎり」この土地を分かち合うことを求める条約——この国の法的基盤をなすもの——に心を動かされ、歴史を超えて続き、枯渇することも大地を汚染することもないエネルギー源を切望する。技術革新のおかげで、この夢は手の届くところまで来ている。最新の研究によれば、カナダは二〇年以内に電力を一〇〇％再生可能エネルギー化し、二〇五〇年までには一〇〇％クリーンな経済が実現可能であることが示されている。

この転換を今すぐ始めることを私たちは求める。

今後何十年も採取／搾取を増大せざるをえないような新規インフラ建設プロジェクトを擁護する口実は、もはや存在しない。自宅の裏庭に欲しくないものは、誰の家の裏庭にもあるべきでないということを、エネルギー開発の新たな鉄則としなければならない。これは石油・天然ガスパイプラインにも、ニューブランズウィック、ケベック、ブリティッシュコロンビアなどの州で行われている水圧破砕《フラッキング》にも、カナダ沖で増えているタンカー航行にも、世界中でカナダ企業が所有する鉱山プロジェクトにも当てはまる。

エネルギー民主主義の時代が到来している。私たちは、単にエネルギー源を変えることだけでなく、可能なかぎりにおいて、コミュニティがこの新たなエネルギーシステムを管理するべきだと考える。

民間企業による飽くなき利潤追求や、一部の中央集権的な国営企業に見られるような遠隔からの官僚的支配に代わる、革新的な所有構造を創造することが必要である——民主的に運営され、生活賃金を支払い、コミュニティが大いに必要としている収入を確保するものだ。そして、クリーンエネルギー・プロジェクトを推進する先住民には、公的支援が真っ先に与えられるべきである。また現在、環境を汚染する産業活動による重大な健康影響と闘っているコミュニティにも、真っ先に支援が与えられるべきである。

このようにして発電された電気は、ただ単に家の明かりを灯すだけでなく、富を再分配し、民主主義を深化させ、経済を強化し、そしてこの国の建国にまでさかのぼる傷を癒すことにもつながる。環境を汚染しない経済への跳躍《リープ》は、さまざまな「勝利」を手に入れるチャンスを数え切れないほど生み出す。私たちは以下のことを求める。エネルギー効率の良い住宅を建設し、既存住宅を万遍なく改修するプログラムを実施し、最も低所得のコミュニティや地区が確実にその恩恵に真っ先にあずかり、長期的に貧困を軽減する雇用機会と職業訓練を得られるようにすること。高炭素の仕事に就いている労働者を対象にした研修などのリソースを提供し、彼らがクリーンエネルギー経済に全面的に参加できるようにすること。この移行には、労働者自身が民主的に参加できるようにすべきである。私たちを危険にさらし、分断する車やパイプライン、爆発炎上する石油輸送列車を増やすのではなく、再生可能エネルギーによって走る高速鉄道と適正価格の公共交通によって、この国のすべてのコミュニティを結ぶこと。

すでに跳躍《リープ》すべき時は過ぎつつあるという認識に立ち、老朽化する公共インフラに投資し、今後ますます頻発する異常気象現象に耐えられるようにする必要がある。

今よりはるかに地元密着型で生態学に基づいた農業システムへの移行は、化石燃料への依存度を下げ、炭素を地中にとどめ、世界の食糧供給の急激な変化を吸収することができるとともに、すべての人にとってより健康的で、手の届く価格の食糧の生産を可能にする。

地元経済を再建し、企業活動を規制し、環境に害を及ぼす採取／搾取プロジェクトを阻止しようとする私たちの取り組みを妨げるあらゆる貿易協定に終止符を打つことを、私たちは求める。正義の基準の適正化に向けて、**移民の地位を保証し、すべての労働者に十分な保護を提供するべきである**。世界的な難民危機の主因である軍事衝突と気候変動にカナダが手を貸してきたことを認め、身の安全とより良い生活を求めてやってくる難民・移住民を迎え入れることが必要である。

地球の限界と調和を保つ経済への移行はまた、**ケア、教育、社会事業、アート、公益メディアなど、現行経済のなかのすでに低炭素の部門を拡張することを意味する**。ケベック州にならった保育プログラム〔同州では一九九七年以降、全員保育プログラムが実施されている〕の全国規模での実施は、**予定より大幅に遅れている**。大半が女性によって担われているこれらの仕事はすべて、人間的で回復力に富んだコミュニティを築くうえで接着剤の役割を果たす。回避することのできない厳しい未来を前に、可能なかぎり強靱なコミュニティを作ることが必要である。

ケアテイキングの仕事──相手が人間であれ、地球であれ──の多くは現時点では無給であることから、私たちは**ベーシックインカム**〔すべての国民に生活に必要な最低限の現金を無条件で支給する制度〕導入についての活発な議論を求める。一九七〇年代にマニトバ州で試験的に導入された、この確実なセーフティネットは、わが子を今日養うために、わが子の明日を脅かすような仕事に就かざるをえない人が一人もいない社会を作ることに貢献できる。
「緊縮政策」はこれまで一貫して、教育や医療などの低炭素部門を攻撃し、公共交通をサービス削減に追い込み、見境のないエネルギー民営化を推進してきた。これはまったく時代遅れの化石化した思考形態であり、今や地球上の生命に対する脅威にほかならないと、私たちは宣言する。

この壮大な変革に必要な資金を調達することは可能だ――ただ、それを確保する適切な政策が必要なだけである。たとえば、化石燃料への補助金撤廃、金融取引税の導入、資源採掘ロイヤリティの引き上げ、法人税および富裕層増税、累進的炭素税の導入、軍事費削減などである。これらはすべて、「汚染者負担」というシンプルな原則に基づくものであり、大きな効果が期待できる。

ひとつ明らかなのは、私有財産が未曽有の規模に膨れ上がった時代に公的資金が不足しているなどというのは、捏造された危機にほかならないということだ。そのねらいは、私たちの夢がまだ芽生えないうちに消し去ることにある。

それらの夢は、このマニフェストをはるかに超えている。私たちは政治家をめざすすべての人々に、この機会をとらえ、変革がもはや先送りできない急務だという認識に立つよう訴える。カナダ全土でタウンホール・ミーティングを開催し、住民が次の経済への跳躍《リープ》がそれぞれのコミュニティにおいて何を意味するかを民主的に話し合い、明らかにする場とすることを求める。

このボトムアップ・アプローチの復活は、行政のすべてのレベルで民主主義の刷新につながるものであり、一人ひとりの票が意味をもち、企業の金が政治運動に流れないシステムの実現を早める助けとなる。

これらのことすべてに同時に取り組むのは大仕事だが、私たちはそういう時代に生きているのである。

原油価格の下落により、高リスクの技術によって可能なかぎりハイペースで化石燃料を採掘することへの圧力は、一時的に弱まっている。熱狂的ともいえる急速な拡大が一時休止していることは、危機としてではなく、好機としてとらえられるべきである。

私たちが何者になってしまったのか、足元を見つめ直し、自己変革しようと心に決めるための貴重な機会が与えられたのだ。

以上のようなことから、私たちは政治家をめざすすべての人々に、この機会をとらえ、変革がもはや先送りできない急務だという認識に立つよう訴える。これは、この国が過去に損害を与えた人々、現在いわれのない苦しみに苛まれている人々、そして明るく安全な未来への権利をもつすべての人々に対する、私たちの聖なる務めなのである。

今こそ大胆になるべき時だ。

今こそ跳躍《リープ》すべき時が来たのだ。

訳者あとがき

本書は二〇一七年六月に出版されたNaomi Klein著*No Is Not Enough: Resisting Trump's Shock Politics and Winning the World We Need*の全訳である。二〇〇〇年に、グローバル企業によるブランド戦略がいかに途上国の搾取労働の上に成り立っているかを鋭く批判する*No Logo: Taking Aim at the Brand Bullies*(邦訳『ブランドなんか、いらない』大月書店)で一躍名を馳せて以来、クラインはジャーナリストと活動家という二つの顔をもつ書き手として、現代社会の病理に根底から迫る問題作を発表してきた。二〇〇七年に出版された*The Shock Doctrine: The Rise of Disaster Capitalism*(邦訳『ショック・ドクトリン――惨事便乗型資本主義の正体を暴く』岩波書店)は世界的ベストセラーとなり、二〇一四年には*This Changes Everything: Capitalism vs. The Climate*(邦訳『これがすべてを変える――資本主義 vs. 気候変動』岩波書店)で、壊滅的な気候変動を阻止するために残された時間がわずかしかないことに警鐘を鳴らした。四冊目の主著にあたる本書は、七年に一冊というペースから一変して前著から三年で出版され、ページ数も半分ほどである。しかし内容の重みという点ではまったく遜色ない。『ニューヨーク・タイムズ』紙のベストセラー入りしたほか、全米図書賞の最終候補作、『パブリッシャーズ・ウィークリー』誌の二〇一七年ベストブックにも選ばれ、ノーム・チョムスキーや環境活動家ビル・マッキベン、インドの作家アルンダティ・ロイをはじめ各界から「必読書」との賛辞が寄せられている。

執筆期間は数カ月というから、ほぼ一気に書き上げたと言っていいかもしれない。そこまでクラインを駆り立てたのはほかでもない、ドナルド・トランプ大統領の登場である。ほとんどの人が予測していなかったこの「ショック」をどう受けとめ、それに対処していくべきかを、過去三作で掘り下げた企業ブランド戦略の本質や、ショック療法に込められた惨事便乗型資本主義者たちのもくろみ、そして待ったなしの気候変動危機についての理解をもとに、いつもながらの明晰なロジックで展開しているのが本書である。その意味で本書は、厚さは薄くても、これまでの三冊のエッセンスの集大成とも言うべき内容となっている。

拝金主義の不動産王にして、あからさまな性的・人種的・宗教的な差別発言を連発してはばからない厚顔無恥なトランプのような人間が、世界最強の国の最高権力者になるなど悪夢以外の何ものでもない。しかしクラインは、トランプにただNOと言うだけでは何の解決にもならないことを強調する。なぜなら、トランプとは一九八〇年代に米レーガン・英サッチャー両政権下で推進され、一九九〇年代以降には世界の主流となった新自由主義システムそのものが生み出した当然の帰結なのだから。トランプを生んだ物語の底流にある価値観そのもの――それは自分のなかにあるトランプ的なものでもある――と闘わないかぎり、未来への展望は描けないというのである。

本書の後半は、NOと言うだけでなく、私たちが何をなすべきかについての提言と展望に割かれている。地球と人類にとって持続的な未来を描くのに必要な価値観の転換とは、人間と地球を使い捨てにする、際限のない採取と蕩尽に基づく社会から、思いやりと再生に基づく社会、互いが「ケア」しあう社会への移行である。クライン自身も参加した石油パイプライン建設に反対するカナダの先住民の闘いの場では、まさにその価値観が実現されていた。そして最後には、カナダの多種多様な運動体のリーダーたちと膝詰めで作り上げたマニフェストが紹介される。このマニフェスト作りのプロセスがそうであったように、これからの大衆運動は個別に分断された運動を乗り越え、共通のアジェンダを構築して進歩的な連携を図っていくことをめざさなければならないと、クラインはくり返し強調している。もちろん日本も例外ではない。民主主義の危機が叫ばれ、政治の劣化や格差の拡大という難題に直面し、気候変動がまさに肌で感じられる問題となりつつある今、これは私たち日本人にとってもきわめて説得力に富んだ提言ではないだろうか。

本書の翻訳は、序章から7章までを幾島が、8章から終章までとマニフェストを荒井が分担して訳し、その後幾島が全体の文体を統一するという形で行った。また1章から7章までは田中雅子さんに協力していただいた。今回もまた激務のなか編集の労をとってくださった岩波書店『世界』前編集長の清宮美稚子さんの並走を得て、無事に完走することができた。心よりお礼を申し上げたい。

二〇一八年七月　訳者を代表して

幾島幸子

人名索引

あ 行

か 行

さ 行

た 行

な・は 行

ま 行

や・ら・わ 行

ナオミ・クライン　Naomi Klein

1970年，カナダ生まれのジャーナリスト，作家，活動家．デビュー作『ブランドなんか，いらない』は，企業中心のグローバリゼーションへの抵抗運動のマニフェストとして世界的ベストセラーになった．アメリカのイラク戦争後の「復興」に群がる企業の行動に注目したことがきっかけとなった大著『ショック・ドクトリン──惨事便乗型資本主義の正体を暴く』は，日本でも多くの読者に受け入れられた．『これがすべてを変える──資本主義 vs. 気候変動』は，「『沈黙の春』以来，地球環境に関してこれほど重要で議論を呼ぶ本は存在しなかった」と絶賛された．2018年6月，ハリケーン・マリア襲来後のプエルトリコに関する小論考 *The Battle for Paradise* を発表した．2016年，シドニー平和賞受賞．2017年に調査報道を手がける米ネット・メディア「インターセプト」に上級特派員として参加，他に『ガーディアン』『ネーション』などさまざまな媒体で記事を執筆している．

幾島幸子

翻訳家．1951年生まれ．訳書に，『ショック・ドクトリン──惨事便乗型資本主義の正体を暴く(上・下)』(ナオミ・クライン著，岩波書店，共訳)，『これがすべてを変える──資本主義 vs. 気候変動(上・下)』(同，共訳)，『マルチチュード(上・下)』(アントニオ・ネグリ／マイケル・ハート著，NHKブックス)，『暴力の人類史(上・下)』(スティーブン・ピンカー著，青土社，共訳)，『70歳の日記』(メイ・サートン著，みすず書房)などがある．

荒井雅子

翻訳家．1960年生まれ．TUP(平和をめざす翻訳者たち)メンバー．訳書に，『チョコレートの真実』(キャロル・オフ著，英治出版)，『爆撃』(ハワード・ジン著，岩波書店，共訳)，『これは誰の危機か，未来は誰のものか』『金持ちが確実に世界を支配する方法』(共にスーザン・ジョージ著，岩波書店)，『これがすべてを変える──資本主義 vs. 気候変動(上・下)』(ナオミ・クライン著，岩波書店，共訳)などがある．

NO では足りない──トランプ・ショックに対処する方法

ナオミ・クライン

2018 年 7 月 27 日　第 1 刷発行

訳　者　幾島幸子《いくしまさちこ》　荒井雅子《あらいまさこ》

発行者　岡本　厚

発行所　株式会社　岩波書店
〒101-8002 東京都千代田区一ツ橋 2-5-5
電話案内 03-5210-4000
http://www.iwanami.co.jp/

印刷・法令印刷　カバー・半七印刷　製本・牧製本

ISBN 978-4-00-001825-8　　Printed in Japan